Les
300
meilleures recettes
DES 4 SAISONS

Concept
Communications Duocom inc.

Direction de projet
Nicolas Vallée

Révision technique
Suzanne Cazelais

Correctrice
Francine St-Jean

Photographe
Martin Vigneault photographe

Stylisme
Michèle Painchaud

Réalisation et conception infographique
Lacroix O'Connor Lacroix

Traitement des photos
Groupimage

Impression
Imprimerie Transcontinental

*Bûche persillée au caramel
et à la praline (page 71)*

Bouquet de verdure (page 82)

*Brochettes de homards
et de bocconcini
au pain grillé (page 203)*

*Lasagne crémeuse
de la mer au fenouil (page 252)*

Dépôt légal, quatrième trimestre 2004
Bibliothèque nationale du Québec
Bibliothèque nationale du Canada
Publié par Communications Duocom inc.
ISBN 2-922030-45-8

LE GUIDE CUISINE
www.leguidecuisine.com

Communications Duocom Inc.
90, rue Sainte-Anne, bureau 203
Sainte-Anne-de-Bellevue, Québec   H9X 1L8
Tél. : (514) 457-0144   Téléc. : (514) 457-0226

TABLE DES MATIÈRES

L'équipe du magazine Le Guide Cuisine croit que préparer un repas doit être tout aussi satisfaisant et agréable que de le servir et de le déguster. C'est cette passion de créer des petits chefs-d'œuvre culinaires au quotidien qui nous a poussés, il y a déjà dix ans, à vous présenter des recettes alléchantes et des articles culinaires pertinents pour vous inspirer.

Ce magnifique livre est un condensé de dix années de création de recettes et d'essais en cuisine par toute l'équipe du magazine. Bien sûr, avec un répertoire de plus de 7500 recettes à notre actif, choisir les 300 meilleures a été un défi de taille. Ce défi, nous l'avons relevé toujours en pensant à vous et à votre plaisir de cuisiner.

Voici donc 300 recettes variées et inoubliables pour répondre à presque toutes les occasions, des plus spéciales aux plus quotidiennes. Divisées selon les saisons pour faciliter la consultation, elles se veulent relativement simples d'exécution avec un texte clair et précis et, en général, des ingrédients assez faciles à dénicher. Pour vous aider à choisir et vous tenter, chaque recette est accompagnée d'une superbe photo. Des conseils de chef à chaque page vous révéleront des petits secrets culinaires qui feront de vous un grand cuistot.

Bref, nous croyons que le livre *Les 300 meilleures recettes des 4 saisons* deviendra rapidement votre bible culinaire.

Bonne cuisine!

L'équipe du Guide Cuisine

HIVER

Canapés de foie gras aux raisins sucrés

8-12 portions

1 tasse
250 ml	raisins de Corinthe
⅔ tasse
160 ml	vin liquoreux au choix
(sauternes,
monbazillac, etc.)
48	tranches minces
de pain ficelle bien
grillées ou petites
biscottes croustillantes
décoratives
½ lb
227 g	pâté de foie gras
de qualité
(canard ou oie)
	Fleur de sel
ou sel de mer

1 Mettre les raisins dans un bol, puis mouiller avec le vin liquoreux. Mélanger, puis laisser macérer 4-5 heures à la température ambiante.

2 Disposer les tranches de pain grillées ou les biscottes sur deux grandes assiettes de service, puis les tartiner d'un peu de pâté de foie gras. Avec une petite cuillère, creuser une petite cavité dans chaque portion de foie gras. Saupoudrer d'un peu de sel, puis déposer quelques raisins dans chaque cavité avec un peu de liquide de macération. Servir immédiatement.

Œufs farcis au homard et à l'avocat

36 bouchées

18	**gros œufs**
	Chair de deux avocats moyens, mûrs
	Jus d'un demi-citron
½ tasse 125 ml	**mayonnaise**
1 ⅓ tasse 330 ml	**chair de homard hachée ou l'équivalent (crabe, goberge, etc.)**
½ c. à thé 2,5 ml	**curry en poudre**
½ c. à thé 2,5 ml	**estragon sec**
2 c. à soupe 30 ml	**échalote grise, hachée finement**
	Sel et poivre
	Paprika moulu

1 Mettre les œufs dans une grande casserole, puis les recouvrir généreusement d'eau tiède. Porter à ébullition, puis baisser immédiatement le feu à moyen. Laisser mijoter 9 minutes. Retirer la casserole du feu, puis égoutter l'eau. Refroidir les œufs à l'eau froide, puis les égoutter.

2 Écaler les œufs, puis les couper en deux dans le sens de la longueur pour obtenir deux moitiés identiques. Retirer les jaunes, puis les mettre dans un bol. Déposer les demi-coquilles sur deux grandes assiettes de service, puis les réserver.

3 Ajouter le reste des ingrédients (conserver un peu de chair de homard pour la décoration), sauf le paprika, au bol contenant les jaunes d'œufs, puis assaisonner au goût de sel et de poivre. Écraser le tout avec le dos d'une fourchette, puis bien fouetter le mélange au batteur électrique.

4 Avec une petite cuillère, farcir généreusement et délicatement les demi-coquilles d'œufs avec la purée de homard. Saupoudrer de paprika, puis garnir chaque bouchée d'un peu de chair de homard réservée. Couvrir les deux assiettes d'une pellicule de plastique. Réfrigérer jusqu'au moment de servir. Cette recette se conserve 2-3 jours au réfrigérateur.

Coquilles de parmesan
à la bruschetta
de prosciutto grillé

Saumon fumé
à l'ail doux et
aux pistaches

Coquilles de parmesan à la bruschetta de prosciutto grillé

8 portions

4 tasses 1 L	**fromage parmesan frais, râpé finement**
	Câpres égouttées

BRUSCHETTA DE PROSCIUTTO GRILLÉ

⅓ lb 150 g	**prosciutto tranché, légèrement dégraissé**
1 c. à soupe 15 ml	**huile d'olive**
3-4	**grosses tomates mûres, parées, épépinées et coupées en petits dés**
⅔ tasse 160 ml	**feuilles de basilic frais, ciselées**
3	**grosses gousses d'ail hachées finement**
	Sel et poivre

1 Préchauffer le four à 375 °F (190 °C). Sur une surface de travail, retourner un moule à muffins miniatures. Réserver. Presser légèrement du fromage dans une cuillère à soupe (15 ml) ronde. Bien la remplir. Démouler délicatement la demi-boule de fromage sur une grande plaque allant au four. Répéter l'opération avec neuf autres boules. Bien les espacer sur la plaque.

2 Cuire au four 3 minutes, ou jusqu'à ce que le fromage soit tout juste fondu et bouillonnant. Retirer immédiatement la plaque du four. Attendre 1 minute, puis transférer délicatement chaque galette de fromage avec une spatule sur les cavités d'un moule à muffins renversé. Façonner rapidement chaque galette afin de créer de petites coquilles. Laisser refroidir complètement, puis démouler délicatement. Répéter l'opération avec le reste du fromage.

3 Déposer les coquilles sur deux grandes assiettes de service, puis les garnir de bruschetta de prosciutto grillé, préalablement égouttée. Garnir la moitié des canapés de deux câpres, puis servir immédiatement.

BRUSCHETTA DE PROSCIUTTO GRILLÉ

4 Trancher le prosciutto en petits carrés. Dans une poêle antiadhésive, faire chauffer l'huile à feu moyen. Y ajouter le prosciutto et le faire sauter quelques minutes, en brassant à quelques reprises, jusqu'à ce qu'il commence à être croustillant. Retirer la poêle du feu, puis réserver.

5 Mettre le reste des ingrédients dans un bol de grandeur moyenne, puis saler et poivrer généreusement. Ajouter le prosciutto grillé, puis mélanger. Laisser reposer 1-2 heures pour laisser le temps aux saveurs de se développer.

6 Transvider un peu de bruschetta dans un bol de présentation, puis servir immédiatement avec des tranches de baguette grillées.

Conseil de chef

Conservez vos fromages dans des contenants hermétiques ou enveloppés dans des feuilles de papier d'aluminium ou des pellicules de plastique dans la partie inférieure du réfrigérateur, et loin des aliments dégageant des odeurs fortes car ils ont tendance à les absorber. Laissez reposer les fromages à la température de la pièce au moins 30 minutes avec de les consommer.

Saumon fumé à l'ail doux et aux pistaches

8-10 portions

4	**bulbes d'ail**
	Sel et poivre
	Huile d'olive
⅓ tasse 80 ml	**crème 35 %**
½ lb 227 g	**saumon fumé en tranches**
36	**petites biscottes au choix**
⅔ tasse 160 ml	**pistaches écalées et hachées grossièrement**

1 Préchauffer le four à 350 °F (180 °C). Peler les bulbes d'ail en laissant juste assez de peau pour les conserver entiers. Couper une mince calotte sur le dessus de chaque bulbe pour exposer la chair des gousses. Déposer les bulbes sur une feuille de papier d'aluminium, puis les assaisonner au goût de sel et de poivre.

2 Mouiller les bulbes avec un peu d'huile, puis bien les envelopper dans la feuille de papier d'aluminium. Mettre sur une plaque allant au four, puis cuire au four 45 minutes. Ôter les bulbes du four, puis les laisser refroidir 10 minutes avant de les écraser dans un bol, à l'envers, pour en retirer la chair.

3 Mettre la chair d'ail dans un robot culinaire avec la crème et la moitié du saumon fumé. Réduire jusqu'à l'obtention d'une purée lisse et homogène. Réserver.

4 Couper le reste des tranches de saumon fumé en morceaux de la même superficie que les biscottes. Conserver les retailles pour la décoration. Recouvrir chaque biscotte d'un morceau de saumon fumé. Garnir de purée d'ail, puis d'un peu de pistaches hachées. Décorer esthétiquement chaque canapé d'une retaille de saumon fumé. Mettre les canapés sur deux grandes assiettes de service, puis servir immédiatement.

Conseil de chef

Couvrez toujours les mets que vous préparez à l'avance et conservez-les au réfrigérateur jusqu'au dernier moment, soit juste avant de partir à vos réceptions ou à vos célébrations du temps des fêtes. N'oubliez pas de garder la pellicule de plastique jusqu'à la dernière minute pour conserver le maximum de fraîcheur aux mets.

Originaire du Brésil, l'arachide n'est pas un fruit à coque (noix), mais plutôt la graine d'une petite plante faisant partie de la famille des légumineuses. Elle se développe sous la surface du sol. Elle est cultivée surtout en Asie (70 % de la production mondiale), mais aussi dans beaucoup d'autres régions tempérées du globe telles que l'Afrique et l'Amérique. L'arachide (la graine et la plante portent le même nom!) est la plante dont l'aire de culture est la plus vaste, totalisant plus de 108 pays producteurs et s'étendant de la zone intertropicale jusqu'au 40e parallèle.

Croquettes de dinde aux cacahuètes

4-6 portions

2 ½ tasses 625 ml	**cacahuètes (arachides) rôties à sec**
2	**œufs battus**
⅓ tasse 80 ml	**crème 15 % ou lait**
1 c. à thé 5 ml	**poudre d'ail**
2 c. à thé 10 ml	**flocons d'oignon déshydratés**
6 tasses 1,5 L	**chair de dinde cuite, coupée en grosses bouchées**
	Huile d'olive
	Sauce barbecue au miel

1 Hacher les cacahuètes à l'aide d'un couteau jusqu'à l'obtention d'une préparation semi-poudreuse. Le but est d'obtenir une farine de cacahuètes contenant encore de petits morceaux. Réserver les cacahuètes dans un bol.

2 Mettre les œufs, la crème, la poudre d'ail et les flocons d'oignon dans un bol, puis bien fouetter. Tremper entièrement les bouchées de dinde dans le mélange d'œufs, puis dans les cacahuètes moulues en vous assurant de bien les enrober. Les réserver sur une grande assiette.

3 Dans une grande poêle antiadhésive, faire chauffer un bon fond d'huile à feu moyen. Y déposer les morceaux de dinde, puis les griller pas plus de 3-4 minutes de chaque côté, afin de réchauffer uniquement la dinde et de colorer l'extérieur des croquettes. Retirer les croquettes de la poêle et les réserver sur une assiette recouverte d'une double épaisseur de papier essuie-tout. Répéter l'opération avec le reste des morceaux de dinde. Ajouter un peu plus d'huile au besoin. Servir immédiatement quelques croquettes par personne et accompagner d'une salade César et de sauce barbecue au miel.

Bouchées croustillantes au fromage

10-12 bouchées

4 oz 115 g	**fromage à la crème**
½ tasse 125 ml	**beurre**
4 oz 115 g	**fromage cheddar mi-fort**
3	**blancs d'œufs montés en neige**
2 c. à soupe 30 ml	**fromage parmesan**
	Poivre
1	**grosse baguette, la croûte retirée**

1 Dans un bain-marie, faire fondre les deux fromages et le beurre tout en brassant. Retirer du feu et laisser refroidir 5 minutes. Incorporer doucement les blancs d'œufs. Mélanger. Réserver. Couper la mie de pain en cubes et les tremper dans le mélange de fromage en vous assurant de bien les imbiber de fromage (aidez-vous d'un couteau). Déposer les cubes de fromage sur une lèchefrite et réfrigérer toute la nuit. Une quinzaine de minutes avant de servir, les mettre au four à 400 °F (205 °C) et les griller 8-10 minutes ou jusqu'à ce que le tout soit bien doré.

Conseil de chef

D'origine anglaise, le cheddar est l'un des fromages les plus vendus du monde. Il est offert en quatre variétés, selon le degré de maturation : doux (affinage de 3 mois), mi-fort (affinage de 4 à 9 mois), fort (affinage de 9 mois à 2 ans) et extra-fort (affinage de 2 à 7 ans).

Canapés d'escargots
à l'ail sur chèvre chaud

Tomates cerises
aux pétoncles et au bleu

HIVER

12

Canapés et hors-d'œuvre

Canapés d'escargots à l'ail sur chèvre chaud

8 portions

1	**baguette** coupée en 24 tranches
⅓ - ½ lb 150-227 g	**fromage de chèvre frais (crémeux)**
	Poivre

ESCARGOTS À L'AIL

4 c. à soupe 60 ml	**beurre**
24	**gros escargots en boîte, égouttés**
1 c. à thé 5 ml	**herbes de Provence sèches**
2	**gousses d'ail hachées finement**
2 c. à soupe 30 ml	**persil plat, ciselé**
	Sel et poivre

1 Préchauffer le four à « broil ». Dorer les tranches de baguette au grille-pain. Les déposer sur une grande plaque allant au four, puis les tartiner de fromage de chèvre crémeux. Poivrer légèrement, puis mettre la plaque contenant les tranches de pain sur l'étage central du four et les griller 1-2 minutes ou jusqu'à ce que le fromage soit légèrement coloré.

2 Retirer du four, puis déposer les tranches gratinées sur deux grandes assiettes de service. Garnir chaque canapé d'un escargot à l'ail avec un peu de jus de cuisson, puis servir immédiatement. Vous pouvez préparer les escargots à l'ail à l'avance et les réserver au frais, mais l'assemblage doit être fait à la dernière minute.

ESCARGOTS À L'AIL

3 Dans une grande poêle à fond antiadhésif, faire pétiller le beurre à feu moyen. Ajouter les escargots, les herbes de Provence et l'ail. Cuire 2-3 minutes en brassant.

4 Ajouter le persil, puis saler et poivrer au goût. Cuire une autre minute en brassant. Retirer la poêle du feu, puis servir immédiatement. Si vous faites cette recette comme entrée, vous pouvez la doubler.

Conseil de chef

Afin de couper de belles tranches de pain frais, ébouillantez votre couteau à pain avant l'utilisation.

Tomates cerises aux pétoncles et au bleu

8-12 portions

36-48	**tomates cerises**
12	**gros pétoncles**
2 c. à soupe 30 ml	**beurre**
	Sel et poivre
⅓ lb 150 g	**fromage bleu émietté**
2 c. à soupe 30 ml	**coriandre fraîche, ciselée**
2 c. à soupe 30 ml	**ciboulette fraîche, ciselée**
1-2 c. à soupe 15-30 ml	**chapelure au choix**

1 Préchauffer le four à « broil ». Couper une calotte sur le dessus de chaque tomate, puis les évider délicatement avec une petite cuillère à melon. Les réserver sur une plaque huilée allant au four. Jeter les calottes et la chair.

2 Dans une grande poêle à fond antiadhésif additionnée de beurre, dorer les pétoncles à feu moyen-élevé. Les sauter 1-2 minutes de chaque côté. Saler et poivrer au goût. Mettre les pétoncles sur une planche de bois, puis les couper en petits morceaux. Les réserver. Mettre le reste des ingrédients dans un bol, puis mélanger et intégrer avec le dos d'une fourchette. Ajouter les pétoncles, puis mélanger délicatement.

3 Farcir les coquilles des tomates cerises du mélange de pétoncles en vous aidant d'une petite cuillère. Mettre la plaque sur l'étage central du four, puis griller les tomates cerises 2-3 minutes ou jusqu'à ce que le dessus soit bien coloré. Retirer du four, puis déposer les tomates cerises sur 2-3 grandes assiettes de service. Entourer de quelques quartiers de citron, puis servir immédiatement. Cette recette se prépare à l'avance : laisser revenir les tomates cerises à la température de la pièce avant de les griller au four.

Conseil de chef

Si vous n'avez plus de chapelure préparée, vous pouvez toujours émietter du pain grillé, des biscuits soda ou des biscottes.

Boulettes fromagées diaboliques

Roulades de saumon fumé

Canapés et hors-d'œuvre

Boulettes fromagées diaboliques

40 petites boulettes

1 lb 454 g	**bœuf haché maigre**
1 lb 454 g	**porc haché maigre**
2	**gousses d'ail hachées finement**
1	**petit oignon jaune haché**
4 c. à soupe 60 ml	**persil ciselé**
4 c. à soupe 60 ml	**cassonade**
2	**œufs battus**
3 c. à soupe 45 ml	**farine de maïs dorée**
2 c. à soupe 30 ml	**sauce Worcestershire**
½ c. à thé 2,5 ml	**poivre de Cayenne**
	Poivre noir du moulin
40	**petits dés de fromage cheddar**

SAUCE KETCHUP PIMENTÉE

⅔ tasse 160 ml	**ketchup**
½ tasse 125 ml	**sauce chili (style ketchup)**
1 c. à soupe 15 ml	**raifort**
1-2 c. à thé 5-10 ml	**sauce forte**
2-3 c. à thé 10-15 ml	**poudre de curry**
3	**échalotes hachées**

1 Préchauffer le four à 400 °F (205 °C). Mettre les 10 premiers ingrédients dans un grand bol, puis poivrer généreusement. Bien mélanger avec les mains. Pour faire chaque boulette fromagée, prendre un dé de fromage dans la main, puis l'enrober entièrement du mélange de viandes. Façonner le tout dans le but d'obtenir une belle boulette. Réserver sur une lèchefrite huilée. Répéter l'opération jusqu'à ce qu'il ne reste plus de mélange de viandes.

2 Mettre la ou les lèchefrites au four et cuire les boulettes 20 minutes, ou jusqu'à ce que la chair soit bien cuite. Retirer les boulettes du four, puis les mettre sur deux grandes assiettes de service sur un lit de feuilles d'endive et de laitue. Accompagner de sauce ketchup pimentée et de cure-dents.

SAUCE KETCHUP PIMENTÉE

3 Dans un bol, bien mélanger tous les ingrédients. Couvrir et réserver au frais jusqu'au moment d'utiliser.

Conseil de chef

Pour éviter les éclaboussures lorsque vous faites revenir des aliments dans un bon fond d'huile ou que vous faites une fondue à l'huile, ajoutez-y quelques cubes de pommes de terre.

Roulades de saumon fumé

24-36 petites roulades

1 lb 454 g	**saumon fumé tranché**
⅓ lb 150 g	**fromage crémeux aux fines herbes ou au poivre**
3 c. à soupe 45 ml	**crème sure**
3-4	**échalotes vertes tranchées finement**
1 c. à soupe 15 ml	**raifort**
	Jus et zeste haché d'une demi-lime
	Poivre noir du moulin
	Cornichons « gherkins » sucrés, tranchés
	Cure-dents

1 Couper chaque tranche de saumon fumé afin d'obtenir le plus grand rectangle possible. Réserver les tranches de saumon pour les roulades, puis hacher finement les retailles. Mettre ce hachis dans un bol, puis y ajouter le fromage, la crème sure, les échalotes, le raifort, le jus et le zeste de lime. Bien intégrer le tout avec une fourchette.

2 Étendre un rectangle de saumon fumé sur une surface de travail, puis tartiner une mince couche du mélange de fromage. Poivrer au goût, puis rouler le rectangle de saumon dans le sens de la largeur. Trancher les roulades si nécessaire, dans le but d'obtenir des tronçons de ¾ po (2 cm) de long. Répéter l'opération avec le reste des rectangles. Disposer les roulades individuelles dans une grande assiette de service dont le fond a été légèrement huilé. Décorer le dessus de chaque roulade d'une tranche de cornichon « gherkin », puis piquer d'un cure-dent.

Conseil de chef

Vous pouvez alléger la plupart de vos recettes à base de fromage à la crème en le remplaçant par du fromage ricotta ou du fromage cottage crémeux.

Tomates cerises italiennes
au fromage gorgonzola

Petites quiches aux
crevettes et au gruyère

Tomates cerises italiennes au fromage gorgonzola

48 bouchées

48	**tomates cerises**
1 c. à soupe 15 ml	**huile d'olive**
½ lb 227 g	**chair à saucisse italienne, hachée**
1	**oignon haché finement**
2	**gousses d'ail hachées finement**
	Poivre
2 c. à thé 10 ml	**paprika**
1-2 c. à thé 5-10 ml	**assaisonnement à l'italienne**
½ lb 227 g	**fromage gorgonzola**
	Chapelure

1 Préchauffer le four à « broil ». Couper une calotte sur le dessus de chaque tomate cerise, puis les évider délicatement. Dans une poêle, faire revenir dans l'huile la chair à saucisse, l'oignon et l'ail jusqu'à ce que la viande soit bien cuite. Égoutter l'excédent de gras à même la poêle, puis vider son contenu dans le bol d'un robot culinaire. Poivrer au goût, puis ajouter les deux assaisonnements et le fromage gorgonzola. Réduire le tout jusqu'à l'obtention d'une pâte. Ajouter un peu de vin blanc si le mélange est trop sec.

2 Farcir les coquilles de tomates cerises du mélange de viande et de fromage, puis les saupoudrer d'un peu de chapelure. Les déposer sur une lèchefrite huilée, puis les griller au four 2-3 minutes. Retirer la lèchefrite du four, puis déposer les tomates cerises sur deux grandes assiettes de présentation. Servir immédiatement.

Conseil de chef

Conservez les tomates à la température ambiante et à l'abri du soleil. De cette façon, elles garderont toute leur saveur et leur tendreté. Si elles deviennent trop molles, réfrigérez-les immédiatement pour ralentir le mûrissement. Si, par contre, vous désirez accélérer leur vieillissement, placez-les dans un sac en plastique, scellez-le et laissez reposer le tout quelques jours à la température ambiante.

Petites quiches aux crevettes et au gruyère

24 petites quiches

2	**abaisses de pâte à tarte au choix**
24	**moules à tartelettes en aluminium d'environ 2 ½ - 3 po (6-7,5 cm) de diamètre, huilés**
	Moutarde sèche
8	**œufs moyens**
⅔ tasse 160 ml	**lait**
2 tasses 500 ml	**fromage gruyère râpé**
	Sel et poivre
3 c. à soupe 45 ml	**ciboulette fraîche, hachée**
24	**crevettes moyennes décortiquées**

1 Déposer les abaisses de pâte sur une surface enfarinée, puis, à l'aide d'un verre d'une circonférence d'environ 3 po (7,5 cm), découper des cercles de pâte. Regrouper les retailles ensemble, puis former une nouvelle boule de pâte que vous abaisserez afin de découper plus de cercles si nécessaire. Vous devez obtenir 24 cercles de pâte.

2 Foncer chaque moule à tartelette d'un cercle de pâte. Saupoudrer le fond de chaque cercle de pâte d'un peu de moutarde sèche. Disposer les moules sur deux lèchefrites.

3 Préchauffer le four à 375 °F (190 °C). Dans un bol, bien fouetter les œufs avec le lait, puis ajouter le fromage gruyère. Saler et poivrer au goût, puis mélanger. Verser également ce mélange dans les 24 moules à tartelettes. Garnir de ciboulette fraîche, puis déposer une crevette au centre de chaque tartelette.

4 Cuire 20 minutes au four, ou jusqu'à ce que la garniture soit prise et la crevette bien rosée. Retirer les petites quiches du four, puis les laisser refroidir 10 minutes avant de les démouler délicatement. Déposer les petites quiches sur une assiette de service. Servir immédiatement.

Conseil de chef

Lors d'une réception, le service de plats contenant des œufs mérite une attention spéciale. Pour éviter la prolifération des bactéries, servez tous les plats chauds en moins de deux heures et maintenez les boissons ainsi que les plats froids sur de la glace. Les plats préparés à l'avance doivent être réfrigérés et servis dans un délai de 3 à 4 jours.

Roulades crémeuses
aux noix de pin et aux épinards

Canapés
de concombre
et de bacon

Roulades crémeuses aux noix de pin et aux épinards

50-60 roulades

½ tasse 125 ml	crème sure
8 oz 227 g	fromage à la crème, mou
1 tasse 250 ml	fromage cheddar moyen, râpé
½ tasse 125 ml	tomates hachées
4	échalotes hachées
1 tasse 250 ml	épinards cuits, hachés et égouttés
	Jus d'une lime
	Sel et poivre
	Pincée de poivre de Cayenne
½ tasse 125 ml	noix de pin grillées
6-8	grandes tortillas

1 Dans un bol, bien mélanger tous les ingrédients, sauf les tortillas, puis assaisonner au goût de sel, de poivre et de poivre de Cayenne. Tartiner généreusement le dessus de chaque tortilla avec le mélange de fromage, puis les rouler très serré.

2 Les enrouler dans une pellicule de plastique et les réfrigérer 2 heures. Retirer la pellicule et couper chaque tortilla en 8-10 rondelles. Les placer sur une assiette à canapés et servir immédiatement.

Conseil de chef

Entreposez les noix au réfrigérateur, dans un contenant ou un sac hermétique. De cette façon, elles se conserveront plusieurs mois. Il est préférable de griller les noix écalées avant de les consommer. Ceci permet de dégager les saveurs et de les rendre plus croustillantes. De plus, si elles sont un peu molles ou défraîchies, ce procédé les rajeunira. Vous pouvez les griller sur l'étage inférieur du four, à « broil », ou dans une poêle à feu moyen-doux, en les remuant régulièrement. Soyez très vigilant, car les noix brûlent vite! Laissez-les refroidir entièrement avant de les manger.

Canapés de concombre et de bacon

50-60 canapés

2	concombres anglais
⅔ tasse 160 ml	bacon cuit haché
1	poivron vert paré et haché

TREMPETTE AU FROMAGE COTTAGE

2 tasses 500 ml	fromage cottage
3	échalotes tranchées
1	piment Jalapeño en boîte, haché
1 c. à soupe 15 ml	moutarde de Dijon
	Jus d'un citron
	Sel et poivre

1 Laver les concombres avec du savon et les couper en rondelles minces (conserver la peau). Garnir chaque rondelle avec un peu de trempette au fromage cottage. Garnir avec des miettes de bacon et des morceaux de poivron vert. Disposer les canapés sur une assiette de service et servir immédiatement.

TREMPETTE AU FROMAGE COTTAGE

2 À l'aide d'un tamis, égoutter le fromage cottage afin de retirer le plus de liquide possible. Jeter le surplus de liquide. Dans un bol, bien mélanger tous les ingrédients et assaisonner au goût de sel et de poivre. Réserver au réfrigérateur.

Conseil de chef

Avant de presser un citron, roulez-le sur le comptoir en appliquant une pression avec la main. Ceci permet de le ramollir et de dégager ainsi le plus de jus possible.

Conseil de chef

Choisissez des poires assez fermes. Vous éviterez ainsi qu'elles se défassent en compote lors de la cuisson et profiterez ainsi tant de leur chair tendre et juteuse que de leur forme esthétique. De plus, n'hésitez pas à substituer le crabe par de la goberge (au choix) pour créer une variante des plus appétissantes de cette recette.

Poires chaudes au crabe et au gorgonzola

4 portions

4	**poires presque mûres**
1 ¼ tasse 310 ml	**chair de crabe en boîte, bien égouttée et bien compactée**
⅔ tasse 160 ml	**fromage gorgonzola, bien compacté**
4	**échalotes vertes tranchées finement**
1 c. à soupe 15 ml	**graines de pavot**
	Poivre noir du moulin

Miel chaud
Amandes émincées, grillées

1 Préchauffer le four à 400 °F (205 °C). Couper les poires en deux afin d'obtenir des moitiés identiques, puis parer leur centre en créant une bonne cavité. Couper une mince tranche de chair sous chaque demi-poire pour qu'elles puissent se tenir sans vaciller. Les déposer sur une plaque allant au four, puis les réserver.

2 Mettre le crabe, le fromage, les échalotes et les graines de pavot dans un bol, puis assaisonner au goût de poivre noir. Bien mélanger avec une fourchette en écrasant le tout. Farcir généreusement les cavités de chaque demi-poire du mélange de crabe avec vos mains. Mettre la plaque au four et cuire les poires 14 minutes.

3 Retirer immédiatement la plaque du four, puis déposer deux demi-poires dans chaque assiette. Mouiller chaque portion avec un léger filet de miel chaud, puis garnir d'amandes émincées. Servir immédiatement.

ur conserver la forme des tomates rsque vous les évidez, utilisez un couteau à pamplemousse à lame urbe. Pour épépiner rapidement e tomate, vous n'avez qu'à retirer le pédoncule, à la couper en deux horizontalement, puis à écraser élicatement chaque demi-tomate. Enlevez le pédoncule de la tomate uniquement après l'avoir lavée pour qu'elle n'absorbe pas d'eau inutilement.

Tomates grillées au pesto et aux pétoncles

4 portions

4	**petites tomates bien lavées**
	Pesto du commerce
3	**échalotes vertes tranchées**
	Huile d'olive
12	**gros pétoncles**
	Sel de mer
	Poivre du moulin
	Feuilles de basilic frais

1 Préchauffer le four à 350 °F (180 °C). Couper les tomates en deux horizontalement, puis évider délicatement chaque moitié. Les déposer sur une plaque allant au four, puis badigeonner leur intérieur de pesto. Garnir d'échalotes hachées, puis mouiller avec un peu d'huile d'olive. Mettre au four et cuire 5 minutes.

2 Retirer la plaque du four, puis déposer un gros pétoncle dans chaque demi-tomate. Tailler les quatre autres pétoncles de façon à remplir les espaces qui restent dans chaque cavité. Déposer une bonne cuillère à thé (5 ml) de pesto sur le dessus de chaque demi-tomate, puis saler et poivrer au goût.

3 Mettre la plaque au four et cuire 10 minutes. Retirer la plaque du four, puis servir immédiatement deux demi-tomates grillées par personne. Entourer chaque portion de feuilles de basilic. Accompagner de pain croûté au choix.

Lorsque vous utilisez du zeste d'agrume dans une recette, préférez un fruit de culture biologique. Si cela est impossible, nettoyez l'agrume vigoureusement avec du savon et une brosse ou un tampon. Sachez qu'un citron bien rond est habituellement plus juteux qu'un citron allongé.

Cocktail de crevettes, mayonnaise piquante à la coriandre

4 portions

½	**concombre anglais bien lavé, puis tranché finement**
24	**grosses crevettes décortiquées, avec la queue**
	Paprika
	Poivre noir moulu grossièrement

MAYONNAISE PIQUANTE À LA CORIANDRE

4 c. à soupe 60 ml	**mayonnaise**
4 c. à soupe 60 ml	**crème sure**
½ c. à thé 2,5 ml	**sel assaisonné ou de céleri**
1 c. à thé 5 ml	**zeste de citron ou de lime râpé finement**
2 c. à thé 10 ml	**sauce Worcestershire**
3 c. à soupe 45 ml	**sauce chili (style ketchup)**
½-1 c. à thé 2,5-5 ml	**sauce forte**
1 c. à thé 5 ml	**coriandre moulue**
3-4 c. à soupe 45-60 ml	**coriandre fraîche, hachée finement**

1 Bien couvrir le fond de quatre bols ou coupes en verre transparent de quelques étages de tranches de concombre. Répartir également la mayonnaise piquante à la coriandre dans chaque coupe. Réserver.

2 Dans une grande casserole, porter un bon fond d'eau à forte ébullition. Ajouter les crevettes, puis les cuire 3-4 minutes ou jusqu'à ce qu'elles soient tout juste rosées et cuites.

3 Les égoutter immédiatement, sans les rafraîchir. Insérer esthétiquement six crevettes dans chaque coupe, puis assaisonner de paprika et de poivre. Servir immédiatement pendant que les crevettes sont encore chaudes.

MAYONNAISE PIQUANTE À LA CORIANDRE

4 Mettre tous les ingrédients dans un bol, puis bien fouetter. Couvrir et réserver au frais au moins 2 heures avant de servir pour laisser le temps aux saveurs de s'amalgamer.

Coupelles de légumes aux herbes et au jambon

4 portions

8	**grandes tranches minces de jambon fumé**
	Quelques tranches de fromage au choix
1	**courgette bien lavée, puis tranchée mince**
3	**tomates italiennes parées, puis tranchées finement**
4	**œufs**
¼ tasse 60 ml	**lait**
½	**poivron rouge paré et haché**
1	**gousse d'ail hachée finement**
4-5 c. à soupe 60-75 ml	**herbes fraîches, ciselées (basilic, origan, thym, etc.)**
	Sel et poivre
	Vinaigre balsamique

1 Préchauffer le four à 350 °F (180 °C). Tapisser le fond et la paroi de quatre bols à soupe à l'oignon (ramequins allant au four d'environ 1 ½ tasse (375 ml) de capacité) de deux grandes tranches de jambon en les laissant dépasser. Déposer quelques tranches de fromage dans le fond de chaque bol, puis recouvrir généreusement de quelques étages de tranches de courgette et de tomates. Réserver.

2 Dans un bol, bien fouetter les œufs avec le lait, le poivron, l'ail et les herbes. Saler et poivrer au goût, puis fouetter de nouveau. Répartir cette préparation dans chaque bol, puis les secouer légèrement pour faire pénétrer le liquide dans les interstices. Replier les tranches de jambon sur la garniture. Mettre les bols au four et cuire 30 minutes.

3 Retirer les bols du four, puis les retourner au centre d'assiettes moyennes. Démouler délicatement, puis mouiller chaque portion avec un filet de vinaigre balsamique. Trancher délicatement chaque portion en deux, puis espacer légèrement chaque moitié. Servir immédiatement.

Conseil de chef

Mangez plus de poisson et de plats végétariens. Faible en gras et excellent pour la santé, le poisson gagnerait à être consommé deux à trois fois par semaine. Par conséquent, vous diminuerez votre consommation de viande à trois fois par semaine. Manger plus souvent des repas végétariens est aussi recommandé. N'ayez pas peur de manquer de fer car si votre régime est bien équilibré et qu'il comprend les principaux aliments, vous en aurez amplement et en retirerez de nombreux bénéfices.

Asperges gratinées à la raclette

4 portions

1 lb 454 g	asperges fraîches, parées
	Huile de noix
	Vinaigre balsamique
½ lb 227 g	fromage à raclette, râpé
	Demi-tranches de concombre
	Petits cubes de poivron rouge
	Poivre noir du moulin

1 Préchauffer le four à « broil ». Mettre les asperges dans une grande casserole contenant un léger fond d'eau bouillante, puis les cuire 5 minutes ou jusqu'à ce qu'elles soient tout juste « al dente ». Les égoutter immédiatement, puis les passer sous l'eau froide pour stopper leur cuisson.

2 Les répartir également au centre de quatre assiettes moyennes, puis les mouiller avec un peu d'huile de noix et de vinaigre balsamique. Garnir de fromage râpé en laissant le bout des pointes découvert. Mettre les assiettes sur l'étage central du four, puis gratiner quelques minutes ou jusqu'à ce que le fromage soit fondu et commence tout juste à se colorer.

3 Retirer les assiettes du four, puis décorer chaque portion de quelques tranches de demi-concombre et de petits cubes de poivron rouge. Assaisonner au goût de poivre, puis servir immédiatement. Accompagner de pain aux noix.

Tarte aux tomates et au gruyère

4-6 portions

1	**abaisse de pâte brisée ou feuilletée**
	Moutarde de Dijon
4-6	**grosses tomates rouges parées et tranchées**
⅓ - ½ tasse 80-125 ml	**basilic frais, ciselé**
1 ½ tasse 375 ml	**fromage gruyère suisse, râpé**
	Sel et poivre

1 Préchauffer le four à 375 °F (190 °C). Foncer un moule à tarte beurré de l'abaisse de pâte, puis recouvrir de moutarde de Dijon au goût. Étendre la moitié des tranches de tomates, puis recouvrir de basilic et de 1 tasse (250 ml) de fromage gruyère.

2 Recouvrir du reste des tranches de tomates, puis saler et poivrer au goût. Garnir du reste du fromage, puis mettre au four 35 minutes. Retirer du four et servir chaud ou légèrement tiédi. Décorer de feuilles de basilic. Accompagner de pain frais.

Plus connue sous le nom de noix,
la noix de Grenoble est originaire
des rives de la mer Caspienne et
de l'Inde. Elle est maintenant
cultivée dans de nombreuses
autres régions du monde. Aussi
appelée noix persienne ou
anglaise, elle provient du noyer.
Les noix françaises, notamment de
la Dordogne, sont réputées
les meilleures du monde. Leur
couleur reflète leur qualité : plus
elles sont pâles, meilleures elles
sont. La Californie est maintenant
le plus important producteur de
cette noix. Les noix de Grenoble
sont un peu plus grasses et
caloriques que les autres noix,
mais elles fournissent un apport
appréciable de fer et
de vitamine B6.

Triangles filo
fromagés aux épinards

8 portions

1 lb 454 g	épinards frais ou congelés
1 lb 454 g	fromage de chèvre en petits morceaux
½ tasse 125 ml	noix de Grenoble écrasées grossièrement
3	gousses d'ail écrasées
1	gros œuf battu
	Sel et poivre
16	grandes feuilles de pâte filo, pliées en deux
½ tasse 125 ml	beurre fondu

1 Si vous utilisez des épinards frais, les cuire à l'eau, les égoutter et les hacher. Si vous utilisez des épinards congelés, les faire décongeler, les égoutter, puis les hacher. Mettre les épinards hachés dans un bol, puis ajouter le reste des ingrédients, sauf la pâte filo et le beurre fondu. Bien mélanger. Assaisonner au goût de sel et de poivre. Réserver le mélange.

2 Préchauffer le four à 350 °F (180 °C). Déposer huit feuilles de pâte filo l'une par-dessus l'autre sur une lèchefrite, en vous assurant de badigeonner chacune d'elles de beurre fondu. Recouvrir également du mélange d'épinards, puis des huit autres feuilles de pâte filo, en vous assurant de badigeonner de nouveau chacune d'elles avant de les étager.

3 Tracer délicatement 16 triangles sur la dernière feuille de pâte. Cuire au four jusqu'à ce que la pâte soit bien dorée. Retirer du four et attendre 15 minutes avant de trancher complètement en 16 triangles. Servir immédiatement en entrée ou comme hors-d'œuvre. Accompagner d'une sauce au choix et de quartiers de citron.

Brie fondant aux cassis

4-6 portions

1	**petite meule de fromage brie de ⅔-1 lb (300-454 g)**
4 c. à soupe 60 ml	**tartinade aux cassis**
2 c. à soupe 30 ml	**noix de Grenoble ou pacanes hachées**
2 c. à soupe 30 ml	**pineau des Charentes ou xérès**
	Tranches de baguette (fraîches ou grillées)
	Baies de cassis

1 Préchauffer le four à 350 °F (180 °C). Déposer le fromage au centre d'un petit moule à tarte en pyrex. Piquer le dessus du fromage à plusieurs endroits à l'aide d'une fourchette. Réserver.

2 Dans un petit bol, mélanger la tartinade avec les noix et le pineau des Charentes, puis étendre ce mélange sur le dessus de la petite meule. Cuire au four 15 minutes.

3 Retirer du four et laisser tiédir 10 minutes. Déposer le moule contenant le fromage au centre de la table. Laisser les convives prélever leur part de fromage et tartiner celui-ci sur des tranches de baguette. Décorer le pourtour du moule de quelques baies de cassis fraîches.

Conseil de chef

Si vos fromages ont durci ou séché, vous pouvez les râper sur vos plats cuisinés préférés, plus particulièrement sur une omelette ou une pizza, ou encore dans une soupe. Si des taches blanches se forment sur une pâte ferme, c'est qu'elles sont causées par l'humidité. Coupez alors généreusement la surface affectée, puis dégustez le reste. La moisissure ou la décoloration commencent généralement à la surface des fromages. Retirez la partie atteinte et servez le reste dans une sauce ou sur un gratin.

Conseil de chef

Afin de faciliter la digestion de l'ail, coupez la gousse en deux sur la longueur, puis retirez le germe. Si vous désirez atténuer la mauvaise haleine causée par l'ail, mangez du persil cru, croquez un grain de café ou sucez un clou de girofle.

Étagé de tomates et de roquette au brie grillé, infusion d'ail citronnée

4 portions

	Huile d'olive
8	**tranches de tomates de ½ po (1 cm) d'épaisseur**
	Poivre noir du moulin
1 ½ tasse 375 ml	**feuilles de roquette bien lavées et essorées**
½ lb 227 g	**fromage brie coupé en tranches**
	Feuilles de laitue Boston

INFUSION D'AIL CITRONNÉE

	Zeste d'un demi-citron, haché finement
2	**gousses d'ail écrasées**
⅓ tasse 80 ml	**huile d'olive**
	Jus d'un petit citron

1 Préchauffer le four à 425 °F (220 °C). Badigeonner quatre tranches de tomates d'huile d'olive, puis les déposer sur une plaque allant au four, côté huilé vers le bas. Poivrer au goût. Recouvrir chaque tomate de quelques feuilles de roquette, puis garnir de tranches de brie. Faire un autre étage en procédant de la même façon.

2 Mettre la plaque sur l'étage central du four et cuire les étagés 5-7 minutes, ou jusqu'à ce que le fromage commence à être coulant. Retirer du four, puis, à l'aide d'une grande spatule, les déposer délicatement dans des assiettes individuelles contenant un lit de feuilles de laitue Boston. Avec une petite cuillère, mouiller le dessus et le contour de l'assiette avec un peu d'infusion d'ail citronnée. Servir immédiatement et accompagner de pain de blé entier.

INFUSION D'AIL CITRONNÉE

3 Mettre le zeste de citron avec l'ail écrasé dans un petit bol. Réserver. Dans une petite casserole, faire chauffer l'huile et le jus de citron jusqu'à ce que le liquide soit très chaud, mais non bouillant.

4 Verser immédiatement le contenu de la petite casserole dans le bol contenant le zeste et l'ail, puis couvrir. Laisser infuser 15-30 minutes. Servir immédiatement.

Conseil de chef

Ne lavez jamais les champignons à l'eau car ils ont la propriété d'absorber les liquides, ce qui pourrait diluer vos recettes et vos sauces. Brossez-les plutôt ou nettoyez-les avec un petit linge humide.

Feuilletés crémeux de champignons

4-6 portions

2 c. à soupe 30 ml	**beurre**
3 tasses 750 ml	**champignons au choix, nettoyés et tranchés**
3 c. à soupe 45 ml	**ciboulette fraîche, ciselée**
1 tasse 250 ml	**vin blanc**
½ c. à thé 2,5 ml	**cumin moulu**
2	**feuilles de laurier**
	Sel et poivre
1 tasse 250 ml	**tartinade de fromage à la crème au choix**
4	**grandes feuilles de pâte filo**
	Beurre fondu
	Poudre d'ail
	Origan sec
1	**œuf battu**
	Graines de sésame et de pavot

1 Préchauffer le four à 400 °F (205 °C). Dans une grande casserole antiadhésive, faire pétiller le beurre à feu moyen. Ajouter les champignons et la ciboulette, puis faire sauter 2 minutes en brassant. Mouiller avec le vin blanc, puis ajouter le cumin et les feuilles de laurier. Assaisonner au goût de sel et de poivre, puis mélanger. Couvrir, puis laisser mijoter à feu moyen-doux une dizaine de minutes. Brasser à quelques reprises.

2 Retirer le couvercle, puis laisser mijoter jusqu'à l'évaporation presque complète du liquide. Retirer immédiatement la casserole du feu, puis enlever les feuilles de laurier. Ajouter la tartinade au fromage à la crème, puis mélanger jusqu'à l'obtention d'une préparation crémeuse. Réserver.

3 Déposer les feuilles de pâte filo sur une surface de travail, puis les badigeonner de beurre fondu. Les saupoudrer de poudre d'ail et d'origan au goût. Les couper en rectangles de 8 po x 4 po (20 cm x 10 cm). Déposer quelques cuillères à soupe (15 ml) du mélange crémeux de champignons à une extrémité de chaque rectangle en laissant ½ po (1 cm) libre de chaque côté. Rouler les feuilletés en pliant les extrémités vers l'intérieur pour bien les sceller. Les déposer sur une plaque allant au four, côté ouvert vers le bas, puis les badigeonner d'œuf battu. Garnir le dessus de chaque feuilleté d'un mélange de graines de sésame et de pavot. Cuire les feuilletés au four environ 10 minutes, ou jusqu'à ce qu'ils soient bien colorés. Les retirer du four, puis en servir quelques-uns par personne sur un lit de mesclun. Napper d'une vinaigrette légère au choix et décorer de tomates cerises.

Boulettes de pois chiches
et de germe de blé

Fondue
parmesan
au tofu et
aux lentilles

Boulettes de pois chiches et de germe de blé

4 portions

19 oz 540 ml	pois chiches en boîte
1	œuf battu
2-3	gousses d'ail écrasées
½	poivron vert paré et haché
1 c. à thé 5 ml	concentré de bouillon de légumes en poudre
⅔ tasse 160 ml	germe de blé grillé
3 c. à soupe 45 ml	concentré de tomates
2 c. à thé 10 ml	gingembre frais, haché
	Sel et poivre
	Farine de blé entier
	Huile végétale

1 Vider les pois chiches dans une passoire, puis les laisser égoutter. Transvider les pois chiches dans un bol, puis y ajouter le reste des ingrédients, sauf la farine et l'huile. Assaisonner au goût de sel et de poivre, puis piler vigoureusement : le mélange doit être assez consistant. Incorporer un peu de farine de blé entier si le mélange se tient difficilement.

2 Avec vos mains mouillées, façonner environ 12 boulettes de grandeur égale. Bien compacter les boulettes. Les enrober de farine de blé entier, puis les réserver dans une assiette.

3 Dans une grande poêle antiadhésive, faire chauffer un fond d'huile à feu moyen-élevé. Quand l'huile est bien chaude, y déposer les boulettes, puis les griller 12-15 minutes ou jusqu'à ce qu'elles soient bien dorées et croustillantes. Les tourner fréquemment.

4 Les retirer de la poêle avec une pince et les laisser égoutter sur du papier essuie-tout. Servir immédiatement 3-4 boulettes par personne et accompagner d'une salade et d'une sauce crémeuse au yogourt.

Conseil de chef

On ajoute toujours du sel dans les légumineuses en boîte; il est donc préférable de les rincer. Non seulement elles contiendront moins de sodium, mais vous éliminerez aussi l'eau de trempage qui contribue à augmenter considérablement les flatulences.

Fondue parmesan au tofu et aux lentilles

4-6 portions

1 tasse 250 ml	lentilles cuites
1 lb 454 g	tofu ferme, bien égoutté
2 tasses 500 ml	fromage parmesan frais râpé
3	blancs d'œufs
7 c. à soupe 105 ml	fécule de maïs
½ c. à thé 2,5 ml	poudre d'ail
	Sel et poivre
	Farine non blanchie
	Œufs battus
	Chapelure au choix
	Huile d'olive

1 Mettre les six premiers ingrédients dans un robot culinaire, puis assaisonner au goût de sel et de poivre. Réduire quelques minutes jusqu'à l'obtention d'une pâte lisse et uniforme. Verser la préparation dans un moule carré de 8 po (20 cm). Bien étendre le mélange. Réfrigérer 2 heures.

2 Trancher la préparation en cubes d'environ 2 po (5 cm), puis les enfariner. Les enrober du mélange d'œufs battus, puis les recouvrir entièrement de chapelure. Secouer les fondues pour vous débarrasser de l'excédent de chapelure. Réserver les fondues sur une assiette, puis les mettre au congélateur.

3 Dans une grande poêle antiadhésive, faire chauffer un bon fond d'huile à feu moyen. Une fois l'huile chaude, frire les fondues parmesan 1-2 minutes de chaque côté. Les retirer de la poêle et les laisser égoutter sur du papier essuie-tout. Servir quelques fondues par personne présentées sur un lit de feuilles de laitue. Accompagner de quartiers de tomates.

Conseil de chef

Sur le marché, on trouve différents arômes de tofu. Chaque producteur produit ses propres saveurs telles que nature, aux légumes, aux algues de mer, aux fines herbes, etc. Alors, soyez à l'affût et faites preuve d'ouverture d'esprit en essayant de nouvelles saveurs et marques!

Huîtres diaboliques gratinées

4-6 portions

24-36	*huîtres fraîches,
bien brossées et lavées*
	Gros sel
	Jus de citron
	Poivre noir du moulin
	Sauce forte
	Sauce Worcestershire
	Sauce à fruits de mer
	*Chapelure nature
ou italienne*
	Paprika

1 Préchauffer le four à « broil ». Ouvrir les huîtres, puis dégager la chair tout en la laissant dans la coquille inférieure. Déposer les huîtres fraîches dans de grandes assiettes de service ou sur de grandes plaques allant au four recouvertes d'un fond de gros sel pour qu'elles restent droites.

2 Les mouiller avec un peu de jus de citron, puis les poivrer au goût (ne pas saler). Ajouter quelques gouttes des sauces forte et Worcestershire sur le dessus de chaque huître, selon vos goûts. Garnir d'un peu de sauce à fruits de mer, puis saupoudrer d'un peu de chapelure. Assaisonner d'un peu de paprika.

3 Les griller sur l'étage central du four 1-2 minutes, ou jusqu'à ce qu'elles soient bien colorées. Les retirer immédiatement du four, puis les servir. Elles sont excellentes comme hors-d'œuvre ou en entrée; dans ce dernier cas, en servir 6-9 par personne.

Tulipes de saumon

4 portions

8	**crêpes salées ou tortillas de 6 po (15 cm)**
4	**œufs battus**
2 c. à soupe 30 ml	**aneth frais, ciselé**
3 c. à soupe 45 ml	**crème 35 %**
3 c. à soupe 45 ml	**lait**
1	**échalote verte hachée finement**
8	**morceaux de saumon d'environ 1 ½ po x 1 ½ po x ½ po (3,75 cm x 3,75 cm x 1 cm), aspergés de jus de citron**
⅓ -½ tasse 80-125 ml	**fromage cheddar moyen, râpé**
	Poivre du moulin

1 Préchauffer le four à 325 °F (165 °C). Déposer les crêpes ou les tortillas dans les cavités beurrées d'un moule à muffins. Presser et plier les crêpes ou les tortillas légèrement sur les parois des cavités pour bien former les coupes. Réserver.

2 Dans un bol, fouetter les œufs, l'aneth, la crème, le lait et l'échalote. Réserver. Déposer un morceau de saumon au fond de chaque coupe. Les remplir aux deux tiers du mélange d'œufs, puis garnir de fromage. Poivrer au goût.

3 Cuire au four 18-23 minutes, ou jusqu'à ce que la garniture soit bien gonflée et que le centre soit pris. Retirer du four, puis laisser refroidir 2-3 minutes. Détacher délicatement le tour des tulipes à l'aide d'un couteau. Démouler, puis servir immédiatement deux tulipes de saumon par personne. Servir sur un lit de mâche, de poire et de noix de pin. Accompagner de pain frais.

Escargots provençaux

4 portions

24-36	**gros escargots en boîte**
1 c. à soupe 15 ml	**beurre**
2 c. à soupe 30 ml	**huile d'olive**
2	**échalotes sèches hachées finement**
2 c. à soupe 30 ml	**persil frais, haché**
2 c. à soupe 30 ml	**basilic frais, haché**
3	**gousses d'ail hachées finement**
	Pincée de poivre de Cayenne
	Sel et poivre
⅔ tasse 160 ml	**chair de tomates, coupée en cubes**
⅓ tasse 80 ml	**vin blanc sec**
4	**tranches de pain bien grillées**
	Branches d'une herbe fraîche, au choix

1 Bien rincer et égoutter les escargots, puis les assécher le plus possible avec du papier essuie-tout. Les réserver. Dans une grande poêle antiadhésive, faire chauffer l'huile et le beurre à feu moyen. Ajouter les échalotes, les deux herbes et l'ail. Faire revenir 2 minutes en brassant. Ajouter la pincée de poivre de Cayenne, puis saler et poivrer au goût. Ajouter les cubes de chair de tomates et les escargots. Cuire 1 minute. Mouiller avec le vin blanc, puis faire réduire des deux tiers.

2 Tapisser le fond de quatre bols d'une tranche de pain grillée et couvrir également du mélange d'escargots. Servir immédiatement et décorer d'une branche d'herbe fraîche.

Conseil de chef

Pour conserver des herbes fraîches plus longtemps, assurez-vous d'abord qu'elles sont propres et totalement sèches. Mettez-les dans un contenant hermétique ou, encore mieux, dans un sac à glissière que vous presserez pour en extraire le maximum d'air avant de le fermer hermétiquement.

Petit rôti de bœuf, sauce au porto et au fromage bleu

6 portions

1 c. à thé 5 ml	**poudre d'ail**
1 c. à thé 5 ml	**flocons d'oignon déshydratés**
1 c. à soupe 15 ml	**poivre noir concassé**
1 c. à thé 5 ml	**romarin moulu**
2 c. à soupe 30 ml	**beurre**
2 ½ lb 1,13 kg	**rôti de bœuf au choix, désossé (surlonge, filet, intérieur de ronde, etc.)**
	Fromage bleu ferme, émietté

SAUCE AU PORTO ET AU FROMAGE BLEU

1 tasse 250 ml	**fond de veau ou consommé de bœuf**
1 tasse 250 ml	**porto**
½ lb 227 g	**fromage bleu au choix, émietté**
	Poivre
2-3 c. à thé 10-15 ml	**farine non blanchie**

2 c. à soupe 30 ml	**beurre**

1 Préchauffer le four à 375 °F (190 °C). Mettre les quatre premiers ingrédients dans un petit bol, puis mélanger. Enrober le rôti de ce mélange en tapant la viande avec vos mains afin que les herbes et les épices adhèrent bien à la chair.

2 Dans une poêle creuse de grandeur moyenne, faire fondre le beurre à feu moyen-élevé. Y saisir le rôti de tous les côtés, une dizaine de minutes au total. Le transférer dans une lèchefrite, puis terminer la cuisson au four 40-60 minutes selon la cuisson désirée.

3 Retirer le rôti du four, puis l'envelopper immédiatement dans une feuille de papier d'aluminium. Laisser reposer 10 minutes avant de trancher. Servir avec la sauce au porto et au fromage bleu. Accompagner de pommes de terre dauphinoises et de haricots verts. Garnir chaque portion de petits morceaux de fromage bleu.

SAUCE AU PORTO ET AU FROMAGE BLEU

4 Dans la poêle qui a servi à saisir le rôti (ou dans une nouvelle si vous faites uniquement la sauce), verser le fond de veau ou le consommé de bœuf, puis porter à ébullition à feu moyen tout en grattant les sucs de cuisson. Réduire du tiers.

5 Ajouter le porto, puis réduire de moitié en brassant. Ajouter le fromage, puis continuer à cuire en mélangeant jusqu'à ce que le fromage soit fondu. Poivrer au goût, saupoudrer de farine, puis ajouter le beurre.

6 Porter à ébullition, puis laisser mijoter 5 minutes en remuant ou jusqu'à ce que la sauce soit bien lisse et homogène. Éteindre le feu et laisser refroidir un peu avant de servir. Servir dans la prochaine heure.

Conseil de chef

Voici une idée de marinade éclair. Dans un bol de grandeur moyenne, combinez 1 tasse (250 ml) de sauce pour côtes levées du commerce, 2 c. à soupe (30 ml) d'huile d'olive ou végétale, 1 gousse d'ail hachée et 1 c. à soupe (15 ml) de persil frais haché finement. Ajoutez-y la viande de votre choix, puis laissez mariner de 30 à 60 minutes au réfrigérateur. Vous pouvez aussi cuire vos pièces de viande ou de poisson dans des papillotes de papier d'aluminium que vous arroserez de cette marinade et que vous garnirez de tranches d'oignon. Scellez-les et faites-les cuire au four ou au barbecue.

Filet de veau au vinaigre balsamique et aux échalotes

4 portions

1 ½ lb 675 g	*filet de veau, dégraissé le plus possible*
	Poivre noir du moulin concassé grossièrement
1 c. à soupe 15 ml	*huile d'olive*
2 c. à soupe 30 ml	*beurre*
6	*échalotes vertes hachées*
	Thym frais ou séché
	Sel et poivre
⅓ tasse 80 ml	*vinaigre balsamique*
⅓ tasse 80 ml	*vin blanc sec*

1 Poivrer généreusement le filet de veau de poivre noir. Bien imprégner le poivre dans la chair en tapant la viande de la paume de votre main. Dans une poêle antiadhésive additionnée de l'huile d'olive, dorer tous les côtés du veau, à feu moyen-élevé, environ 10 minutes au total. Baisser légèrement le feu au besoin.

2 Retirer le filet de la poêle et le réserver au chaud (au four à 200 °F (95 °C)). Baisser le feu à moyen et ajouter le beurre à la poêle. Faire fondre le beurre tout en grattant les sucs de cuisson à l'aide d'une cuillère de bois. Ajouter les échalotes et les sauter 1 minute, en remuant. Assaisonner selon les goûts de thym, de sel et de poivre. Mouiller avec le vinaigre balsamique et le vin blanc. Déglacer le tout. Porter à ébullition et retourner le veau à la poêle. Baisser le feu et couvrir. Laisser mijoter 3 minutes. Retirer le veau de la poêle et le trancher. Servir quelques tranches par personne et napper partiellement de sauce. Accompagner d'asperges étuvées et de pâtes fraîches persillées.

Diminuez ou éliminez la quantité nécessaire d'huile végétale ou de beurre lorsque vous cuisez ou saisissez vos mets en utilisant des poêles ou des casseroles antiadhésives de qualité supérieure. Si vous vous servez d'un autre type de batterie de cuisine, vous pouvez quand même réduire de moitié les matières grasses en cuisant à moins haute température. Retenez que si la plupart des huiles végétales sont bonnes pour la santé, elles contiennent malgré tout une centaine de calories par cuillère à soupe (15 ml).

Roulades de filet de truite au prosciutto et aux herbes fraîches

4 portions

12	**tranches de prosciutto**
4	**filets de truite de ¼ lb (115 g) chacun**
	Poivre noir du moulin
	Huile d'olive

VINAIGRETTE AUX HERBES FRAÎCHES ET AU MIEL

¼ tasse 60 ml	**huile d'olive**
2 c. à soupe 30 ml	**vinaigre de vin blanc**
½ tasse 125 ml	**herbes fraîches, ciselées (basilic, origan, estragon, romarin, etc.)**
1 c. à thé 5 ml	**moutarde de Dijon**
2 c. à thé 10 ml	**miel liquide**
1	**gousse d'ail hachée finement**
	Sel et poivre

1 Pour faire chaque roulade, étendre trois tranches de prosciutto légèrement superposées les unes sur les autres. Déposer un filet de truite au centre des tranches de prosciutto, dans le même sens. Assaisonner de poivre noir du moulin. Arroser d'un mince filet de vinaigrette aux herbes fraîches et au miel. Rouler le tout le plus serré possible. Répéter l'opération trois fois.

2 Faire chauffer un peu d'huile dans une grande poêle, puis faire cuire les roulades 7-8 minutes à feu moyen, en les tournant à quelques occasions. Les retirer de la poêle, puis trancher délicatement chacune d'elles en angle. Servir une roulade par personne. Napper chaque portion de vinaigrette aux herbes fraîches et au miel.

VINAIGRETTE AUX HERBES FRAÎCHES ET AU MIEL

3 Mettre tous les ingrédients dans un bol, puis assaisonner au goût de sel et de poivre. Couvrir et laisser 30-60 minutes pour laisser le temps aux saveurs de se développer.

Ragoût de pattes et de boulettes de porc

8 portions

3-4 lb 1,36-1,8 kg	**pattes de porc bien lavées**
1	**oignon haché finement**
2	**gousses d'ail écrasées**
2	**feuilles de laurier**
1 tasse 250 ml	**vin blanc**
	Sel et poivre
	Eau
1/3 tasse 80 ml	**farine non blanchie, grillée au four**

BOULETTES DE PORC

2 lb 900 g	**porc haché**
4	**échalotes françaises hachées**
1 c. à soupe 15 ml	**sauce Worcestershire**
2	**œufs battus**
4 c. à soupe 60 ml	**chapelure**
1/2 c. à thé 2,5 ml	**muscade moulue**
1/2 c. à thé 2,5 cm	**clou de girofle moulu**
	Sel et poivre

1 Mettre les pattes de porc dans une grande casserole ou un chaudron, puis ajouter le reste des ingrédients, sauf la farine grillée. Saler et poivrer généreusement, puis couvrir d'eau. Mélanger, puis porter à ébullition. Baisser le feu à moyen-doux, puis couvrir. Laisser cuire environ 45-60 minutes, ou jusqu'à ce que la viande soit bien cuite et tendre.

2 Retirer les pattes de porc du bouillon, puis les laisser refroidir avant de les désosser. Réserver la chair dans un bol.

3 Remettre la grande casserole contenant le bouillon sur le feu. Y ajouter les boulettes de porc non cuites, puis les cuire une vingtaine de minutes à feu moyen, à couvert. Ajouter de l'eau pour couvrir tout juste les boulettes. Quand elles sont cuites, retirer les boulettes du bouillon, puis les réserver dans un bol. Enlever les feuilles de laurier. Incorporer graduellement la farine grillée au bouillon en fouettant. Réchauffer en brassant jusqu'à ce que la sauce bouille et épaississe un peu.

4 Remettre la chair des pattes de porc ainsi que les boulettes dans la casserole contenant la sauce, couvrir, puis réchauffer 10 minutes, à feu doux. Servir immédiatement dans de grands bols sur un fond de quartiers de pommes de terre étuvées.

BOULETTES DE PORC

5 Mettre tous les ingrédients dans un bol, puis assaisonner généreusement de sel et de poivre. Bien mélanger avec vos mains. Confectionner, avec vos mains légèrement mouillées, des boulettes d'environ 2 po (5 cm) de diamètre. Réserver les boulettes sur une surface légèrement huilée.

6 Vous pouvez les cuire à la poêle à feu moyen-doux ou au four à 350 °F (180 °C) une vingtaine de minutes. Si vous faites la recette de ragoût de pattes et de boulettes de porc, les réserver non cuites au réfrigérateur.

Gigot d'agneau à la menthe

6-8 portions

1	**gigot d'agneau de 3,3 lb-4,4 lb (1,5 kg-2 kg)**
6	**petites gousses d'ail**
6	**grosses feuilles de menthe fraîche**
2	**branches de céleri tranchées**
1	**gros oignon coupé en dés**
6	**grosses pommes de terre, pelées**
	Poivre
3 c. à soupe 45 ml	**moutarde de Dijon**
1 c. à soupe 15 ml	**romarin**
¼ tasse 60 ml	**eau**
¼ tasse 60 ml	**vin rouge sec**

1 Préchauffer le four à 450 °F (230 °C). Dégraisser le gigot d'agneau. Enrober chaque gousse d'ail d'une feuille de menthe et piquer le gigot avec ces dernières.

2 Déposer le gigot dans une rôtissoire et l'entourer des légumes. Poivrer au goût et badigeonner le gigot avec la moutarde de Dijon. Saupoudrer de romarin et cuire au four 50-60 minutes, selon la cuisson désirée. Après les 30 premières minutes de cuisson, retourner le gigot et l'arroser.

3 Retirer le gigot du four et le déposer sur un plat de service. Le découper en fines tranches, puis disposer les légumes autour de celles-ci. Déglacer le jus de cuisson avec l'eau et le vin rouge à feu moyen, 2 minutes. Napper le gigot avec une partie de la sauce. Accompagner avec de la gelée de menthe et le reste de la sauce.

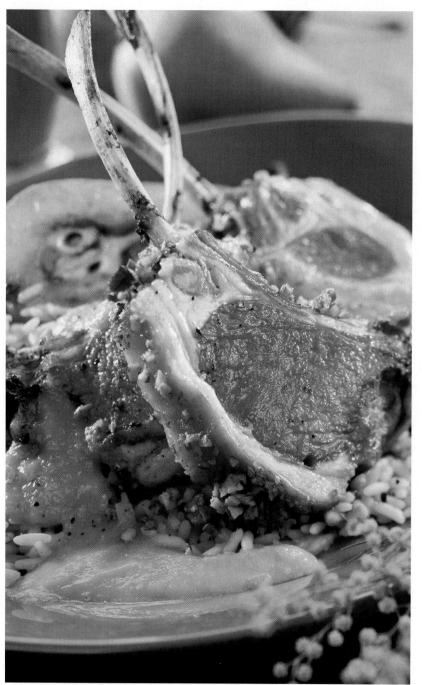

Carré d'agneau aux pacanes, sauce à la poire épicée

4 portions

4 c. à soupe 60 ml	**sirop d'érable**
2 c. à soupe 30 ml	**moutarde en poudre**
2	**carrés d'agneau de huit côtelettes chacun**
½ tasse 125 ml	**pacanes hachées grossièrement**
	Persil frais

SAUCE À LA POIRE ÉPICÉE

1 ½ tasse 375 ml	**chair de poires bien mûres, tranchée en petits dés**
¼ tasse 60 ml	**beurre**
1 c. à soupe 15 ml	**vinaigre de vin blanc**
¾ tasse 180 ml	**pineau des Charentes ou xérès**
½ c. à thé 2,5 ml	**piment de la Jamaïque**
1	**boîte de 10 oz (284 ml) de consommé de bœuf**
	Poivre

1 Préchauffer le four à 400 °F (205 °C). Dans un petit bol, mélanger le sirop d'érable et la moutarde en poudre. Réserver. Dégraisser légèrement les carrés d'agneau et gratter chaque os. Badigeonner la viande de tous les côtés du mélange à base de sirop d'érable et de moutarde, puis la déposer sur une plaque allant au four. Garnir de pacanes, puis bien taper la viande de vos mains pour imprégner les noix dans la chair. Cuire les carrés d'agneau 18 minutes, ou jusqu'à l'obtention de la cuisson désirée.

2 Pendant ce temps, préparer la sauce à la poire épicée. Retirer les carrés d'agneau du four, puis les recouvrir d'une feuille de papier d'aluminium. Laisser reposer 5 minutes, puis trancher les carrés en côtelettes individuelles.

3 Napper le fond de quatre assiettes chaudes de sauce à la poire épicée, puis y déposer quatre côtelettes par portion. Garnir d'une tige de persil, puis accompagner d'un mélange de riz brun et de riz sauvage.

SAUCE À LA POIRE ÉPICÉE

4 Dans une poêle, faire revenir les dés de poires dans le beurre, à feu moyen, 2 minutes. Mouiller avec le vinaigre, puis bien mélanger. Ajouter le pineau des Charentes et le piment de la Jamaïque. Porter à ébullition, puis laisser mijoter 4 minutes. Ajouter le consommé de bœuf. Porter à ébullition, puis laisser mijoter 5 minutes.

5 Verser le mélange dans un robot culinaire, puis réduire jusqu'à l'obtention d'une sauce lisse et homogène. Remettre la sauce dans la casserole, puis poivrer au goût. Réserver au chaud jusqu'au moment de servir.

Conseil de chef

Originaire d'Amérique du Nord, la pacane est le fruit d'un grand arbre, le pacanier, cultivé abondamment dans le sud-est des États-Unis. Sa culture, sa récolte, son décorticage et son triage sont des opérations fastidieuses et délicates, ce qui explique son prix élevé. Possédant une saveur fine et subtile, la pacane est surtout utilisée en salade et dans les desserts. Cette noix a une haute teneur en gras (après la noix de macadam) et en calories, mais elle procure un bon apport en protéines.

Rôti de porc croustillant à la rhubarbe et au piment de la Jamaïque

6-8 portions

10	**grandes tranches fines de jambon de Parme**
1	**petit rôti de porc de 2,5-3 lb (1,14-1,36 kg), désossé**
4	**grosses gousses d'ail coupées en deux et dégermées**
8	**grandes feuilles de sauge fraîche**
	Piment de la Jamaïque
	Poivre noir du moulin
	Miel liquide
16	**tiges de jeune rhubarbe, lavées et tranchées**
2 lb 900 g	**petites pommes de terre nouvelles, bien lavées**

1 Préchauffer le four à 400 °F (205 °C). Déposer cinq tranches de jambon, côte à côte, sur une surface de travail. Faire de même avec les cinq autres, en les superposant à moitié sur les premières. Déposer le rôti de porc sur une extrémité des tranches de jambon. Réserver.

2 Enrouler chaque demi-gousse d'ail dans une feuille de sauge, puis piquer chacune d'elles dans le rôti. Assaisonner généreusement le rôti de piment de la Jamaïque et de poivre du moulin, puis mouiller le dessus avec du miel liquide. Rouler le rôti bien serré pour qu'il soit recouvert du jambon de Parme. Le réserver.

3 Garnir le centre d'une petite lèchefrite (ou l'équivalent) des tranches de rhubarbe, puis y déposer le rôti. Entourer celui-ci de pommes de terre nouvelles, puis recouvrir le tout d'une feuille de papier d'aluminium.

4 Cuire au four 20 minutes. Retirer la feuille de papier d'aluminium, puis continuer la cuisson 20-30 minutes ou jusqu'à ce que la chair soit encore légèrement rosée. Retirer la lèchefrite du four, puis envelopper immédiatement le rôti dans une feuille de papier d'aluminium. Le laisser reposer 10 minutes avant de le trancher. Servir quelques tranches de rôti de porc par personne sur un lit de rhubarbe. Accompagner de pommes de terre nouvelles et du jus de cuisson.

Couronne de rôti de porc aux marrons

6-8 portions

5,5 lb 2,5 kg	**couronne de rôti de porc**
1 tasse 250 ml	**purée de marrons en boîte**
2 c. à soupe 30 ml	**miel liquide**
⅓ tasse 80 ml	**jus de citron**
3	**échalotes vertes hachées finement**
½ c. à thé 2,5 ml	**poudre d'ail**
1 c. à thé 5 ml	**cerfeuil sec**
1 c. à thé 5 ml	**romarin moulu**
	Bouillon de bœuf
	Poivre noir du moulin
	Marrons entiers en boîte, égouttés

1 Préchauffer le four à 450 °F (230 °C). Tapisser une lèchefrite d'une feuille de papier d'aluminium, puis y déposer la couronne de porc, les côtes vers le haut. Réserver.

2 Dans un bol, bien incorporer le reste des ingrédients, sauf les marrons entiers, avec une fourchette, puis verser juste assez de bouillon de bœuf pour obtenir une consistance de sauce barbecue. Poivrer au goût.

3 Badigeonner généreusement le rôti de cette sauce, puis le mettre au four. Le saisir 10 minutes, puis baisser le feu à 325 °F (165 °C). Cuire le rôti environ 2 heures, ou jusqu'à ce que la chair ne soit plus rosée. Le badigeonner de sauce et du jus de cuisson toutes les 20 minutes. Retirer le rôti du four, puis l'envelopper immédiatement dans une feuille de papier d'aluminium. Réserver 15 minutes.

4 Verser le jus de cuisson dans une petite casserole, puis récupérer les sucs de cuisson se trouvant sur la feuille de papier d'aluminium qui tapisse la lèchefrite. Faire réduire la sauce, puis la verser dans une saucière. Déposer la couronne de porc dans une grande assiette de service, puis décorer de marrons entiers. Servir immédiatement à la table. Vous pouvez remplir la cavité du rôti d'une farce au choix. Accompagner d'une purée de navets et de carottes.

Cipaille-tourtière étagé

12-16 portions

4	**magrets de canard** dégraissés et coupés en cubes
1	**lapin désossé et coupé en cubes**
1 ⅓ lb 600 g	**cubes de porc**
1 tasse 250 ml	**bouillon de bœuf**
1 tasse 250 ml	**vin rouge**
2	**feuilles de laurier**
½ c. à thé 2,5 ml	**clous de girofle moulus**
1 c. à thé 5 ml	**piment de la Jamaïque**
1 c. à thé 5 ml	**sarriette**
2	**gros oignons hachés**
4	**grosses gousses d'ail écrasées**
3	**grosses carottes pelées et tranchées**
4	**grosses pommes de terre pelées et coupées en cubes**
3 lb 1,36 kg	**mélange de trois viandes hachées**
	Sel et poivre
	Bouillon de bœuf

PÂTE LEVÉE (4 ABAISSES)

4 tasses 1 L	**farine non blanchie**
1 c. à soupe 15 ml	**poudre à pâte**
	Pincée de sel
¾ tasse 180 ml	**graisse végétale**
1 tasse 250 ml	**eau froide**
¼ tasse 60 ml	**huile végétale**
1	**jaune d'œuf**

1 Déposer les 13 premiers ingrédients dans un très grand bol. Bien mélanger et réfrigérer 6 heures.

2 Une fois les six heures de marinage écoulées, préchauffer le four à 350 °F (180 °C). Abaisser la grosse boule de pâte levée afin qu'elle puisse recouvrir toute la superficie d'une rôtissoire ovale d'environ 16 po (40 cm) de long. Foncer délicatement la rôtissoire de cette grande abaisse. Abaisser la plus petite abaisse de façon qu'elle puisse recouvrir la rôtissoire, puis la réserver.

3 Étendre la moitié du mélange de viandes et de légumes (avec la moitié du liquide) dans le fond de la rôtissoire, puis recouvrir également du mélange de viandes hachées. Saler et poivrer généreusement, puis recouvrir du reste du mélange de viandes et de légumes (avec le reste du liquide). Saler et poivrer au goût. Mouiller les bords de l'abaisse, puis recouvrir de la petite abaisse.

4 Sceller les bords de la pâte avec vos doigts, puis faire un trou de 2 po (5 cm) de diamètre au centre de la pâte en vous aidant d'un petit couteau. Y verser environ ½ tasse (125 ml) de bouillon de bœuf, puis mettre le cipaille au four. Le cuire environ 30 minutes, puis verser ½ tasse (125 ml) de bouillon de bœuf dans l'orifice.

5 Baisser le feu à 300 °F (150 °C), puis couvrir le cipaille d'une feuille de papier d'aluminium. Cuire 2 heures. Ajouter ½ tasse (125 ml) de bouillon de bœuf à deux reprises dans l'orifice durant la cuisson. Retirer la feuille de papier d'aluminium environ 15 minutes avant la fin de la cuisson pour bien faire dorer la pâte. Retirer le cipaille du four, puis le laisser refroidir 20 minutes avant de le servir délicatement et directement à la table. Accompagner de condiments et de ketchup maison.

PÂTE LEVÉE

6 Mettre la farine, la poudre à pâte et le sel dans un bol, puis bien mélanger. Ajouter la graisse, puis mélanger avec les mains jusqu'à ce qu'elle soit bien intégrée et que le mélange soit floconneux. Ajouter le reste des ingrédients, puis mélanger avec une fourchette jusqu'à ce que la préparation forme une grosse boule. Pétrir la pâte quelques fois pour bien intégrer tous les ingrédients. Confectionner le nombre désiré de boules de pâte de la grosseur voulue, puis les emballer dans une pellicule de plastique.

7 Réfrigérer 4 heures avant de les abaisser sur une surface enfarinée. Si vous faites le cipaille-tourtière, séparer la pâte en deux boules dont une sera plus grosse et contiendra environ les trois quarts de la pâte.

Conseil de chef

Pour préserver la fraîcheur du brocoli et des choux de Bruxelles, conservez-les au réfrigérateur dans un sac en plastique.

Pour ce qui est des carottes, gardez-les au réfrigérateur dans un sac de plastique perforé après avoir enlevé l'excédent de feuillage si nécessaire. Les carottes nouvelles se conserveront environ 20 jours et les carottes ordinaires jusqu'à un mois.

Saumon fondant en croûte

4 portions

⅔ tasse 160 ml	**fromage de chèvre frais, ramolli**
3-4 c. à soupe 45-60 ml	**jus de citron**
4 c. à thé 20 ml	**noix de Grenoble**
4 c. à thé 20 ml	**vin blanc**
4 c. à thé 20 ml	**ciboulette ciselée**
½ c. à thé 2,5 ml	**graines d'aneth**
	Poivre du moulin
8	**feuilles de pâte filo décongelées**
	Beurre fondu
4	**filets de saumon de 3 po x 4 po x ¾ po (7,5 cm x 10 cm x 2 cm) chacun, la peau enlevée**

1 Préchauffer le four à 400 °F (205 °C). Mettre les six premiers ingrédients dans un robot culinaire, puis réduire jusqu'à l'obtention d'une tartinade lisse et homogène. Poivrer au goût, puis réserver.

2 Déposer une feuille de pâte filo sur une surface de travail, puis la badigeonner de beurre fondu. La trancher en deux dans le sens de la largeur, puis déposer les deux morceaux l'un sur l'autre. Beurrer le dessus de la pâte, puis répéter l'opération avec une autre feuille de pâte pour obtenir un rectangle composé de quatre épaisseurs.

3 Déposer un morceau de saumon au centre de la pâte, puis garnir le dessus avec le quart du mélange de fromage. Replier la pâte pour former un paquet esthétique, en prenant soin de badigeonner de beurre fondu entre les couches de pâte pour bien les sceller. Déposer le saumon sur une plaque allant au four. Répéter l'opération avec les trois autres morceaux de saumon et les six autres feuilles de pâte.

4 Badigeonner les paquets de pâte filo de beurre fondu, puis les cuire au four 8 minutes ou jusqu'à ce que la pâte soit bien dorée et croustillante. Retirer du four. Servir immédiatement. Accompagner de riz safrané et de pois mange-tout.

Conseil de chef

Le régime méditerranéen, basé sur une consommation élevée de fruits et de légumes, de vin, d'olives et de ses dérivés, de fromages légers (comme le chèvre), de poissons divers, de légumineuses, etc., est excellent pour la santé. En ingérant ces aliments faibles en gras saturés, sur une longue période, cela semble diminuer énormément la probabilité de souffrir des maladies cardio-vasculaires, de faire de la haute pression ou de l'embonpoint et bien d'autres.

Magrets de canard glacés à la mandarine et au miel

4-6 portions

2 c. à soupe 30 ml	**beurre**
1 c. à soupe 15 ml	**huile de sésame**
4	**magrets de canard légèrement dégraissés**
4 c. à soupe 60 ml	**miel liquide**
3 c. à soupe 45 ml	**sauce soya ou teriyaki**
2 c. à soupe 30 ml	**graines de sésame**
4	**mandarines**
2 c. à thé 10 ml	**farine non blanchie**
	Sel et poivre

Conseil de chef

Qu'est-ce qui différencie les magrets des poitrines de canard? Le magret est une demi-poitrine qui provient d'un canard élevé pour la production de foie gras (canard gras), la plupart du temps le canard mulard. Il est recouvert d'une épaisse couche de gras. La poitrine provient des autres types de canards. Elle est composée de deux demi-poitrines et est recouverte d'une couche de gras beaucoup plus mince. Le canard mulard étant plus gros, il n'est pas rare qu'un magret soit d'un poids équivalent à une poitrine.

1 Préchauffer le four à 375 °F (190 °C). Inciser diagonalement la peau des magrets. Dans une grande poêle, faire pétiller le beurre avec l'huile de sésame à feu moyen-élevé. Y ajouter les magrets, côté peau en premier, puis les saisir 4 minutes de chaque côté. Déposer les magrets dans un plat en pyrex et terminer leur cuisson au four 10 minutes. Jeter le gras contenu dans la poêle, puis la réserver pour la sauce.

2 Dans un bol, mélanger le miel avec la sauce soya. Retirer les magrets du four, puis les badigeonner de la moitié de la sauce. Les saupoudrer de graines de sésame, puis les remettre au four 5-10 minutes, ou jusqu'à ce qu'ils soient cuits mais encore légèrement rosés. Retirer les magrets du four et les réserver enveloppés dans une feuille de papier d'aluminium.

3 Verser le jus de deux mandarines et le zeste haché d'une autre dans la poêle ayant servi à saisir les magrets, puis déglacer le tout à feu moyen. Ajouter le reste de la sauce au miel et à la sauce soya dans laquelle vous aurez préalablement dilué la farine. Baisser le feu à moyen, puis ajouter les deux autres mandarines que vous aurez détaillées en suprêmes. Laisser épaissir un peu, puis retirer du feu. Trancher les magrets et en servir quelques tranches par personne nappées de sauce. Accompagner d'une julienne de légumes sautés à la sauce soya.

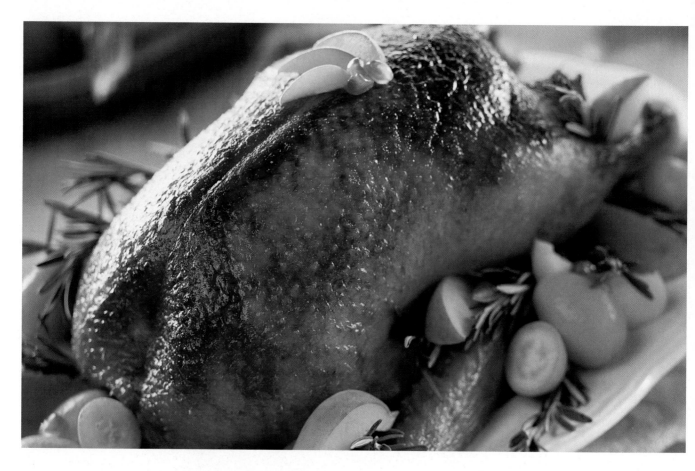

Vous trouverez trois espèces de canards sur le marché. Naturellement, la disponibilité de ces canards et de certaines coupes est très variable, alors n'hésitez pas à demander conseil à votre boucher et à expérimenter.

Canard mulard : Résultat d'un croisement entre un canard de Barbarie et une cane. Le mulard est engraissé pour la production du foie gras. Sa chair est fine et savoureuse. Les magrets, généreux, sont recouverts d'une épaisse couche de gras. Les cuisses et les manchons (ailes) font un excellent confit. À ne pas utiliser pour rôtir en entier au four.

Canard de Barbarie : Ce canard maigre, riche en viande, est excellent pour rôtir en entier au four. Retirez le croupion pour éviter qu'il répande une odeur désagréable en cuisant.

Canard de Pékin (canard du Lac Brome) : La race la plus utilisée pour la production de viande.

Canard grillé aux pêches et au gingembre

6-8 portions

1	**canard de 5,5 lb (2,5 kg)**
19 oz 540 ml	**quartiers de pêches en boîte, le jus réservé**
	Gingembre moulu

SAUCE AUX PÊCHES ET AU GINGEMBRE

1 ½ c. à soupe 22,5 ml	**huile de sésame**
3 c. à soupe 45 ml	**gingembre frais, pelé et haché finement**
1	**grosse gousse d'ail hachée finement**
19 oz 540 ml	**pêches en boîte, avec le jus**

1 Déposer le canard sur une surface de travail, puis enlever le plus de gras possible. Faire bouillir de l'eau dans une grande casserole, puis y plonger le canard 2 minutes pour sceller les pores. Cela vous garantira une viande plus juteuse. Le retirer de la casserole, puis le sécher le plus possible avec un linge propre et sec. Réserver.

2 Verser le jus réservé des pêches dans une petite casserole, puis porter à ébullition. Saupoudrer quelques cuillères à thé (5 ml) de gingembre moulu au goût, puis incorporer ½ tasse (125 ml) d'eau. Baisser le feu et laisser mijoter 5 minutes. Retirer du feu, puis couvrir. Réserver.

3 Déposer le canard sur une assiette, puis le badigeonner du mélange d'eau et de jus de pêche. Réfrigérer 2 heures.

4 Préchauffer le four à 400 °F (205 °C). Mettre le canard dans une rôtissoire, puis le cuire 90 minutes au four sans le badigeonner. Baisser le feu à 300 °F (150 °C) après 15 minutes. Le retirer du four, puis le déposer dans une grande assiette de service. Le badigeonner généreusement du mélange d'eau et de jus de pêche. L'entourer de pêches en quartiers, puis le servir immédiatement. Accompagner chaque portion d'un petit bol de sauce aux pêches et au gingembre. Accompagner de riz blanc et de courgettes au miel.

SAUCE AUX PÊCHES ET AU GINGEMBRE

5 Dans une petite poêle, faire chauffer l'huile à feu moyen-élevé. Ajouter le gingembre et l'ail, puis sauter 2 minutes en brassant. Ajouter les pêches avec leur jus, puis faire mijoter quelques minutes. Ajouter un peu plus de gingembre au goût.

6 Verser le mélange dans un robot culinaire, puis réduire jusqu'à l'obtention d'une sauce lisse et homogène. Transvider dans une petite casserole, puis réchauffer à feu très doux. Servir tiède.

Dinde aux canneberges

12-14 portions

1	**dinde fraîche de 10-12 lb (4,5-5,5 kg), préparée**
2 tasses 500 ml	**canneberges (fraîches ou congelées)**
⅓ tasse 80 ml	**sucre granulé**
½ tasse 125 ml	**vin blanc**
4 tasses 1 L	**petits morceaux de pain (frais ou rassis)**
4 c. à soupe 60 ml	**huile d'olive**
2	**branches de céleri tranchées**
8	**échalotes vertes tranchées**
	Vin blanc
2	**gros œufs**
	Sel et poivre
	Copeaux de beurre
	Poudre d'ail
	Thym moulu

SAUCE ÉPICÉE AUX CANNEBERGES

3 tasses 750 ml	**canneberges (fraîches ou congelées)**
1 ½ tasse 375 ml	**sucre granulé**
⅔ tasse 160 ml	**eau bouillante**
⅓ tasse 80 ml	**jus d'orange**
1 c. à soupe 15 ml	**jus de citron**
1 c. à thé 5 ml	**poudre de curry**
1 c. à thé 5 ml	**clou de girofle**
1 c. à thé 5 ml	**piment de la Jamaïque**
1 c. à thé 5 ml	**sel de mer**

1 Préchauffer le four à 450 °F (230 °C). Une fois la dinde prête à la cuisson et bien propre, la déposer dans une grande rôtissoire, puis la réserver.

2 Dans une casserole moyenne, faire bouillir les canneberges avec le sucre et le vin blanc 5-7 minutes ou jusqu'à ce que les canneberges soient tout juste éclatées. Brasser durant l'opération. Retirer la poêle du feu, puis laisser refroidir. Ajouter les morceaux de pain, l'huile et les deux légumes, puis bien brasser. Mouiller avec un peu de vin si le mélange est trop sec (celui-ci doit être un peu humide). Ajouter les œufs, puis saler et poivrer au goût. Mélanger, puis remplir la cavité de la dinde de cette farce sans trop la tasser.

3 Faire quelques petites incisions dans la peau, puis introduire un peu de beurre dans chacune d'elles. Assaisonner généreusement la dinde de poudre d'ail, de thym, de poivre, puis la garnir de quelques copeaux de beurre. La couvrir lâchement d'une feuille de papier d'aluminium, puis la mettre au four. La cuire 18-20 minutes par livre (454 g), soit 3 ½ - 4 ½ heures, en l'arrosant de son jus de cuisson toutes les 15-20 minutes. Baisser immédiatement le feu à 350 °F (180 °C) après avoir mis la rôtissoire au four. Saler après les 30 premières minutes de cuisson.

4 Peu importe la technique de cuisson utilisée, la clé du succès réside dans l'arrosage fréquent de la dinde de son jus de cuisson. Une heure avant la fin de la cuisson, vous pouvez retirer la feuille de papier d'aluminium pour dorer la peau.

5 Retirer la dinde du four et la déposer délicatement sur une grande assiette de présentation. La couvrir d'une feuille de papier d'aluminium pour la garder chaude. La trancher, puis la servir avec la sauce épicée aux canneberges. Accompagner d'une purée de pommes de terre au fromage bleu et de brocoli au beurre citronné.

SAUCE ÉPICÉE AUX CANNEBERGES

6 Rincer et égoutter les canneberges. Déposer les canneberges, le sucre et l'eau bouillante dans une casserole et cuire à feu moyen-doux, 20-25 minutes, en brassant.

7 Ajouter le reste des ingrédients, puis continuer la cuisson 5 minutes ou jusqu'à ce que la sauce épaississe. Laisser refroidir un peu avant de servir. Cette sauce se conserve jusqu'à deux semaines au réfrigérateur dans un contenant à fermeture hermétique.

Conseil de chef

Durant la période des fêtes, il est très facile d'acheter une dinde fraîche, alors optez pour celle-ci. Elle se conservera quelques jours au réfrigérateur. Si votre dinde est congelée, faites-la décongeler trois jours à l'avance au réfrigérateur. Calculez, en moyenne, de ⅔ lb (300 g) à ¾ lb (350 g) par portion. Nettoyez la dinde à l'eau, puis retirez le cou, l'excédent de peau, le foie, etc. Réservez ces parties pour la sauce. Séchez bien la dinde avec des essuie-tout.

⅔ tasse 160 ml	**jus d'orange**
2 c. à soupe 30 ml	**beurre**
3	**saucisses italiennes hachées**
5	**échalotes vertes tranchées**
1	**piment fort épépiné et haché**
1 tasse 250 ml	**fromage parmesan râpé**
⅓ tasse 80 ml	**persil frais, ciselé**
4 c. à soupe 60 ml	**marmelade d'oranges**
3	**œufs battus**
1 c. à thé 5 ml	**thym moulu**
	Sel et poivre

1 Préchauffer le four à 450 °F (230 °C). Râper le zeste des deux oranges, puis le mettre dans un bol. Réserver. Trancher les oranges, puis les déposer dans le fond d'une grande rôtissoire. Réserver. Ajouter le concentré de jus d'orange, le beurre et un peu de liqueur d'orange au bol contenant le zeste, puis bien intégrer. Réserver.

2 Faire plusieurs incisions dans la peau de la dinde, puis la déposer sur les tranches d'oranges dans la rôtissoire. Avec une petite cuillère, insérer un peu de préparation à l'orange et au beurre à l'intérieur des incisions. Garnir le dessus de la dinde du reste de la préparation. Mouiller avec un peu de liqueur d'orange, puis assaisonner généreusement de romarin et de poivre. Remplir la cavité de la dinde de la farce au riz, aux saucisses et à l'orange.

3 Couvrir la dinde d'une grande feuille de papier d'aluminium ou d'un couvercle, puis mettre la dinde au four. Baisser immédiatement le feu à 350 °F (180 °C).

4 Arroser fréquemment la dinde du jus de cuisson, puis saler après les 30 premières minutes de cuisson. Cuire la dinde environ 4 heures au total, ou jusqu'à ce que la chair ne soit plus rosée. Soixante minutes avant la fin de la cuisson, retirer la feuille de papier d'aluminium ou le couvercle.

5 Retirer la dinde du four, puis la transférer délicatement sur une grande assiette de présentation. L'entourer de quartiers d'oranges. À l'aide d'une fourchette, déglacer la rôtissoire avec un peu d'eau afin de faire une sauce d'accompagnement. Passer la sauce au tamis, puis la verser dans une saucière. À l'aide d'une cuillère, dégraisser en enlevant le plus de gras possible sur le dessus. Servir immédiatement avec la dinde. Accompagner de légumes au choix et de pommes de terre en purée.

FARCE AU RIZ, AUX SAUCISSES ET À L'ORANGE

6 Mettre le riz, le bouillon, le jus d'orange, le beurre, les saucisses italiennes, les échalotes et le piment fort dans une casserole de grandeur moyenne. Porter à ébullition, sans couvrir. Aussitôt que le mélange bout, baisser le feu à moyen-doux, puis couvrir. Cuire jusqu'à ce que le liquide soit presque entièrement évaporé.

7 Transvider immédiatement le contenu de la poêle dans un bol, puis ajouter le reste des ingrédients. Saler et poivrer au goût, puis bien mélanger. Cette farce se consomme telle quelle ou peut remplir la cavité d'une viande blanche ou d'une volaille.

Conseil de chef

Pour éviter que votre farce s'émiette et durcisse, incorporez-y un œuf battu et quelques gouttes d'huile.

Dinde des fêtes à l'orange

10-12 portions

2	**oranges bien lavées**
1 tasse 250 ml	**concentré de jus d'orange congelé**
6 c. à soupe 90 ml	**beurre mou**
	Liqueur d'orange
1	**dinde fraîche de 10-12 lb (4,5-5, 5 kg), prête à cuire**
	Romarin moulu
	Sel et poivre
	Quartiers d'oranges

FARCE AU RIZ, AUX SAUCISSES ET À L'ORANGE

| 1 tasse 250 ml | **riz basmati** |
| 1 tasse 250 ml | **bouillon de volaille** |

Dinde de Noël

12-16 portions

1	**dinde préparée de 11-13 lb (5-6 kg), prête à cuire**
¼ lb 115 g	**beurre fondu ou margarine**
1 c. à thé 5 ml	**sauge séchée**
1 c. à thé 5 ml	**romarin sec**
2 c. à thé 10 ml	**thym sec**
2 c. à thé 10 ml	**moutarde sèche**
1 c. à thé 5 ml	**paprika**
	Sel et poivre
2	**oignons coupés en quartiers**
4	**carottes coupées en morceaux**
3 tasses 750 ml	**bouillon de légumes ou de poulet**
4 c. à soupe 60 ml	**fécule de maïs**
4 c. à soupe 60 ml	**eau froide**
	Quartiers d'oranges

FARCE CLASSIQUE À LA VIANDE

3 tasses 750 ml	**pain rassis, coupé en petits morceaux**
1 tasse 250 ml	**lait**
2 c. à soupe 30 ml	**beurre**
2	**oignons moyens, hachés**
3	**gousses d'ail écrasées**
1 ½ tasse 375 ml	**champignons tranchés**
1 tasse 250 ml	**céleri haché**
1 lb 454 g	**porc haché**
1 lb 454 g	**bœuf haché maigre**
1 c. à soupe 15 ml	**fines herbes**
3	**œufs battus**
	Sel et poivre

1 Préchauffer le four à 450 °F (230 °C). Remplir la cavité de la dinde avec la farce classique à la viande, puis la déposer dans une grande rôtissoire. Réserver. Dans un bol, mélanger le beurre, la sauge, le romarin, le thym et la moutarde. Étendre ce mélange sur la dinde. Saupoudrer généreusement de paprika, puis assaisonner au goût de sel et de poivre. Entourer la dinde des oignons et des carottes, puis mouiller avec le bouillon.

2 Cuire 30 minutes au four, puis recouvrir la dinde d'une feuille de papier d'aluminium en laissant les deux extrémités ouvertes. Baisser le feu à 350 °F (180 °C), puis continuer la cuisson. Une dinde de 11-13 lb (5-6 kg) prendra 4-5 heures à cuire, soit 20 minutes par livre (454 g). Il est essentiel d'arroser la dinde toutes les 30 minutes. Trente minutes avant la fin de la cuisson, retirer la feuille de papier d'aluminium pour faire rôtir la dinde. Retirer la dinde du four, puis la couvrir. La réserver 20 minutes avant de la dépecer et de déposer les morceaux sur une grande assiette de service.

3 Verser le bouillon de la dinde, les carottes et les oignons dans une casserole. Porter à ébullition et faire mijoter 15 -20 minutes. Retirer le maximum de gras. Mélanger la fécule de maïs et l'eau froide. Verser le mélange dans la sauce et faire mijoter jusqu'à ce qu'elle épaississe. Passer la sauce au tamis et servir immédiatement avec la dinde. Garnir de quartiers d'oranges.

FARCE CLASSIQUE À LA VIANDE

4 Dans un bol, faire tremper la mie de pain dans le lait. Réserver. Dans une grande poêle, faire pétiller le beurre à feu moyen. Ajouter les oignons, l'ail, les champignons et le céleri, et les faire sauter 3 minutes en brassant.

5 Ajouter le porc et le bœuf hachés et cuire le tout 10-15 minutes, ou jusqu'à ce que la viande soit bien cuite. Égoutter le gras à même la poêle. Retirer la poêle du feu, puis ajouter les fines herbes, les œufs et le mélange de mie de pain. Assaisonner au goût de sel et de poivre, puis mélanger. Laisser refroidir. Remplir la cavité de la dinde de la farce.

Conseil de chef

Pour une dinde parfaite, farcissez-la juste avant la cuisson afin d'éviter la contamination. Ne compactez pas trop la farce dans la cavité intérieure de la dinde, car son volume augmentera de 25 % lors de la cuisson. Attachez les pilons ensemble avec de la corde, ainsi que les ailes afin qu'elles soient collées à la carcasse de la dinde. Couvrez-la lâchement d'une feuille de papier d'aluminium, puis faites-la cuire environ 18 minutes par livre (454 g). Ne la salez que 30 minutes après la cuisson initiale. Le succès d'une bonne dinde juteuse réside dans l'arrosage très fréquent de son jus de cuisson, soit toutes les 20 minutes. Retirez la feuille de papier d'aluminium durant les 45 dernières minutes de cuisson.

Œufs à la coque,
caviar et poisson fumé

2 portions

3 c. à soupe 45 ml	**fromage mascarpone ou à la crème**
¼ c. à thé 1 ml	**raifort préparé**
1	**bagel coupé en deux et grillé**
⅓	**petit concombre anglais bien lavé, coupé en tranches minces**
	Quelques tranches de poisson fumé au choix (truite, saumon, etc.)
	Jus de citron
8	**petites boules de melon miel**
2	**grosses fraises fraîches**
2	**gros œufs**
2	**tranches de pain**
	Beurre mou
4 c. à thé 20 ml	**caviar ou œufs de poisson au choix**

En 1945, une poule
pondeuse produisait,
en moyenne, environ
151 œufs par année.
En 1980, elle en
pondait 250.
Vive la technologie
(mais à quel prix?)!

1 Dans un petit bol, bien mélanger le fromage mascarpone et le raifort. Tartiner les moitiés de bagel du mélange de fromage. Disposer esthétiquement les tranches de concombre sur le fromage, puis recouvrir de tranches de poisson fumé. Mouiller avec un peu de jus de citron, puis déposer chaque demi-bagel dans une assiette moyenne. Garnir chaque assiette de boules de melon et d'une fraise. Réserver.

2 Remplir une petite casserole à moitié d'eau. Porter à ébullition, puis baisser le feu à moyen. Descendre lentement les œufs dans l'eau bouillante à l'aide d'une cuillère (cela évitera aux œufs de craquer). Une fois que l'eau recommence à bouillir, cuire 4 ½-5 minutes.

3 Pendant ce temps, griller légèrement les tranches de pain. Retirer les croûtes, puis couper chaque tranche en quatre languettes. Beurrer la moitié de chacune d'elles, puis garnir chaque partie beurrée d'environ ½ c. à thé (2,5 ml) de caviar ou d'œufs de poisson. Réserver.

4 Retirer les œufs de l'eau bouillante, puis les refroidir 1 minute à l'eau froide. Écaler le haut des œufs (le tiers), puis les déposer dans des coquetiers. Mettre un coquetier dans chaque assiette, puis disposer esthétiquement les languettes de pain autour d'eux. Servir immédiatement. Accompagner d'un verre de champagne. Il est préférable de consommer le caviar avec l'œuf en début de repas pour en apprécier toute la saveur délicate.

Le yogourt méditerranéen est plus consistant et riche que le yogourt ordinaire. Son pourcentage de gras plus élevé (10 % M.G. contre 2 % M.G.) lui donne plus de goût et de profondeur. De plus, il possède l'avantage d'être moins gras que la crème sure (14 % M.G.). Bien qu'il soit plus difficile à trouver dans les supermarchés, il est vendu avec les autres types de yogourts.

Gaufres et pêches grillées, sauce au yogourt croquant

2 portions

½ tasse 125 ml	**yogourt méditerranéen (10 % M.G.)**
½ tasse 125 ml	**muesli (céréales « granola ») au choix**
2	**pêches fraîches ou 4 demi-pêches en conserve, égouttées**
1 c. à soupe 15 ml	**beurre fondu**
1 c. à soupe 15 ml	**miel liquide**
	Pincées de piment de la Jamaïque
	Pincées de cardamome moulue
4	**gaufres au choix (maison ou du commerce)**
	Muesli (céréales « granola »)
	Miel liquide

1 Préchauffer le four à « broil ». Dans un bol, mélanger le yogourt et le muesli. Réserver. Si vous utilisez des pêches fraîches, les couper en deux, les dénoyauter et les peler. Réserver les pêches, côté coupé vers le haut, sur une plaque antiadhésive allant au four.

2 Dans un petit bol, mélanger le beurre, le miel et les pincées d'épices. Badigeonner le dessus et les cavités des pêches du mélange de beurre. Mettre la plaque sur l'étage inférieur du four, puis griller 3-4 minutes ou jusqu'à ce que le dessus des pêches soit bien doré. Retirer du four, puis réserver.

3 Réchauffer les gaufres au grille-pain. En déposer deux dans chaque assiette en les superposant légèrement. Déposer les demi-pêches sur les gaufres, puis remplir leur cavité de mélange de yogourt et de muesli. Répartir esthétiquement le reste du mélange autour des gaufres. Décorer d'un peu de muesli, puis mouiller au goût avec un filet de miel. Servir immédiatement.

Conseil de chef

Lorsqu'une préparation inclut du fromage à la crème à la température de la pièce (ramolli ou mou), il est essentiel de le crémer avant d'y ajouter d'autres ingrédients de même texture ou plus liquide. En effet, il se formerait des grumeaux impossibles à intégrer au mélange, même en le battant très longtemps.

Pain doré surprise

3-4 portions

1	**petit paquet de fromage à la crème de 4,5 oz (125 g), ramolli**
¼ tasse 60 ml	**confiture ou tartinade épaisse au choix (bleuets, de préférence)**
¼ c. à thé 1 ml	**zeste de citron râpé finement (facultatif)**
6	**tranches de pain blanc moelleux de ¾ po (2 cm) d'épaisseur**
½ tasse 125 ml	**lait**
2	**œufs**
2 c. à soupe 30 ml	**farine non blanchie**
2 c. à soupe 30 ml	**sucre granulé**
1 c. à thé 5 ml	**extrait de vanille**
	Beurre

1 Dans un bol, crémer le fromage à la crème. Ajouter graduellement la confiture, en mélangeant, puis le zeste de citron. Mélanger jusqu'à l'obtention d'une garniture lisse et homogène. Réserver.

2 Insérer délicatement la lame dentelée d'un couteau dans un des côtés des tranches de pain pour former une pochette sur toute l'épaisseur. Ne vous en faites pas si le pain se déchire ou se perce légèrement. Répartir également et délicatement le mélange de fromage dans les pochettes, puis presser légèrement le pain. Réserver.

3 Préchauffer une grande poêle antiadhésive à feu moyen-doux. Mettre le reste des ingrédients dans un robot, sauf le beurre, puis réduire quelques secondes pour bien intégrer le tout. Verser le mélange dans un plat d'une superficie un peu plus grande que les tranches de pain.

4 Faire fondre une petite quantité de beurre dans la poêle chaude, puis tremper une tranche de pain dans le mélange d'œufs 1 seconde de chaque côté. Déposer immédiatement la tranche de pain dans la poêle. Répéter l'opération avec 1-2 autres tranches de pain, puis les cuire quelques minutes de chaque côté ou jusqu'à ce qu'elles soient bien dorées.

5 Servir immédiatement ou déposer le pain doré dans un plat allant au four et réserver au chaud jusqu'à ce que toutes les tranches de pain soient cuites. Accompagner de bleuets frais.

Tous les œufs vendus dans les épiceries canadiennes sont de catégorie A. Au moment de l'achat, assurez-vous que leur coquille est de forme ovale, propre et non fêlée. Vérifiez aussi la date de péremption (« meilleur avant ») sur l'emballage. Celle-ci indique pendant combien de temps les œufs garderont toutes leurs qualités. Après cette date, utilisez-les dans vos recettes cuisinées. Réfrigérez les œufs dans leur emballage d'origine le plus tôt possible après les avoir achetés. Celui-ci les protège contre l'absorption des odeurs fortes des aliments (oignon, chou, fromage, etc.) se trouvant à proximité.

Œufs à la bénédictine au fromage

2 portions

	Vinaigre blanc
	Sel
4	**œufs**
2	**muffins anglais coupés en deux**
4	**petites tranches de jambon cuit**

SAUCE AU FROMAGE

2 c. à soupe 30 ml	**beurre**
2 c. à soupe 30 ml	**farine non blanchie**
1 ¼ tasse 310 ml	**lait chaud**
	Sel et poivre
3 c. à soupe 45 ml	**cheddar fort râpé**

1 Remplir une poêle à moitié d'eau. Incorporer un peu de vinaigre et une pincée de sel. Porter à ébullition. Baisser le feu et laisser mijoter. Casser un œuf dans un petit bol et le glisser délicatement dans la poêle. Faire de même avec les autres œufs. Cuire 3-4 minutes. Les retirer de la poêle avec une spatule trouée. Réserver sur une petite assiette.

2 Griller les demi-muffins anglais. Les badigeonner d'une petite quantité de sauce au fromage. Couvrir d'une tranche de jambon. Déposer un œuf poché sur chaque tranche et napper d'un peu de sauce au fromage. Servir deux œufs à la bénédictine par personne. Accompagner de fruits frais.

SAUCE AU FROMAGE

3 Dans une petite casserole, faire pétiller légèrement le beurre. Incorporer la farine et cuire 1 minute à feu moyen, en brassant. Incorporer le lait chaud tout en fouettant. Saler et poivrer selon les goûts. Faire mijoter 6-8 minutes en brassant. Ajouter le fromage tout en continuant de mélanger. Cuire 2-3 minutes en brassant. Retirer du feu et laisser refroidir.

Crêpes aux fruits

2 portions

	Huile végétale
2 tasses 500 ml	*fruits au choix, parés et tranchés (fraises, kiwis, papayes, raisins, bananes, etc.)*
	Yogourt nature
	Sirop d'érable
	Sucre à glacer

PÂTE À CRÊPES SUCRÉES
(10-12 CRÊPES)

1 ⅓ tasse 330 ml	*farine non blanchie*
½ c. à thé 2,5 ml	*poudre à pâte*
1 c. à soupe 15 ml	*sucre granulé*
	Pincée de sel
3	*œufs*
1 ½ tasse 375 ml	*eau tiède*
1 ½ tasse 375 ml	*lait tiède*

3 c. à soupe 45 ml	*beurre fondu*

1 Chauffer un peu d'huile végétale dans une poêle. Lorsqu'elle commence à chauffer, y verser une louche de pâte à crêpes sucrées. Bien étendre la pâte en oscillant la poêle de façon circulaire. Faire cuire 1-2 minutes. Tourner la crêpe et cuire 1 minute de plus. La retirer de la poêle et la réserver au chaud. Répéter l'opération jusqu'à ce qu'il ne reste plus de pâte. Ajouter de l'huile au besoin.

2 Prendre quatre crêpes et en déposer deux dans chaque assiette. Disposer au centre de chacune des morceaux de fruits frais. Garnir de yogourt et d'un peu de sirop d'érable. Replier les crêpes sur les fruits, puis les saupoudrer de sucre à glacer. Servir immédiatement.

PÂTE À CRÊPES SUCRÉES

3 Dans un bol, bien mélanger la farine, la poudre à pâte, le sucre et le sel. Ajouter les œufs et l'eau. Bien fouetter. Incorporer graduellement le lait tout en fouettant. Ajouter le beurre fondu et fouetter jusqu'à l'obtention d'une pâte uniforme et sans grumeaux. Réserver au réfrigérateur.

Conseil de chef

Nous consommons de plus en plus de fruits tropicaux car leur prix a légèrement baissé et leur disponibilité a augmenté considérablement. Non seulement sont-ils succulents, mais ils sont aussi très peu calorifiques et très nutritifs. Voici quelques exemples. Le fruit de la passion est rempli de vitamine C, de fibres et de lycopène (antioxydant). Le kiwi contient beaucoup de vitamine C et de potassium. Le kumquat est une excellente source de fibres. La mangue contient un peu de bêta- carotène, de la vitamine C et du cryptoxanthin (antioxydant). La papaye est riche en cryptoxanthin (antioxydant) et contient aussi de la vitamine C et de l'acide folique.

Muffins au café et à l'explosion de chocolat

12 muffins

12	**cubes de chocolat de qualité, au choix (mi-amer, aux éclats d'orange, aux noisettes, etc.), d'environ ½ po x ¾ po x 1 po (1,25 cm x 2 cm x 2,5 cm)**
2 tasses 500 ml	**farine non blanchie**
⅔ tasse 160 ml	**cassonade compactée**
2 c. à soupe 30 ml	**café instantané**
1 c. à soupe 15 ml	**poudre à pâte**
¼ c. à thé 1 ml	**sel**
2	**œufs**
2	**jaunes d'œufs**
1 ⅓ tasse 330 ml	**crème 35 %**

1 Pour former les cubes de chocolat de la dimension souhaitée, vous pouvez utiliser deux petits carrés d'une tablette de chocolat, superposés l'un sur l'autre.

2 Préchauffer le four à 375 °F (190 °C). Dans un bol, bien mélanger les cinq ingrédients secs. Ajouter le reste des ingrédients, sauf les cubes de chocolat, puis mélanger juste ce qu'il faut pour les intégrer.

3 Répartir également la pâte dans 12 cavités beurrées d'un moule à muffins. Presser un cube de chocolat au centre de la pâte contenue dans chaque cavité, puis le recouvrir entièrement avec environ ¼ po (½ cm) de pâte. Mettre le moule au four et cuire les muffins 15-17 minutes, ou jusqu'à ce qu'ils soient d'un beau brun et que leur centre rebondisse lorsqu'on le presse avec le doigt. Retirer du four, puis attendre 5 minutes avant de démouler. Pour un maximum de plaisir, laisser reposer 15-20 minutes avant de servir. Le muffin sera tiède et le centre de chocolat fondu encore chaud... Ce muffin se mange tiède. Conserver au frais dans un grand contenant à fermeture hermétique.

Conseil de chef

Les muffins sont à leur meilleur à leur sortie du four ou lorsqu'on les réchauffe légèrement. La plupart des pâtes à muffins peuvent être préparées la veille. Il suffit de la verser dans les cavités du moule à muffins, de couvrir le tout d'une pellicule de plastique, puis de réfrigérer jusqu'au lendemain matin. Cuisez les muffins 2-3 minutes de plus que le temps indiqué dans la recette.

Frittata au riz, au jambon et à la tomate séchée

4 portions

2 tasses 500 ml	**riz basmati cuit**
½ lb 227 g	**jambon fumé, tranché en petits dés**
⅓ tasse 80 ml	**tomates séchées dans l'huile, hachées finement**
2 c. à soupe 30 ml	**ciboulette ciselée**
2 c. à soupe 30 ml	**persil plat, haché**
2 c. à soupe 30 ml	**farine non blanchie**
1	**gousse d'ail écrasée**
3 c. à soupe 45 ml	**basilic frais, finement ciselé**
8	**œufs**
2 c. à soupe 30 ml	**huile d'olive**
	Fromage parmesan râpé

1 Préchauffer le four à 350 °F (180 °C). Dans un bol, bien mélanger tous les ingrédients, sauf les œufs, l'huile et le fromage parmesan. Réserver. Dans un autre bol, battre légèrement les œufs avec ½ tasse (125 ml) d'eau. Réserver.

2 Dans une grande poêle antiadhésive allant au four, faire chauffer l'huile à feu moyen-doux. Étendre également le mélange de riz, puis recouvrir des œufs battus en inclinant la poêle pour répartir le tout uniformément. Mélanger légèrement avec une fourchette si nécessaire.

3 Cuire la frittata jusqu'à ce que le dessous soit bien coloré. Mettre la poêle sur l'étage central du four. Cuire 5-10 minutes, ou jusqu'à l'obtention de la consistance désirée. Retirer la poêle du four. Garnir de fromage parmesan au goût. Servir immédiatement en pointes. Accompagner d'une salade de tomates.

Conseil de chef

Vous pouvez confectionner facilement vos propres tomates séchées. Achetez quelques kilos de tomates italiennes mûres, puis coupez-les en deux sur la longueur. Préchauffez le four à 200 °F (95 °C). Déposez les demi-tomates, côté coupé vers le haut, sur deux grandes plaques allant au four. Ne les superposez pas. Badigeonnez-les d'huile, puis salez-les et poivrez-les au goût. Mettez les plaques au four pendant 7 heures, ou jusqu'à ce que les tomates soient rapetissées et sèches. Retournez les tomates à quelques reprises durant la cuisson. Retirez les tomates du four, puis entassez-les dans des bocaux Mason stérilisés. Recouvrez entièrement les tomates d'huile d'olive. Scellez les bocaux, puis réfrigérez-les. Laissez macérer pendant au moins une semaine avant de consommer. Les tomates séchées, marinées dans l'huile, se conservent jusqu'à deux ans au réfrigérateur.

Quiche aux courgettes et au jambon

4-6 portions

6	**œufs battus**
⅔ tasse 160 ml	**lait**
1 ½ tasse 375 ml	**fromage cheddar doux râpé**
	Moutarde de Dijon
½ lb 227 g	**jambon fumé au choix, tranché très mince**
2	**courgettes tranchées finement**
	Sel et poivre
	Herbes sèches au choix

PÂTE DE BLÉ ENTIER POUR QUICHE

1 ¼ tasse 310 ml	**farine de blé entier**
¼ c. à thé 1 ml	**sel**
4 c. à soupe 60 ml	**beurre dur en morceaux**
	Eau froide

1 Préchauffer le four à 350 °F (180 °C). Sur une surface enfarinée, abaisser la boule de pâte de blé entier afin d'obtenir une abaisse assez large pour foncer un moule à quiche ou à tarte d'environ 9 po (23 cm) de diamètre. Piquer la pâte à quelques endroits, puis la cuire 10 minutes au four. La retirer du four, puis la réserver.

2 Dans un bol, battre les œufs avec le lait et le fromage. Badigeonner généreusement le fond de la pâte de moutarde, puis garnir de jambon fumé ciselé grossièrement. Recouvrir du mélange d'œufs, puis de tranches de courgettes. Saler, poivrer, puis assaisonner au goût d'herbes sèches.

3 Cuire la quiche au four 50-60 minutes, ou jusqu'à ce qu'elle soit ferme. Retirer du four, puis attendre 5 minutes avant de la servir en pointes. Accompagner d'une salade de pommes de terre.

PÂTE DE BLÉ ENTIER POUR QUICHE

4 Dans un bol, mélanger la farine avec le sel. Ajouter le beurre en morceaux et bien l'intégrer à la farine en utilisant une fourchette, un coupe-pâte ou les mains. Travailler la pâte jusqu'à ce qu'elle ressemble à de la chapelure collante. Incorporer juste assez d'eau pour pouvoir former une boule de pâte qui se tient. Réserver la pâte au frais, enveloppée.

Tourtière sucrée au veau

2 tourtières de 9 po (22,5 cm)

⅔ tasse 160 ml	**jus de pomme**
3 lb 1,36 kg	**veau haché**
1 c. à thé 5 ml	**clou de girofle moulu**
2 c. à thé 10 ml	**piment de la Jamaïque**
	Sel et poivre
4	**gousses d'ail hachées finement**
2	**panais pelés et coupés en petits cubes**
2	**grosses carottes coupées en petits cubes**
½ lb 227 g	**bacon cuit et tranché**
2 tasses 500 ml	**ketchup rouge maison**

PÂTE BRISÉE

3 tasses 750 ml	**farine non blanchie**
1 c. à thé 5 ml	**sel**
1 ½ tasse 375 ml	**beurre dur, en morceaux**
⅔ tasse 160 ml	**eau froide**

**Conseil
de chef**

Afin d'augmenter la durée
de vie de vos bougies,
entreposez-les dans le
congélateur durant
12 heures avant de les
utiliser ou faites-les tremper
toute une nuit dans une eau
fortement salée.

1 Préchauffer le four à 350 °F (180 °C). Mettre le jus de pomme, le veau haché et les deux épices dans une grande casserole. Saler et poivrer au goût. Bien mélanger et porter à ébullition. Baisser le feu à moyen-doux et laisser mijoter à petits bouillons 10-12 minutes.

2 Ajouter l'ail, les panais et les carottes, puis bien mélanger. Continuer la cuisson 15-17 minutes. Retirer la poêle du feu, puis égoutter partiellement le gras à même la casserole. Ajouter les morceaux de bacon et le ketchup maison, puis mélanger. Réserver.

3 Sur une surface enfarinée, abaisser les quatre boules de pâte brisée. Foncer deux moules à tarte ou à quiche d'environ 9 po (23 cm) de diamètre avec deux abaisses. Remplir également du mélange de viande et couvrir des deux autres abaisses. Sceller les bords avec le dos d'une fourchette et faire quelques incisions à divers endroits sur le dessus de chaque tourtière. Cuire 45 minutes au four.

4 Retirer du four et laisser reposer 15-20 minutes avant de servir. Accompagner de ketchup maison et de condiments au choix. Vous pouvez préparer cette recette à l'avance. Emballer bien les pâtés non cuits et les congeler jusqu'à un mois. Décongeler au réfrigérateur 4 heures avant de les cuire.

PÂTE BRISÉE

5 Dans un grand bol, mélanger la farine et le sel. Intégrer le beurre en morceaux avec deux couteaux, un coupe-pâte ou les mains. Travailler le mélange jusqu'à ce qu'il devienne granuleux. Incorporer l'eau rapidement, puis travailler la pâte jusqu'à ce que vous puissiez former quatre boules uniformes. L'envelopper, puis la réfrigérer quelques heures. La pâte, bien emballée, se conserve au congélateur 2 semaines. Décongeler au réfrigérateur 2 heures avant de l'utiliser.

Lasagne crémeuse au jambon et aux épinards

6 portions

16	**pâtes à lasagne**
13,5 oz 375 g	**fromage à la crème (1 ½ paquet), ramolli**
2 c. à soupe 30 ml	**bouillon de poulet goûteux**
1 tasse 250 ml	**fromage ricotta**
1 ⅓ lb 600 g	**épinards frais**
11 oz 300 g	**mesclun**
1 ⅓ lb 600 g	**jambon fumé au choix, coupé en petits dés**
1 c. à thé 5 ml	**basilic séché**
1 c. à thé 5 ml	**marjolaine séchée**
	Sel et poivre
1 tasse 250 ml	**fromage cheddar moyen, râpé**
½ tasse 125 ml	**fromage mozzarella râpé**

1 Préchauffer le four à 375 °F (190 °C). Cuire les pâtes à lasagne à l'eau bouillante salée 9 minutes, ou jusqu'à ce qu'elles soient encore très « al dente ». Les égoutter immédiatement, puis les rincer à l'eau froide jusqu'à ce qu'elles soient refroidies. Bien les égoutter, puis les réserver sur une assiette.

2 Dans un grand bol, crémer le fromage à la crème. Ajouter le bouillon de poulet en mélangeant, puis le fromage ricotta. Bien intégrer le tout. Réserver.

3 Dans une grande poêle additionnée d'environ 1 c. à soupe (15 ml) d'eau, cuire, en brassant, les épinards et le mesclun à feu moyen jusqu'à ce qu'ils soient fanés. Les retirer de la poêle, puis les refroidir à l'eau froide. Les essorer avec les mains afin de les égoutter le plus possible. Les hacher grossièrement, puis les mettre dans le bol contenant le mélange de fromage. Ajouter le jambon ainsi que le basilic et la marjolaine. Saler et poivrer au goût, puis bien mélanger le tout. Réserver.

4 Dans un plat allant au four de 9 po x 12 po (23 cm x 30 cm), étendre un très léger fond de mélange de jambon et d'épinards. Recouvrir d'une rangée de pâtes. Étendre un peu de mélange de jambon et d'épinards sur les pâtes, puis couvrir d'une autre rangée de pâtes. Répéter ces opérations deux autres fois.

5 Garnir le dessus de la lasagne des deux fromages, puis poivrer au goût. Cuire au four 30-40 minutes, ou jusqu'à ce que le fromage soit bien doré et que le pourtour de la lasagne bouillonne. Retirer du four et attendre 10 minutes avant de servir.

Saumon au court-bouillon,
salsa crémeuse

Terrine de légumes étagés
et de fromage

Saumon au court-bouillon, salsa crémeuse

8 portions

1	morceau de saumon de l'Atlantique de 2,2 lb (1 kg), paré
	Quartiers de citron

COURT-BOUILLON POUR POISSON

1 ½ tasse 375 ml	fumet ou bouillon de poisson
2	feuilles de laurier
1 tasse 250 ml	vin blanc
	Grains de poivre noir
1	citron tranché
1	petit oignon jaune tranché

SALSA CRÉMEUSE

3 c. à thé 15 ml	graines de moutarde grillées
3	poires parées et coupées en petits cubes
½	concombre anglais épépiné, puis coupé en petits cubes
4	tomates épépinées, puis coupées en petits cubes
	Jus et zeste haché d'un citron

2 c. à soupe 30 ml	vinaigre de cidre
1 tasse 250 ml	crème sure
2-3 c. à soupe 30-45 ml	coriandre fraîche, ciselée
½ c. à thé 2,5 ml	sauce forte

1 Mettre le court-bouillon pour poisson dans une grande casserole, puis porter à ébullition. Déposer le saumon dans la casserole, de préférence sur un trépied, afin qu'il touche tout juste au bouillon mais qu'il ne s'y baigne pas. Baisser le feu à moyen, puis couvrir.

2 Cuire le saumon une trentaine de minutes ou jusqu'à ce que la chair soit tout juste rosée et plus rougeâtre.

3 Retirer délicatement le saumon de la casserole, puis le déposer sur une assiette de service ovale. Retirer la peau, puis l'entourer de quartiers de citron. Accompagner de salsa crémeuse.

COURT-BOUILLON POUR POISSON

4 Mélanger tous les ingrédients dans un bol. Réserver.

SALSA CRÉMEUSE

5 Vous pouvez faire griller les graines de moutarde dans une casserole ou à « broil », au four, quelques minutes. Cela permet de dégager leur saveur. Une fois grillées, les hacher ou les écraser, puis les mettre dans un bol.

6 Ajouter le reste des ingrédients, puis mélanger. Couvrir et réfrigérer un minimum de 1 heure pour laisser le temps aux saveurs de se développer.

Conseil de chef

N'hésitez pas à conserver le reste de ce court-bouillon dans un contenant hermétique au réfrigérateur (ou même au congélateur) pour un usage ultérieur. Vous pourriez l'utiliser comme un bouillon de base pour une soupe ou un bouilli, ou encore une sauce.

Terrine de légumes étagés et de fromage

8 portions

2	grosses carottes pelées et tranchées en lamelles minces
½ lb 227 g	asperges parées
⅔ lb 300 g	fromage frais crémeux, aromatisé (à l'ail, aux herbes, etc.)
1	gros poivron rouge paré et coupé en lamelles minces
5	œufs battus
⅔ tasse 160 ml	lait 3,25 %
	Sel et poivre

1 Préchauffer le four à 325 °F (165 °C). Dans une grande casserole, cuire les carottes et les asperges 2 minutes à la vapeur. Les égoutter immédiatement, puis les séparer. Beurrer un moule à pain de 4 po x 9 po (10 cm x 23 cm).

2 Garnir le fond du moule avec les lamelles de carottes. Répartir également la moitié du fromage crémeux sur les carottes. Recouvrir des tiges d'asperges, puis étendre également le reste du fromage. Terminer par les lamelles de poivron, puis compacter légèrement la terrine avec les mains.

3 Dans un bol, mélanger les œufs avec le lait, puis assaisonner généreusement de sel et de poivre. Verser la préparation lentement aux quatre coins de la terrine afin qu'elle s'infiltre partout. Au besoin, utiliser une petite cuillère pour dégager les coins. Le liquide devrait tout juste recouvrir la terrine.

4 Cuire au four 1 heure. Retirer du four, puis laisser refroidir 20 minutes avant de couvrir et réfrigérer.

5 Cette terrine se sert froide, tranchée délicatement. Vous pouvez aussi la démouler sur une belle assiette de service, en décollant d'abord les côtés avec un couteau non affilé. Se conserve quelques jours au réfrigérateur.

Conseil de chef

Lorsque vous conservez vos asperges fraîches à la température ambiante plutôt qu'au réfrigérateur, elles perdent approximativement la moitié de leur vitamine C en deux jours! Il en va de même du sucre résiduel, ce qui rend la tige de l'asperge plus dure et plus fibreuse. Conservez-les au réfrigérateur dans un sac en plastique hermétique, de 4 à 6 jours. Gardez le bas des tiges humide, en les enveloppant d'un papier absorbant ou d'un linge humide.

Blancs de poulet grillés aux herbes et au provolone sur lit de champignons

12-14 portions

1½ lb	champignons au choix
675 g	(blancs, café, portobello, shiitake, etc.)
	Beurre
	Sel et poivre
6	poitrines de poulet désossées, sans peau
	Huile de canola
2 tasses	herbes fraîches
500 ml	au choix, ciselées (estragon, romarin, origan, sauge, etc.)
12	grandes tranches de fromage provolone

1 Préchauffer le four à 375 °F (190 °C). Couper les champignons en larges tranches et les déposer dans un grand plat à gratin huilé. Déposer quelques morceaux de beurre sur les champignons. Assaisonner selon les goûts de sel et de poivre. Réserver.

2 Couper les poitrines de poulet en deux afin d'obtenir 12 blancs de poulet. Parer l'excédent de gras et de ligaments. Saler et poivrer les blancs de poulet selon les goûts. Dans une grande poêle, faire chauffer une bonne quantité d'huile de canola à feu moyen-élevé. Y ajouter six blancs de poulet et les dorer 3 minutes de chaque côté. Les retirer de la poêle, puis les déposer sur le dessus des champignons contenus dans le grand plat à gratin. Répéter l'opération une autre fois avec le reste des blancs de poulet. Ajouter un peu d'huile au besoin.

3 Couvrir les blancs de poulet d'herbes fraîches, puis de tranches de fromage provolone. Cuire 35 minutes au four, ou jusqu'à ce que la chair du poulet ne soit plus rosée. Retirer du four et laisser reposer 20 minutes avant de servir directement dans le plat de cuisson. Cette recette se prépare à l'avance. Couvrir, puis réfrigérer. Réchauffer 20 minutes au four avant de servir.

Rôti de porc aux pommes et aux petites pommes de terre jaunes

4-6 portions

2 c. à soupe 30 ml	**beurre mou**
1	**grosse gousse d'ail écrasée**
2 c. à soupe 30 ml	**herbes salées**
	Poivre
3 c. à soupe 45 ml	**huile**
1	**rôti de porc (fesse, longe, etc.) de 3 lb (1,36 kg), désossé**
1 ½ tasse 375 ml	**bouillon de poulet en conserve**
2,2 lb 1 kg	**petites pommes de terre jaunes, pelées**
2	**pommes pelées et parées, chacune tranchée en 6 quartiers**
½ tasse 125 ml	**concentré de jus de pomme congelé, décongelé**
2 c. à soupe 30 ml	**moutarde de Dijon**
½ c. à thé 2,5 ml	**thym sec**
½ c. à thé 2,5 ml	**romarin moulu**
2 c. à thé 10 ml	**fécule de maïs diluée dans un peu d'eau**
	Sel

1 Préchauffer le four à 325 °F (165 °C). Dans un bol, mélanger les trois premiers ingrédients, puis poivrer au goût. Réserver. Préchauffer une grande casserole creuse à fond épais allant au four à feu moyen-élevé. Verser l'huile dans la casserole, puis y faire revenir le rôti de porc de tous les côtés jusqu'à ce qu'il soit bien coloré.

2 Retirer la casserole du feu, puis badigeonner le rôti du mélange de beurre réservé. Verser le bouillon de poulet autour de la viande, puis mettre la casserole au four. Cuire 60 minutes, ou jusqu'à l'obtention de la cuisson désirée. Arroser le rôti de son jus toutes les 15 minutes. Déposer les pommes de terre autour du rôti après les 30 premières minutes de cuisson, puis les quartiers de pommes 15 minutes avant la fin de la cuisson.

3 Retirer le rôti de la casserole, puis l'emballer hermétiquement dans une grande feuille de papier d'aluminium. Le laisser reposer 15 minutes (cette opération le rendra plus juteux). Retirer les pommes de terre et les pommes de la casserole, puis les réserver.

4 Mettre la casserole ayant servi à cuire le rôti sur le feu. Y ajouter le reste des ingrédients, puis porter à ébullition à feu moyen. Laisser mijoter 2-3 minutes en grattant le fond de la casserole à l'aide d'une cuillère de bois pour dégager les sucs de cuisson. Saler au goût, puis retirer du feu et réserver.

5 Déballer le rôti, puis transvider le jus de la viande dans la sauce réservée. Couper le rôti en tranches, puis les déposer dans une grande assiette de service. Les entourer de petites pommes de terre et de quartiers de pommes réservés, puis mouiller au goût avec la sauce. Servir immédiatement.

Conseil de chef

Les meilleures variétés de pommes pour la cuisson sont les Granny Smith, les Spartan, les Cortland et les Golden Delicious. Elles conservent mieux leur forme et leur goût une fois cuites. Elles sont idéales pour les tartes, les compotes et toute cuisson prolongée au four.

Roulade d'épaule d'agneau aux fines herbes

6-8 portions

⅔ tasse 160 ml	**mie de pain**
¼ tasse 60 ml	**jus de pomme**
1	**œuf**
1 c. à soupe 15 ml	**moutarde de Dijon**
1	**gousse d'ail écrasée**
⅓ lb 150 g	**chair à saucisse aux herbes**
3 c. à soupe 45 ml	**confiture de figues ou de cerises de terre**
1 ½ c. à soupe 22 ml	**fines herbes sèches au choix**
1	**épaule d'agneau de 2,5 lb (1,15 kg), désossée, puis déroulée**
	Bouillon de bœuf

1 Préchauffer le four à 475 °F (245 °C). Dans un bol, mélanger la mie de pain et le jus de pomme. Laisser reposer 15 minutes. Ajouter le reste des ingrédients, sauf l'épaule d'agneau, puis intégrer le tout jusqu'à l'obtention d'un mélange homogène. Réserver.

2 Déposer l'épaule d'agneau sur une surface de travail. Étendre la farce aux herbes sur toute la surface, en laissant une bordure sur les côtés. Enrouler la viande, puis l'attacher avec de la ficelle.

3 Déposer la roulade sur une lèchefrite, puis la cuire au four 15 minutes. Abaisser la température du four à 350 °F (180 °C), puis cuire 50 minutes de plus. Retirer la roulade du four, puis la couvrir d'une feuille de papier d'aluminium. Laisser reposer 10 minutes. Servir en tranches avec le jus de cuisson déglacé au bouillon de bœuf. Accompagner d'une purée de pommes de terre et de carottes étuvées.

Conseil de chef

La moutarde de Dijon (forte) est faite à base de graines de moutarde moulues et tamisées auxquelles on a ajouté du verjus (suc acide provenant du raisin) et du vinaigre de vin blanc ou du vin blanc. Les moutardes douces (comme la moutarde de Meaux) sont confectionnées à base de graines de différentes couleurs, concassées grossièrement et non moulues. La moutarde américaine est faite à base de graines blanches douces moulues, puis additionnées de vinaigre, d'épices, de sucre et de curcuma (qui lui donne sa couleur jaune vif).

Gâteau décadent au fromage et aux bananes

12 portions

2 tasses 500 ml	**biscuits à la farine d'avoine (de type Dad's), moulus**
⅓ tasse 80 ml	**beurre fondu**
2	**paquets de fromage à la crème de 9 oz (250 g) chacun, ramollis**
¾ tasse 180 ml	**sucre granulé**
2 c. à soupe 30 ml	**farine non blanchie**
3	**gros œufs**
2 ½ tasses 625 ml	**bananes écrasées**
1 tasse 250 ml	**crème sure**
2 c. à soupe 30 ml	**jus de citron**
1 c. à thé 5 ml	**extrait de vanille**
1 ½ tasse 375 ml	**crème 35%, fouettée**
2 c. à soupe 30 ml	**sucre granulé**
1 c. à thé 5 ml	**extrait de vanille**
	Bonbons au chocolat (de type Werther's)

1 Préchauffer le four à 350 °F (180 °C). Recouvrir l'extérieur d'un moule rond à fond amovible de 9 po (23 cm) d'une feuille double de papier d'aluminium. Réserver. Dans un bol, bien mélanger les biscuits moulus avec le beurre. Presser le mélange dans le fond du moule avec les doigts. Réfrigérer 20 minutes.

2 Dans un grand bol, crémer le fromage à la crème. Ajouter le sucre et la farine en mélangeant avec un batteur électrique. Ajouter les œufs un à un, en battant bien après chaque addition. Ajouter les bananes, la crème sure, le jus de citron et l'extrait de vanille, puis battre jusqu'à ce que les ingrédients soient bien intégrés.

3 Retirer le moule du réfrigérateur, puis y verser la préparation à gâteau. Déposer le moule dans un grand plat avec rebord allant au four, puis y verser environ 1 po (2,5 cm) d'eau très chaude mais non bouillante. Déposer le tout sur l'étage central du four. Cuire 70-80 minutes, ou jusqu'à ce que le centre soit pris mais qu'il bouge encore légèrement lorsque vous secouez le moule.

4 Éteindre le four, puis entrouvrir la porte du tiers. Laisser refroidir le gâteau dans le four 1 heure. Le retirer du four, puis enlever les feuilles de papier d'aluminium. Laisser refroidir à la température de la pièce, puis garnir esthétiquement de crème fouettée préalablement additionnée de la seconde quantité de sucre et de l'extrait de vanille. Réfrigérer jusqu'à ce que le gâteau soit bien froid, ou 24 heures pour plus de saveur. Le retirer du réfrigérateur 20 minutes avant de le démouler délicatement. Servir en pointes. Garnir chaque portion de tranches de bananes fraîchement coupées et de bonbons hachés.

Conseil de chef

Voici deux secrets pour réussir un gâteau au fromage crémeux, onctueux, sans craquelures : même si le centre ne semble pas entièrement cuit et qu'il bouge encore légèrement lorsque vous le secouez, éteignez quand même immédiatement le four, car il se solidifiera tranquillement en refroidissant. Entrouvrez la porte du tiers et laissez-le refroidir 1 heure dans le four.

⅓ tasse 80 ml	**beurre mou**
1 tasse 250 ml	**sucre granulé**
5	**œufs**
1 c. à thé 5 ml	**extrait de vanille**
	Sucre à glacer
¼ tasse 60 ml	**sauce au chocolat du commerce**
	Glaçage au chocolat au choix (voir la recette : Glaçage coulant au chocolat à la page 69 et doubler la recette)

GARNITURE CRÉMEUSE AUX MARRONS

2 tasses 500 ml	**marrons entiers en boîte, égouttés**
1	**paquet de fromage à la crème de 9 oz (250 g), ramolli**
½ tasse 125 ml	**sucre granulé**

1 Préparer la garniture crémeuse aux marrons. La réserver au réfrigérateur 1-2 heures, ou jusqu'à ce qu'elle ait la consistance d'une tartinade épaisse.

2 Préchauffer le four à 375 °F (190 °C). Beurrer une plaque à biscuits de 10 po x 15 po (25 cm x 38 cm), puis recouvrir le fond et les parois d'un papier ciré ou parchemin. Tailler l'excédent de papier. Réserver. Dans un bol, tamiser ensemble la farine, le cacao, la poudre à pâte et le sel. Réserver.

3 Dans un grand bol, crémer le beurre avec le sucre, puis ajouter les œufs un à la fois en mélangeant bien au batteur électrique après chaque addition. Bien battre. Incorporer graduellement les ingrédients secs aux ingrédients liquides tout en mélangeant. Ajouter l'extrait de vanille, puis bien mélanger.

4 Verser la pâte à gâteau dans le moule et la répartir également sur toute la surface. Cuire au four 8-10 minutes, ou jusqu'à ce qu'un cure-dent inséré au centre de la pâte en ressorte propre.

5 Retirer la plaque du four, puis la renverser sur un linge préalablement saupoudré de sucre à glacer. Enlever le papier ciré, puis couper les contours croustillants du gâteau afin de faciliter le roulage et de former un beau rectangle. Rouler le gâteau avec le linge en commençant par le côté le moins long. Laisser refroidir 20 minutes.

6 Dérouler le gâteau, puis badigeonner le dessus de sauce au chocolat. Recouvrir également de garniture crémeuse aux marrons. Rouler délicatement le gâteau, puis le déposer sur une assiette de service, côté ouvert en dessous.

7 Napper le gâteau de glaçage au chocolat. Bien le lisser à l'aide d'une spatule. Laisser couler esthétiquement un peu de glaçage dans l'assiette. Réfrigérer au moins 30 minutes, ou jusqu'au moment de servir. Retirer du réfrigérateur 20 minutes avant de servir. Si désiré, ce gâteau se prépare à l'avance et se congèle jusqu'à deux semaines. Laisser décongeler le gâteau au moins 4 heures avant de le retirer du réfrigérateur.

GARNITURE CRÉMEUSE AUX MARRONS

8 Mettre tous les ingrédients dans un robot culinaire, puis réduire 1-2 minutes ou jusqu'à l'obtention d'un mélange lisse et homogène. Réserver au réfrigérateur.

Bûche crémeuse aux marrons

8-10 portions

1 tasse 250 ml	**farine non blanchie**
⅓ tasse 80 ml	**cacao en poudre de qualité (de type hollandais)**
1 c. à thé 5 ml	**poudre à pâte**
¼ c. à thé 1 ml	**sel**

Conseil de chef

Si vous achetez des marrons frais et que vous les faites cuire en les ébouillantant, ajoutez 1 c. à soupe (15 ml) d'huile à leur eau de cuisson ; la première peau s'enlèvera avec beaucoup plus de facilité.

Saint-Hilaire glacé

12-16 portions

⅔ tasse 160 ml	**farine non blanchie**
½ c. à thé 2,5 ml	**cannelle moulue**
3	**œufs à la température de la pièce**
⅔ tasse 160 ml	**cassonade**
4 tasses 1 L	**crème glacée à la vanille de qualité**
1 tasse 250 ml	**concentré de jus de pomme congelé**
	Cerneaux de noix

GARNITURE AU CARAMEL

1	**paquet de fromage à la crème de 9 oz (250 g), ramolli**
1 tasse 250 ml	**tartinade au caramel du commerce**

1 Préchauffer le four à 350 °F (180 °C). Beurrer un moule rond à paroi amovible de 9 po (23 cm), puis en tapisser le fond et les côtés d'un papier ciré ou parchemin. Réserver. Dans un bol, mélanger la farine et la cannelle. Réserver.

2 Dans un grand bol, battre les œufs et la cassonade au batteur électrique, à vitesse moyenne-élevée, 10 minutes ou jusqu'à ce que le volume de la préparation triple. Saupoudrer les ingrédients secs sur le mélange en trois opérations, en pliant le tout délicatement à l'aide d'une spatule. Ne pas trop mélanger pour ne pas faire tomber la pâte.

3 Verser le mélange dans le moule et le répartir également avec la spatule. Cuire au four 22 minutes, ou jusqu'à ce que le dessus soit brun doré.

4 Retirer du four, puis laisser reposer 5 minutes. Démouler le gâteau sur un linge propre, puis retirer délicatement le papier. Recouvrir d'un autre linge, puis laisser refroidir complètement. Laver le moule à gâteau. Beurrer la paroi, puis la tapisser d'un papier ciré ou parchemin. Mettre le gâteau refroidi dans le moule, couvrir, puis réserver au congélateur.

5 Mettre la crème glacée et le concentré de jus de pomme au réfrigérateur 30 minutes. Pendant ce temps, préparer la garniture au caramel, puis l'étendre également sur le dessus du gâteau froid sans la faire couler par-dessus les rebords du gâteau. Retourner immédiatement au congélateur.

6 Dans un grand bol, préalablement refroidi au congélateur, intégrer rapidement la crème glacée et le concentré de jus de pomme à l'aide d'une fourchette. Transvider la crème glacée ramollie sur le gâteau, puis l'étendre pour recouvrir également le gâteau. Couvrir d'une pellicule de plastique et congeler immédiatement.

7 Vingt minutes avant de servir, transférer le Saint-Hilaire au réfrigérateur. Juste avant de servir, retirer la paroi du moule et le papier, puis garnir de cerneaux de noix. Trancher en portions individuelles.

GARNITURE AU CARAMEL

8 Dans un bol, crémer le fromage à la crème. Ajouter le caramel, puis bien intégrer à l'aide d'un fouet. Réserver.

Conseil de chef

Préférez a farine non blanchie à la farine tout usage (blanchie), car elle a subi moins de transformations au cours de sa production, ce qui lui permet de conserver plus de nutriments. Aussi, le processus de blanchiment requiert l'utilisation de produits chimiques. La farine non blanchie se vend au même prix et aux mêmes endroits.

Gâteau au fromage au caramel « dulce de leche »

12 portions

1 ¾ tasse 430 ml	**chapelure de biscuits Graham**
5 oz 140 g	**chocolat mi-sucré, haché finement**
⅓ tasse 80 ml	**beurre fondu**
2	**paquets de fromage à la crème de 9 oz (250 g) chacun, ramolli**
2 c. à soupe 30 ml	**farine non blanchie**
⅔ tasse 160 ml	**tartinade au caramel « dulce de leche » ou du commerce**
3	**gros œufs**
1 tasse 250 ml	**crème sure**
⅖ tasse 100 ml	**tartinade au caramel « dulce de leche » ou du commerce**

GARNITURE AU CARAMEL « DULCE DE LECHE »

¾ tasse 180 ml	**tartinade au caramel « dulce de leche » ou du commerce**
¼ tasse 60 ml	**crème 35 %**

1 Préchauffer le four à 350 °F (180 °C). Recouvrir l'extérieur d'un moule rond à fond amovible de 9 po (23 cm) d'une double feuille de papier d'aluminium. Réserver. Dans un bol, bien mélanger la chapelure de biscuits, le chocolat râpé et le beurre fondu. Presser le mélange dans le fond et sur la paroi du moule. Réserver au réfrigérateur.

2 Dans un grand bol, crémer le fromage à la crème avec la farine. Ajouter graduellement la première quantité de tartinade au caramel, puis les œufs un à un tout en mélangeant. Ajouter la crème sure, puis mélanger juste ce qu'il faut pour obtenir un mélange lisse et homogène. Retirer le moule du réfrigérateur, puis y verser la préparation à gâteau. Verser la garniture au caramel « dulce de leche » en filet sur le gâteau, puis la faire pénétrer légèrement avec la lame d'un couteau pour créer un effet marbré. Ne pas trop mélanger.

3 Déposer le moule sur un grand plat à rebord allant au four, puis verser environ 1 po (2,5 cm) d'eau très chaude mais non bouillante dans ce plat. Déposer le tout sur l'étage central du four. Cuire 70-80 minutes, ou jusqu'à ce que le centre soit pris mais bouge encore légèrement lorsque vous secouez le moule.

4 Éteindre le four, puis entrouvrir la porte du tiers. Laisser refroidir le gâteau 1 heure dans le four. Le retirer du four, puis enlever les feuilles de papier d'aluminium. Laisser refroidir à la température de la pièce. Napper le dessus du gâteau avec la seconde quantité de tartinade au caramel. Réfrigérer un minimum de 4 heures, idéalement 24 heures pour plus de saveur. Retirer du réfrigérateur 20 minutes avant de démouler délicatement. Servir en pointes.

GARNITURE AU CARAMEL « DULCE DE LECHE »

5 Mettre la tartinade au caramel « dulce de leche » dans un bol. Ajouter graduellement la crème en mélangeant avec un fouet. Mélanger jusqu'à ce que la préparation soit lisse et homogène. Réserver au frais. Laisser revenir à la température de la pièce ou réchauffer avant de servir.

Gâteau italien au chocolat

12 portions

⅔ tasse 160 ml	**cacao en poudre de qualité (de type hollandais)**
1 ⅓ tasse 330 ml	**eau bouillante**
2 tasses 500 ml	**farine non blanchie**
1 ¼ c. à thé 6 ml	**bicarbonate de sodium**
½ c. à thé 2,5 ml	**sel**
½ c. à thé 2,5 ml	**poudre à pâte**
⅔ tasse 160 ml	**beurre mou**
1 ⅓ tasse 330 ml	**sucre granulé**
3	**œufs à la température de la pièce**
1 c. à thé 5 ml	**extrait de vanille**

GARNITURE À GÂTEAU À L'ITALIENNE

¼ c. à thé 1 ml	**jus de citron**
2	**gros blancs d'œufs à la température de la pièce**
4 c. à soupe 60 ml	**sucre granulé**
¾ tasse 80 ml	**sirop de maïs**

GLAÇAGE COULANT AU CHOCOLAT

3,5 oz 100 g	**chocolat mi-amer, haché**
3 c. à soupe 45 ml	**beurre en morceaux**
2 c. à soupe 30 ml	**sirop de maïs**

1 Dans un bol, mélanger le cacao et l'eau bouillante à l'aide d'un fouet jusqu'à ce que la préparation soit lisse. Laisser refroidir complètement. Préchauffer le four à 350 °F (180 °C). Beurrer et enfariner deux moules ronds de 9 po (23 cm). Réserver. Dans un bol, mélanger la farine, le bicarbonate de sodium, le sel et la poudre à pâte. Réserver.

2 Dans un grand bol, crémer le beurre. Ajouter le sucre, les œufs et l'extrait de vanille, puis mélanger 5 minutes au batteur électrique à vitesse moyennement élevée. Diminuer la vitesse du batteur électrique, puis ajouter les ingrédients secs en trois opérations en alternant avec le mélange de cacao. Battre juste ce qu'il faut pour que le mélange soit lisse et homogène.

3 Répartir également la pâte dans les moules. Cuire sur l'étage central du four 25 minutes, ou jusqu'à ce qu'un cure-dent inséré au centre de la pâte en ressorte sec. Retirer du four, puis laisser reposer 10 minutes avant de démouler. Laisser refroidir complètement.

4 Trancher le dessus des gâteaux pour les égaliser, puis les trancher en deux pour obtenir quatre cercles égaux. Déposer délicatement un cercle de gâteau sur une assiette de service, puis le napper de ¾ tasse (180 ml) de garniture à gâteau à l'italienne. Répéter ces opérations deux fois, puis couvrir du dernier cercle de gâteau. Votre gâteau paraîtra plus droit si vous utilisez en dernier un fond de gâteau tourné à l'envers. Glacer le dessus et les côtés du gâteau avec le reste de la garniture de gâteau à l'italienne. Pour éviter que les miettes brunes du gâteau se mélangent à la garniture bien blanche, napper d'abord le gâteau d'une fine couche de garniture pour les emprisonner. Terminer avec le reste de la garniture. Réfrigérer au moins 2 heures.

5 Retirer le gâteau du réfrigérateur, puis verser le glaçage coulant au chocolat sur le dessus. L'étendre avec une spatule en laissant couler esthétiquement le glaçage sur les côtés. Réfrigérer jusqu'au moment de servir. Juste avant de servir, couper délicatement en pointes à l'aide d'un couteau bien tranchant.

GARNITURE À GÂTEAU À L'ITALIENNE

6 Dans un bol, battre les blancs d'œufs avec le jus de citron jusqu'à ce qu'ils soient gonflés et mousseux. Ajouter le sucre, 1 c. à soupe (15 ml) à la fois, en battant bien après chaque addition. Ajouter graduellement le sirop de maïs tout en continuant de battre. Battre 4-5 minutes, ou jusqu'à ce que le mélange soit épais et brillant et qu'il forme des pics fermes. Ne pas trop battre. Utiliser immédiatement pour glacer vos gâteaux, puis réfrigérer.

GLAÇAGE COULANT AU CHOCOLAT

7 Mettre tous les ingrédients dans un bain-marie. Réchauffer le mélange à feu doux en brassant régulièrement jusqu'à ce qu'il soit homogène et onctueux. Retirer du feu. Laisser refroidir 15 minutes avant d'utiliser pour napper vos gâteaux.

Conseil de chef

Deux types de poudres de cacao sont offerts sur le marché. Dans le premier cas, ce sont les peaux des grains de cacao qui sont pulvérisées. La poudre brun pâle ainsi obtenue est très acide et possède un goût âcre et prononcé. C'est celle que l'on trouve dans toutes les épiceries depuis de nombreuses années. Dans le second cas, la poudre est produite à partir de la liqueur de cacao. D'abord partiellement dégraissée, celle-ci est ensuite alcalinisée pour neutraliser son acidité, puis pulvérisée. Sa couleur est foncée et sa saveur douce, parfumée et beaucoup plus agréable. On la reconnaît à l'inscription « traité à l'alcali » ou « Dutch-processed (hollandais) ». Les cacaos de qualité sont tous traités de cette façon. Dans les recettes qui utilisent du bicarbonate de sodium, vous pouvez utiliser l'une ou l'autre des poudres de cacao. Sinon, servez-vous de la poudre de cacao indiquée.

2 c. à soupe 30 ml	**crème 35 %**
1 ½ tasse 375 ml	**beurre mou, en morceaux**
5	**blancs d'œufs**
1 ¼ tasse 310 ml	**sucre à fruits**

1 Préchauffer le four à 350 °F (180 °C). Dans un bol, bien mélanger la chapelure de biscuits et le beurre fondu. Presser le mélange dans le fond d'un moule rond à fond amovible de 9 po (23 cm), préalablement beurré et foncé d'un papier ciré ou parchemin. Cuire au four 10 minutes. Retirer du four. Laisser refroidir complètement. Couvrir le moule, puis réfrigérer.

2 Augmenter le four à 375 °F (190 °C). Beurrer deux plaques à biscuits de 10 po x 15 po (25 cm x 38 cm), puis recouvrir le fond et les parois de chacune d'elles d'un papier parchemin. Beurrer le papier et tailler l'excédent. Réserver. Dans un bol, tamiser ensemble la farine, le cacao, la poudre à pâte et le sel. Réserver.

3 Dans un grand bol, crémer le beurre avec le sucre, puis ajouter les œufs un à la fois en mélangeant bien après chaque addition avec un batteur électrique. Incorporer graduellement les ingrédients secs aux ingrédients liquides. Ajouter l'extrait de vanille, puis bien mélanger.

4 Répartir également la pâte à gâteau sur les deux plaques à biscuits. Cuire au four 10 minutes, ou jusqu'à ce que le centre du gâteau reprenne sa forme lorsqu'on le presse avec le doigt. Retirer les plaques du four, puis les renverser sur deux linges préalablement saupoudrés d'un peu de sucre à glacer. Enlever les papiers cirés, puis couper les contours croustillants des gâteaux afin de former deux beaux rectangles. Rouler les gâteaux avec les linges en commençant par les côtés les moins longs. Laisser refroidir complètement.

5 Préparer le glaçage aux deux chocolats. En étendre une mince couche au centre d'une assiette de service. Retirer le moule du réfrigérateur, puis la paroi. Dégager délicatement la croûte du fond du moule, puis du papier ciré. Transférer la croûte sur l'assiette de service, puis la presser très légèrement pour la fixer dans le glaçage. Réserver.

6 Dérouler les gâteaux, puis trancher chacun en trois bandes égales d'environ 3 po x 15 po (7,5 cm x 38 cm). Étendre une bonne couche de glaçage au chocolat sur chaque bande. Rouler une première bande, puis la déposer debout au centre de la croûte de biscuits. Enrouler une deuxième bande autour de la première, et ainsi de suite jusqu'à ce que le gâteau recouvre presque entièrement la croûte de biscuits.

7 Napper le gâteau du reste du glaçage aux deux chocolats, puis le garnir généreusement de copeaux de chocolat mi-amer et de quelques framboises. Réfrigérer. Retirer du réfrigérateur environ 20 minutes, puis servir en pointes. Si désiré, ce gâteau se prépare à l'avance et se congèle jusqu'à deux semaines. Retirer la bûche du congélateur et la faire dégeler 6-8 heures au réfrigérateur avant de la servir.

GLAÇAGE AUX DEUX CHOCOLATS

8 Faire fondre les deux chocolats et la crème au bain-marie. Retirer du feu, puis laisser refroidir. Mettre le beurre dans un grand bol, puis le crémer 3-4 minutes au batteur électrique ou jusqu'à ce qu'il soit léger et blanchi. Ajouter le mélange de chocolat refroidi, puis mélanger délicatement. Réserver.

9 Dans un bol, battre les blancs d'œufs jusqu'à ce qu'ils soient bien mousseux. Ajouter graduellement le sucre tout en battant. Battre jusqu'à ce que le mélange forme des pics crochus lorsqu'on en retire les batteurs. Plier délicatement les blancs d'œufs dans le mélange de chocolat, puis couvrir et réfrigérer jusqu'à l'obtention d'une consistance de tartinade. Utiliser ce glaçage pour garnir vos gâteaux, puis réfrigérer le dessert immédiatement.

Conseil de chef

Le sucre à fruits est un sucre granulé plus fin qui se dissout plus facilement que le sucre granulé ordinaire. Le sucre à glacer (en poudre) est aussi très fin, mais il est additionné de fécule de maïs. On l'utilise surtout pour les glaçages.

Bûche surprise au chocolat

12-16 portions

1 ½ tasse 375 ml	**chapelure de biscuits au chocolat**
⅓ tasse 80 ml	**beurre fondu**
1 ½ tasse 375 ml	**farine non blanchie**
½ tasse 125 ml	**cacao en poudre de qualité (de type hollandais)**
1 ½ c. à thé 7,5 ml	**poudre à pâte**
¼ c. à thé 1 ml	**sel**
½ tasse 125 ml	**beurre mou**
1 ½ tasse 375 ml	**sucre à fruits**
8	**œufs**
1 ½ c. à thé 7,5 ml	**extrait de vanille**
	Sucre à glacer
	Copeaux de chocolat mi-amer
	Framboises fraîches

GLAÇAGE AUX DEUX CHOCOLATS

| 5 oz
140 g | **chocolat blanc** |
| 12 oz
340 g | **chocolat mi-amer,
haché** |

Bûche persillée au caramel et à la praline

12 portions

4	**œufs à la température de la pièce**
¾ tasse 180 ml	**sucre**
3 c. à thé 15 ml	**extrait de vanille**
½ tasse 125 ml	**farine non blanchie**
2 c. à soupe 30 ml	**fécule de maïs**
2 c. à soupe 30 ml	**beurre fondu, refroidi à la température de la pièce**
4 oz 115 g	**chocolat mi-sucré haché finement**
	Copeaux ou vermicelles de chocolat
	Noisettes entières (avelines), grillées

GARNITURE PRALINÉE

½ tasse 125 ml	**beurre mou**
1 ½ tasse 375 ml	**praliné noisette (en vente dans certaines boutiques de chocolat) ou tablette de chocolat praliné ou aux avelines (1 lb (454 g))**

GLAÇAGE AU CARAMEL

1 ⅓ tasse 330 ml	**crème 35 %**
6 oz 170 g	**petits caramels mous (« toffee ») au choix**

1 Préparer tout d'abord le glaçage au caramel, puis la garniture pralinée. Les réserver au frais.

2 Préchauffer le four à 375 °F (190 °C). Beurrer une plaque à biscuits de 10 po x 15 po (25 cm x 38 cm), puis recouvrir le fond et les parois d'un papier ciré au parchemin. Tailler l'excédent de papier.

3 Dans un grand bol, déposer les œufs, le sucre et la vanille. Battre le mélange 10 minutes au batteur électrique. Réserver. Dans un autre bol, mélanger la farine et la fécule de maïs. Ajouter les ingrédients secs dans un tamis, puis les saupoudrer graduellement sur les ingrédients liquides tout en pliant délicatement la pâte à l'aide d'une spatule. Verser le beurre en un filet, en l'incorporant avec la spatule. Continuer de plier la pâte tout en ajoutant délicatement le chocolat râpé. Bien intégrer.

4 Verser le mélange sur le papier ciré et le répartir également sur toute la surface. Cuire au four 12 minutes, ou jusqu'à ce que le gâteau se détache des côtés du papier ciré. Retirer la plaque du four, puis la retourner sur un linge propre. Retirer délicatement le papier ciré collé sur le dessus du gâteau. Couper les bords du gâteau afin d'enlever les parties plus croustillantes et d'obtenir un beau rectangle. Rouler le gâteau encore chaud dans le linge propre. Laisser refroidir complètement.

5 Lorsque le gâteau est refroidi, le dérouler délicatement, puis le recouvrir de garniture pralinée froide. Rouler la bûche, puis la déposer sur une assiette de service. Recouvrir la bûche du glaçage au caramel. Décorer de noisettes entières et de copeaux de chocolat. Réfrigérer. Retirer du réfrigérateur 10 minutes avant de servir.

6 La bûche se conserve deux semaines au congélateur. Retirer la bûche du congélateur et la faire dégeler 6-8 heures au réfrigérateur avant de la servir.

GARNITURE PRALINÉE

7 Dans un bol, travailler le beurre jusqu'à ce qu'il soit bien crémeux. Intégrer graduellement le praliné noisette ou le chocolat fondu tout en fouettant. Réfrigérer un peu pour que la garniture durcisse légèrement.

GLAÇAGE AU CARAMEL

8 Verser la crème dans une casserole, puis y ajouter les caramels. Cuire à feu moyen-doux en mélangeant jusqu'à ce que les caramels soient fondus. Retirer du feu et réfrigérer 2 heures. Retirer le bol du réfrigérateur, puis fouetter le glaçage à l'aide d'un batteur électrique jusqu'à ce qu'il soit ferme. Couvrir et réserver au frais.

Conseil de chef

Lorsqu'une recette exige 1 tasse (250 ml) de farine à gâteau, vous pouvez la remplacer par ⁴/₅ tasse (200 ml) de farine non blanchie additionnée de 3 c. à soupe (45 ml) de fécule de maïs.

Gâteau grenoblois au café

8 portions

2 ¼ tasses 560 ml	**noix de Grenoble écrasées grossièrement**
5	**jaunes d'œufs**
1 ¼ tasse 310 ml	**sucre granulé**
5	**blancs d'œufs montés en neige ferme**
2-3 c. à soupe 30-45 ml	**café instantané fort**
3 c. à soupe 45 ml	**rhum brun**
⅔ tasse 160 ml	**fécule de maïs**
	Cerneaux de noix de Grenoble entiers
	Grains de café

GLAÇAGE AU CAFÉ

2 c. à soupe 30 ml	**lait**
2-3 c. à soupe 30-45 ml	**café instantané fort**

¼ tasse 60 ml	**sucre à glacer**

1 Préchauffer le four à 350 °F (180 °C). Beurrer un moule rond à fond amovible d'environ 10 po (25 cm). Tapisser le fond du moule d'un cercle de papier ciré ou parchemin beurré. Réserver.

2 Mettre les noix dans un robot culinaire, puis les moudre. Les réserver. Dans un grand bol, fouetter les jaunes d'œufs avec le sucre jusqu'à l'obtention d'un mélange mousseux. Plier les blancs d'œufs dans ce mélange, puis ajouter le café instantané préalablement dilué dans le rhum. Mélanger le tout. Intégrer rapidement et d'un trait les noix moulues et la fécule de maïs, puis mélanger juste assez pour obtenir une pâte homogène.

3 Verser la pâte dans le moule, puis cuire le gâteau 45 minutes au four ou jusqu'à ce qu'un cure-dent inséré dans la pâte en ressorte sec. Laisser refroidir un peu avant de démouler. Mettre le gâteau sur une belle assiette de service, puis le recouvrir du glaçage au café et décorer de quelques cerneaux de noix et de grains de café. Servir immédiatement. Ce gâteau se conserve sept jours au réfrigérateur et se congèle très bien avant de le glacer.

GLAÇAGE AU CAFÉ

4 Mettre le lait et le café instantané dans un bol, puis mélanger pour diluer le café. Incorporer le sucre graduellement tout en mélangeant jusqu'à l'obtention d'un glaçage lisse et homogène. Incorporer un peu plus de liquide ou de sucre selon la consistance désirée.

Gâteau décadent aux deux chocolats

12 portions

1 ⅓ tasse 330 ml	**farine non blanchie**
⅓ tasse 80 ml	**cacao en poudre de qualité (de type hollandais)**
1 c. à thé 5 ml	**bicarbonate de sodium**
2 oz 60 g	**chocolat noir, haché grossièrement**
1 c. à thé 5 ml	**sel**
1 tasse 250 ml	**sucre**
4 c. à soupe 60 ml	**beurre mou**
2	**œufs**
2 c. à thé 10 ml	**extrait de vanille**
1 c. à thé 5 ml	**jus de citron**
1 tasse 250 ml	**lait écrémé, bouillant**
	Copeaux ou décorations de chocolat

GARNITURE AU CHOCOLAT BLANC

13,5 oz 375 g	**fromage à la crème (1 ½ paquet), ramolli**
⅔ lb 300 g	**chocolat blanc, en morceaux**
⅓ tasse 80 ml	**sucre à glacer**

1 Préchauffer le four à 325 °F (165 °C). Dans un bol, mélanger la farine, le cacao, le bicarbonate de sodium et le sel. Réserver. Dans un bain-marie, faire fondre le chocolat. Mélanger, puis réserver. Dans un grand bol, mélanger le sucre et le beurre. Ajouter les œufs un à la fois tout en continuant de battre. Ajouter la vanille et le jus de citron, puis bien mélanger. Intégrer le chocolat fondu.

2 Ajouter les ingrédients secs aux ingrédients mouillés, puis bien mélanger. Incorporer le lait bouillant tout en continuant de mélanger jusqu'à l'obtention d'une pâte homogène (la pâte sera un peu liquide).

3 Beurrer un moule antiadhésif à fond amovible de 9 po (23 cm), puis y verser la pâte. Cuire au four 45-50 minutes, ou jusqu'à ce qu'un cure-dent inséré au centre de la pâte en ressorte sec. Retirer du four et laisser refroidir 20 minutes. Démouler, puis réfrigérer le gâteau au moins 1 heure.

4 Retirer le gâteau du réfrigérateur, puis le trancher délicatement en trois étages avec un couteau à pain. Nettoyer le moule. Déposer un étage du gâteau dans le fond du moule. Étendre également le quart de la garniture au chocolat blanc. Déposer un deuxième étage de gâteau par-dessus la garniture, puis le presser pour compacter la garniture. Répéter l'opération avec le deuxième quart de la garniture, puis recouvrir de la dernière tranche de gâteau. Étendre les deux tiers du reste de la garniture au chocolat blanc sur le gâteau. Mettre le gâteau au réfrigérateur 1 heure.

5 Retirer le gâteau du réfrigérateur, puis le démouler délicatement. Étendre le reste de la garniture sur le côté du gâteau. Décorer le dessus du gâteau de copeaux de chocolat. Servir immédiatement.

6 Le gâteau se conserve deux semaines au congélateur dans un contenant hermétique. Retirer du congélateur 2 heures avant de servir.

GARNITURE AU CHOCOLAT BLANC

7 Dans un bol, crémer le fromage à la crème. Réserver. Mettre le chocolat dans une petite casserole, puis le faire fondre à feu doux tout en mélangeant. Aussitôt le chocolat fondu, retirer la casserole du feu, puis le verser sur le fromage à la crème. Bien intégrer.

8 Ajouter graduellement le sucre à glacer, tout en mélangeant, jusqu'à ce que le tout soit bien homogène, riche et onctueux. Réserver au frais. Au moment d'utiliser, si le mélange est trop dur, le réchauffer par intervalles de 20 secondes au micro-ondes.

Conseil de chef

Pour faciliter l'organisation de vos repas des fêtes, la plupart des gâteaux et bûches se préparent à l'avance, et même, se congèlent. Vous n'avez qu'à déposer votre dessert dans un grand contenant hermétique, puis à le congeler ou à le réfrigérer. Il se conservera jusqu'à 3 ou 4 jours au réfrigérateur et jusqu'à 3 mois au congélateur. Simplicité assurée!

1 c. à thé 5 ml	**vanille**

GANACHE

⅔ tasse 160 ml	**crème 35 %**
7 oz 200 g	**chocolat mi-sucré**

1 Préchauffer le four à 350 °F (180 °C). Foncer un moule à fond amovible de 9 po (23 cm) d'une feuille de papier ciré ou parchemin. Beurrer les côtés du moule, puis réserver. Dans une casserole, faire fondre le chocolat et le beurre à feu doux. Brasser régulièrement et retirer la casserole du feu immédiatement si le chocolat commence à coller. Une fois le chocolat fondu, retirer la casserole du feu et laisser tiédir. Réserver.

2 Dans un grand bol, crémer les jaunes d'œufs et 1 ¼ tasse (310 ml) de sucre au batteur électrique jusqu'à ce que le mélange soit pâle et épais. Continuer de battre, puis incorporer le mélange de chocolat en deux opérations tout en battant. Intégrer les noix de cajou hachées, puis mélanger. Réserver.

3 Dans un autre bol, battre les blancs d'œufs jusqu'à ce qu'ils soient mousseux. Ajouter le reste du sucre et continuer à battre jusqu'à ce que les blancs d'œufs forment des pics durs mais non secs. Plier délicatement les blancs d'œufs dans la pâte en trois opérations.

4 Verser la pâte dans le moule réservé. Cuire au four 45-50 minutes, ou jusqu'à ce qu'une croûte se soit formée sur le dessus du gâteau et qu'un cure-dent inséré au centre de la pâte en ressorte couvert d'un peu de pâte humide et de miettes.

5 Retirer du four, puis passer la lame d'un couteau entre le gâteau et la paroi du moule. Laisser refroidir complètement dans le moule (en refroidissant, le gâteau s'affaissera).

6 Enlever la paroi amovible du moule, puis la nettoyer. Beurrer l'intérieur de la paroi, puis la doubler d'un papier ciré. Couper les bords du gâteau pour égaliser le dessus, puis remettre la paroi autour du moule. Recouvrir le gâteau de la mousse aux noix de cajou. Couvrir d'une pellicule de plastique, puis congeler 4 heures ou jusqu'à ce que la mousse soit ferme.

7 Sortir le gâteau du congélateur, puis retirer la pellicule de plastique, la paroi du moule et le papier ciré. Verser la ganache au centre du gâteau et l'étaler en en laissant couler un peu sur les côtés du gâteau. Décorer de noix de cajou entières, puis réfrigérer 2 heures avant de servir.

8 Le gâteau se conserve jusqu'à deux semaines au congélateur dans un contenant hermétique. Laisser décongeler partiellement le gâteau au réfrigérateur 2-8 heures selon les goûts. Trancher en pointes et servir.

MOUSSE AUX NOIX DE CAJOU

9 Mettre le beurre de noix de cajou dans un bol, puis le réchauffer 45 secondes au micro-ondes. Réserver. Dans un autre grand bol, fouetter la crème avec le sucre et la vanille. Plier le tiers de la crème fouettée dans le beurre de noix de cajou, puis plier cette préparation dans le bol contenant le reste de la crème fouettée. Bien intégrer. Réfrigérer 2 heures avant de servir. Accompagner d'une sauce au chocolat.

GANACHE

10 Dans une casserole, chauffer la crème à feu moyen-doux. Pendant ce temps, hacher le chocolat, puis le déposer dans un bol. Dès que la crème commence à bouillir, la verser sur le chocolat tout en mélangeant. Mélanger jusqu'à ce que le tout soit bien intégré. La ganache se conserve au congélateur un mois dans un contenant hermétique. La laisser ramollir à la température de la pièce avant de l'utiliser.

Conseil de chef

Originaire d'Afrique et d'Amérique du Sud, l'anacardier (arbre d'où provient la noix de cajou) est maintenant cultivé dans de nombreuses régions de l'Asie et de l'Inde. Les noix de cajou sont vendues uniquement décortiquées, car leur coque contient une huile caustique qui peut causer des brûlures et des ampoules sur les doigts et les lèvres. Grillées et salées, elles sont idéales en apéritif, dans les sautés asiatiques et les plats végétariens, et pour garnir certains desserts. On produit un beurre de noix de cajou absolument délicieux. Bonne source de fer et de folacine, la noix de cajou est relativement faible en calories et en gras comparativement aux autres noix.

Profondeur de chocolat noir, glacée aux noix de cajou

12 portions

6 oz 180 g	**chocolat noir, en morceaux**
1 tasse 250 ml	**beurre en morceaux**
8	**jaunes d'œufs**
1 ½ tasse 375 ml	**sucre**
1 tasse 250 ml	**noix de cajou non salées, hachées**
5	**blancs d'œufs**
	Noix de cajou entières

MOUSSE AUX NOIX DE CAJOU

1 tasse 250 ml	**beurre de noix de cajou (en vente dans les magasins d'aliments naturels)**
1 ½ tasse 375 ml	**crème 35 %**
⅓ tasse 80 ml	**sucre granulé**

Pudding anglais au chocolat et au caramel écossais

12 portions

1 ¼ tasse 310 ml	**eau**
1 ¾ tasse 430 ml	**dattes sèches, dénoyautées et hachées**
1 c. à thé 5 ml	**bicarbonate de sodium**
½ tasse 125 ml	**beurre mou**
⅔ tasse 160 ml	**sucre**
2	**gros œufs**
1 c. à thé 5 ml	**extrait de vanille**
1 ¼ tasse 310 ml	**farine non blanchie**
½ tasse 125 ml	**cacao en poudre de qualité (de type hollandais)**
2 c. à thé 10 ml	**poudre à pâte**
½ c. à thé 2,5 ml	**sel**
¼ lb 115 g	**noix de Grenoble hachées**
8 oz 227 g	**brisures de chocolat au lait**

SAUCE AU CARAMEL ÉCOSSAIS

2 tasses 500 ml	**crème 35 %**
1 ¼ tasse 310 ml	**cassonade foncée**
½ tasse 125 ml	**beurre**
1 c. à thé 5 ml	**extrait de vanille**

1 Préchauffer le four à 350 °F (180 °C). Dans une petite casserole, porter l'eau et les dattes à ébullition. Laisser bouillir 3 minutes. Retirer du feu, puis incorporer le bicarbonate de sodium. Réserver.

2 Dans un grand bol, crémer le beurre avec le sucre. Tout en continuant de battre, ajouter les œufs un à la fois, puis incorporer la vanille. Réserver.

3 Dans un autre bol, mélanger la farine, le cacao, la poudre à pâte et le sel. Verser la moitié des ingrédients secs dans le bol contenant le mélange d'œufs et de sucre, puis bien mélanger. Intégrer le mélange de dattes, puis l'autre moitié des ingrédients secs. Mélanger jusqu'à l'obtention d'une pâte homogène.

4 Verser le mélange dans un moule carré de 9 po (23 cm) préalablement beurré. Cuire au centre du four 25 minutes. Entre-temps, préparer la sauce au caramel écossais. En prélever 1 ½ tasse (375 ml) après 4 minutes de cuisson et la réserver.

5 Une fois les 25 minutes de cuisson du pudding terminées, le retirer du four, puis répartir également les noix de Grenoble et les brisures de chocolat sur la surface. Mouiller avec la sauce au caramel réservée, puis remettre le gâteau au four et continuer la cuisson un autre 20 minutes, ou jusqu'à ce qu'un cure-dent inséré au centre de la pâte en ressorte sec.

6 Retirer le gâteau du four, puis laisser refroidir 15 minutes. Servir le gâteau en portions individuelles. Accompagner chaque portion d'un peu de sauce au caramel écossais chaude et d'une boule de crème glacée à la vanille.

7 On peut aussi préparer le gâteau 2-3 jours à l'avance. À ce moment, refroidir complètement le gâteau, puis l'emballer dans une pellicule de plastique. Réfrigérer. Pour servir, réchauffer le gâteau 10-15 minutes au four.

SAUCE AU CARAMEL ÉCOSSAIS

8 Dans une casserole, mélanger la crème, la cassonade et le beurre. Porter à ébullition à feu moyen, puis réduire le feu à doux et laisser mijoter 13-15 minutes en brassant. Retirer du feu, puis incorporer la vanille. Mélanger et réserver au chaud.

Conseil de chef

Si vous n'avez plus de poudre à pâte, remplacez-la par un mélange moitié bicarbonate de sodium, moitié crème de tartre. De plus, si votre poudre à pâte a plus de 18 mois, vous devriez la changer car elle perd de son efficacité avec le temps.

Conseil de chef

On trouve généralement dans les réfrigérateurs un compartiment spécialement conçu pour conserver le beurre. Cet espace permet de l'isoler le plus possible des odeurs qui y règnent, car le beurre les absorbe très facilement. Afin de mettre toutes les chances de votre côté, conservez-le bien emballé et éloigné des aliments parfumés.

Gâteau aux fruits secs, aux noix et au miel

10-12 portions

1 tasse 250 ml	**beurre mou**
⅔ tasse 160 ml	**cassonade**
⅔ tasse 160 ml	**miel liquide**
6	**œufs battus**
3 tasses 750 ml	**farine non blanchie**
1 c. à thé 5 ml	**poudre à pâte**
2 tasses 500 ml	**mélange de fruits secs, tranchés (canneberges, figues, dattes, abricots, etc.)**
1 ⅔ tasse 410 ml	**mélange de noix salées**
	Noix entières, grillées

SAUCE AU MIEL ET AU FROMAGE RICOTTA

½ tasse 125 ml	**sucre à glacer**
6 c. à soupe 90 ml	**miel liquide**
1 ½ tasse 375 ml	**fromage ricotta**
2 c. à thé 10 ml	**extrait de vanille**

1 Préchauffer le four à 300 °F (150 °C). Beurrer et enfariner un moule rond à fond amovible de 9 po (23 cm) de diamètre. Réserver. Mettre tous les ingrédients dans un grand bol, puis bien mélanger avec une cuillère de bois jusqu'à l'obtention d'une pâte homogène. Verser la préparation dans le moule à gâteau, puis bien étendre le mélange. Cuire 90 minutes au four, ou jusqu'à ce qu'un cure-dent inséré dans la pâte en ressorte sec. Déposer une feuille de papier d'aluminium sur le dessus du gâteau s'il brunit trop vite.

2 Retirer du four, puis laisser refroidir complètement avant de démouler. Déposer le gâteau sur une belle assiette de service, puis couvrir. Réfrigérer quelques heures avant de servir. Servir chaque portion nappée de sauce au miel et au fromage ricotta. Décorer de noix entières.

SAUCE AU MIEL ET AU FROMAGE RICOTTA

3 Mettre tous les ingrédients dans un robot culinaire, puis réduire jusqu'à l'obtention d'une sauce lisse et homogène. Réserver au frais.

Mousse à la poire et au chocolat

10-12 portions

	Beurre
	Cacao en poudre de qualité (de type hollandais)
3-4	**poires mûres, pelées, ou 6-8 demi-poires en conserve, égouttées, puis tranchées esthétiquement**
	Tartinade au caramel du commerce
	Carrés de chocolat très minces (de type Lindt Thins)

MOUSSE AU CHOCOLAT

2 oz / 55 g	**chocolat noir de qualité**
1 tasse / 250 ml	**crème 35 %**
2	**jaunes d'œufs**
¼ tasse / 60 ml	**sucre à fruits**
½ tasse / 125 ml	**beurre ramolli, non salé de préférence**
1 c. à thé / 5 ml	**extrait de vanille**
⅓ tasse / 80 ml	**cacao en poudre de qualité (de type hollandais)**

MOUSSE À LA POIRE

28 oz / 796 ml	**poires en boîte, dans leur jus, égouttées**
½ tasse / 125 ml	**sucre granulé**
3 ½ c. à thé / 17,5 ml	**gélatine en poudre**
1	**blanc d'œuf**
1 tasse / 250 ml	**crème 35 %**

1 Beurrer un moule rond à fond amovible de 9 po (23 cm). Tapisser la paroi avec du papier parchemin, puis le beurrer légèrement. Saupoudrer 1 c. à thé (5 ml) de cacao au fond du moule, puis le secouer pour bien recouvrir le fond. Retourner le moule par-dessus l'évier, puis secouer l'excédent de cacao. Réserver.

2 Verser la mousse au chocolat dans le moule, puis l'étendre également. Réfrigérer 30 minutes. Retirer le moule du réfrigérateur, puis recouvrir de mousse à la poire. Bien l'égaliser. Couvrir, puis réfrigérer au moins 6 heures.

3 Retirer le moule du réfrigérateur, puis démouler la paroi. Retirer le papier parchemin. Disposer esthétiquement les tranches de poires sur le dessus du gâteau, puis garnir d'un filet de tartinade au caramel. Recouvrir esthétiquement le pourtour de la mousse avec les carrés de chocolat. Réfrigérer jusqu'au moment de servir. Retirer la mousse du réfrigérateur environ 20 minutes avant de servir. Couper en pointes, puis servir sur un fond de tartinade au caramel additionnée d'un peu de crème 35 %.

MOUSSE AU CHOCOLAT

4 Faire fondre le chocolat au bain-marie. Retirer du feu et réserver. Dans un bol, fouetter la crème jusqu'à ce qu'elle soit ferme. Réserver. Dans un autre bol, mélanger les jaunes d'œufs

avec le sucre au batteur électrique 2 minutes ou jusqu'à ce que le mélange blanchisse. Ajouter le beurre ramolli, le chocolat fondu refroidi et l'extrait de vanille. Bien battre.

5 Tamiser le cacao sur le mélange, puis mélanger à basse vitesse jusqu'à ce qu'il soit intégré. Battre jusqu'à ce que la préparation soit lisse et homogène. Ajouter environ ½ tasse (125 ml) de crème fouettée, puis mélanger délicatement avec une cuillère. Plier le reste de la crème fouettée dans le mélange. Si vous utilisez cette mousse pour faire la «Mousse à la poire et au chocolat», vous en servir immédiatement. Sinon, transvider la préparation dans un moule, puis couvrir d'une pellicule de plastique. Réfrigérer au moins 6 heures avant de servir.

MOUSSE À LA POIRE

6 Assécher les poires avec des essuie-tout, puis les déposer dans un robot culinaire. Ajouter 2 c. à soupe (30 ml) de sucre, puis réduire 2 minutes. Tamiser la purée dans une casserole moyenne. Porter à ébullition à feu moyen, puis baisser le feu à doux. Cuire 30 minutes, ou jusqu'à ce que le mélange soit réduit à 1 tasse (250 ml). Brasser à l'occasion, surtout vers la fin. Cinq minutes avant la fin de la cuisson, faire gonfler la gélatine dans 2 c. à soupe (30 ml) d'eau dans un petit bol. Retirer la poêle du feu, puis ajouter la gélatine gonflée. Mélanger jusqu'à ce qu'elle soit dissoute. Transvider le mélange dans un bol.

7 Dans un petit bol, battre le blanc d'œuf au batteur électrique à vitesse élevée jusqu'à ce qu'il soit gonflé et mousseux. Sans arrêter de battre, ajouter 4 c. à soupe (60 ml) de sucre, 1 c. à soupe (15 ml) à la fois. Battre 3-4 minutes, ou jusqu'à ce que le mélange soit brillant et épais. Réserver. Fouetter la crème avec le reste du sucre jusqu'à ce qu'elle soit ferme. Plier délicatement le blanc d'œuf battu, puis la crème fouettée dans le mélange de poires refroidi. Si vous utilisez cette mousse pour faire la «Mousse à la poire et au chocolat», vous en servir immédiatement. Sinon, transvider la mousse dans un moule, puis couvrir d'une pellicule de plastique. Réfrigérer au moins 6 heures avant de servir.

Conseil de chef

Vous pouvez créer en un tournemain une sauce sucrée pour accompagner vos gâteaux, tartes et autres desserts. Vous n'avez qu'à mélanger dans un petit bol une tartinade sucrée au choix (aux noisettes, au caramel, à l'érable, au chocolat, etc.) avec un peu de crème 15 % ou 35 %, puis à réchauffer quelques secondes à force maximale au micro-ondes. Déposez ensuite une portion individuelle de dessert sur un léger fond de cette sauce express.

Forêt-noire aux fraises

16-20 portions

1 ½ tasse 375 ml	**farine pour gâteaux et pâtisseries**
⅔ tasse 160 ml	**cacao en poudre de qualité (de type hollandais)**
1 ½ c. à thé 7,5 ml	**poudre à pâte**
	Pincée de sel
¾ tasse 180 ml	**beurre mou**
1 ¼ tasse 310 ml	**sucre**
7	**œufs**
1 ½ c. à thé 7,5 ml	**extrait de vanille**
2	**paquets de fraises congelées en sirop de 425 g (15 oz) chacun, décongelées, égouttées, le sirop réservé**
3 tasses 750 ml	**crème 35 %**
6 oz 170 g	**chocolat blanc haché, fondu, puis refroidi à la température de la pièce**
7 oz 200 g	**chocolat mi-amer tranché ou haché grossièrement**

1 Beurrer et enfariner trois moules à gâteau de 8 po (20 cm). Réserver. Préchauffer le four à 350 °F (180 °C). Dans un bol, tamiser ensemble la farine, le cacao, la poudre à pâte et le sel. Réserver.

2 Dans un grand bol, crémer le beurre et le sucre. Ajouter les œufs un à un, en battant bien après chaque addition. Bien battre. Incorporer délicatement, en trois opérations, le mélange de farine au mélange d'œufs. Ajouter l'extrait de vanille, puis bien mélanger.

3 Répartir la pâte dans les trois moules. Cuire au four 13 minutes, ou jusqu'à ce qu'un cure-dent inséré au centre de la pâte en ressorte propre. Retirer les gâteaux du four, puis les démouler. Laisser refroidir complètement, de préférence sur une grille, sinon sur un linge propre.

4 Verser le sirop des fraises dans une petite casserole. Porter à ébullition, puis baisser le feu à moyen. Laisser réduire de moitié. Réserver. Dans un bol, fouetter la crème jusqu'à la formation de pics mous. Ajouter délicatement le chocolat blanc fondu, puis continuer de battre jusqu'à ce que la crème soit ferme. Réserver. Trancher les dessus des gâteaux pour qu'ils soient bien plats, puis les mouiller généreusement avec du sirop de fraises réduit. Réserver le reste du sirop comme sauce d'accompagnement.

5 Déposer le premier gâteau sur une assiette de service. Y étaler une couche d'environ ½ po (1,25 cm) de crème fouettée, puis répartir la moitié des fraises égouttées sur la crème. Mettre le deuxième gâteau sur la crème, puis répéter l'opération. Recouvrir du troisième gâteau. Glacer le dessus et les côtés du gâteau avec le reste de la crème fouettée, puis garnir de chocolat et de quelques fraises fraîches. Réfrigérer au moins 1 heure avant de servir. Si désiré, accompagner de sirop de fraises.

Conseil de chef

Lors de la confection d'un gâteau, les ingrédients secs s'intègrent plus facilement aux ingrédients mouillés lorsque vous les ajoutez en plusieurs opérations. Vous éviterez ainsi de trop mélanger la pâte, ce qui rendrait vos desserts moins tendres et plus secs.

Gâteau au chocolat et aux poires

10 portions

19 oz 540 ml	**demi-poires en boîte, le jus réservé**
6 oz 170 g	**chocolat mi-sucré**
⅔ tasse 160 ml	**beurre mou**
3 c. à soupe 45 ml	**huile de canola**
1 tasse 250 ml	**sucre à glacer**
4	**œufs séparés**
⅓ tasse 80 ml	**farine non blanchie, additionnée d'une pincée de sel**

GLAÇAGE AU CHOCOLAT ET AUX POIRES

5 oz 145 g	**chocolat mi-sucré**
4 c. à soupe 60 ml	**jus de poire passé au tamis**

1 Préchauffer le four à 350 °F (180 °C). Trancher la moitié des demi-poires en éventail et réduire l'autre moitié en purée au robot culinaire en ajoutant un peu de jus. Réserver 4 c. à soupe (60 ml) du jus pour le glaçage. Réserver le tout.

2 Dans une petite casserole, faire fondre le chocolat et le beurre à feu doux, en brassant. Retirer du feu et incorporer l'huile. Mélanger, puis réserver. Dans un grand bol, mélanger le sucre avec les jaunes d'œufs. Y ajouter la farine, la purée de poires et la préparation de chocolat en mélangeant délicatement. Monter les blancs d'œufs en neige, puis les plier dans le mélange à gâteau.

3 Verser le mélange à gâteau dans un moule rond à fond amovible d'environ 8 po (20 cm) de diamètre préalablement beurré. Cuire au four 50 minutes, ou jusqu'à ce qu'un cure-dent inséré dans la pâte en ressorte sec. Retirer du four et laisser reposer 15 minutes. Il est normal qu'il dégonfle légèrement. Démouler le gâteau, puis étendre le glaçage au chocolat et aux poires sur le dessus du gâteau. Déposer esthétiquement les poires en éventail sur le glaçage. Servir immédiatement.

GLAÇAGE AU CHOCOLAT ET AUX POIRES

4 Dans une petite casserole, faire fondre le chocolat et le jus de poire à feu doux, tout en mélangeant. Retirer du feu et laisser refroidir 10 minutes avant de glacer. Utiliser immédiatement.

Jardinière de légumes, mayonnaise verte acidulée

4-6 portions

14 oz 398 ml	**cœurs d'artichauts en boîte, rincés, égouttés et tranchés en quatre**
2 tasses 500 ml	**petites pommes de terre nouvelles cuites « al dente », tranchées en deux**
2	**grosses tomates rouges bien mûres, tranchées en quartiers**
2 tasses 500 ml	**haricots verts cuits « al dente » et coupés en tronçons**
1 ½ tasse 375 ml	**concombre pelé et coupé en dés**
8	**œufs durs, tranchés en deux**
	Paprika
	Sel et poivre

MAYONNAISE VERTE ACIDULÉE

1	**botte de cresson, le gros bout des tiges enlevé**
1 c. à soupe 15 ml	**flocons d'oignon déshydratés**
2 c. à soupe 30 ml	**huile d'olive de qualité**
¼ tasse 60 ml	**mayonnaise**
2 c. à soupe 30 ml	**jus de citron**
	Sel et poivre

1 Dans un grand bol, déposer tous les ingrédients, sauf les œufs et le paprika. Mouiller au goût avec la mayonnaise verte acidulée. Bien mélanger.

2 Répartir la salade dans quatre assiettes. Garnir chaque assiette de quatre moitiés d'œufs. Saupoudrer les œufs d'un peu de paprika ainsi que de sel et de poivre au goût. Garnir chaque demi-œuf d'une petite cuillerée de mayonnaise verte acidulée. Servir immédiatement.

MAYONNAISE VERTE ACIDULÉE

3 Mettre tous les ingrédients dans un robot culinaire. Réduire jusqu'à l'obtention d'un mélange lisse et homogène. Saler et poivrer au goût. Réserver au frais.

Bouquet de verdure

4 portions

1	paquet de pâte feuilletée du commerce, décongelée
1	jaune d'œuf
20	pointes d'asperges cuites très « al dente »
	Quelques feuilles de laitue feuille de chêne rouge
	Quelques feuilles de roquette
	Quelques feuilles de cœur de laitue romaine
	Feuilles d'endive
4	tiges de persil
	Brins de ciboulette
16	fraises fraîches coupées en éventail
24	boules de cantaloup d'environ 1 po (2,5 cm) de diamètre
	Câpres égouttées
4 c. à soupe 60 ml	fromage bleu, émietté
	Poivre du moulin

VINAIGRETTE AU VINAIGRE DE XÉRÈS

⅓ tasse 80 ml	huile d'olive
2 c. à soupe 30 ml	vinaigre de xérès
½ c. à thé 2,5 ml	cumin en poudre
½ c. à thé 2,5 ml	moutarde en poudre
¼ c. à thé 1 ml	poudre d'ail
	Pincée de piment de Cayenne
	Sel

1 Préchauffer le four à 375 °F (190 °C). Sur une surface légèrement enfarinée, abaisser la pâte feuilletée jusqu'à l'obtention d'une épaisseur de ½ po (1,25 cm). Y découper quatre cercles de 3 po (7,5 cm) de diamètre, puis un second cercle de 2 po (5 cm) à l'intérieur des premiers, de façon à former des anneaux. Déposer les anneaux délicatement sur une plaque allant au four, puis les badigeonner de jaune d'œuf. Les cuire 12 minutes, ou jusqu'à ce qu'ils soient gonflés et bien dorés. Les retirer du four, puis les laisser refroidir complètement.

2 Disposer esthétiquement les différents légumes et feuilles dans les cercles de pâte, de façon à former des bouquets qui se tiennent debout, puis les déposer au centre de quatre grandes assiettes.

3 Mouiller le pourtour du pied de chaque bouquet avec la vinaigrette au vinaigre de xérès, puis disposer les fruits autour de l'assiette. Garnir les fruits de câpres et de fromage émietté, puis poivrer au goût. Servir immédiatement.

VINAIGRETTE AU VINAIGRE DE XÉRÈS

4 Mettre tous les ingrédients dans un bol, puis bien fouetter. Réserver au frais.

**Conseil
de chef**

Déposez les croûtons et
les tomates à
la dernière minute
sur votre salade
afin que les premiers
restent croustillants et
que les secondes ne diluent
pas la vinaigrette.

Salade printanière colorée

4-6 portions

12	**asperges parées et coupées en deux**
1	**petit poivron vert paré et coupé en lanières**
1	**petit poivron rouge paré et coupé en lanières**
3	**échalotes vertes tranchées**
1 tasse 250 ml	**carottes râpées**
2 tasses 500 ml	**grosses fèves blanches cuites et égouttées**
½ tasse 125 ml	**noix de pin grillées**
	Feuilles de laitue
	Croûtons
	Fleurs comestibles (rose, capucine, glaïeul, etc.)

VINAIGRETTE SUCRÉE AU SÉSAME

2 c. à soupe 30 ml	**huile de canola**
3 c. à soupe 45 ml	**huile de sésame**
3 c. à soupe 45 ml	**vinaigre de vin au choix**
½ c. à thé 2,5 ml	**moutarde de Dijon**
1 c. à thé 5 ml	**herbes sèches au choix**
2 c. à thé 10 ml	**sucre granulé**
	Sel et poivre

1 Déposer les morceaux d'asperges dans une casserole de grandeur moyenne contenant un léger fond d'eau. Les cuire quelques minutes à feu élevé jusqu'à ce qu'elles soient légèrement cuites et encore croustillantes. Une minute avant la fin de la cuisson, ajouter les lanières de poivrons. Égoutter le tout, puis les déposer dans un bol à salade de grandeur moyenne.

2 Ajouter les échalotes, les carottes, les grosses fèves blanches et les noix de pin. Mouiller avec de la vinaigrette sucrée au sésame, puis mélanger. Étendre un lit de laitue dans le fond de 4-6 assiettes. Déposer au centre de chacune d'elles la quantité désirée de salade printanière colorée, puis garnir de croûtons et de quelques fleurs comestibles. Servir immédiatement.

VINAIGRETTE SUCRÉE AU SÉSAME

3 Incorporer les ingrédients, un à la fois, dans un petit bol, tout en fouettant. Saler et poivrer au goût. Couvrir et réserver au frais jusqu'au moment de servir.

Salade d'étagé de pommes
de terre nouvelles au fromage
de chèvre, aux tomates séchées
et aux poivrons rouges grillés

Salade de brocoli
aux tomates et au fromage
parmesan, aromatisée
au vinaigre balsamique

Salade d'étagé de pommes de terre nouvelles au fromage de chèvre, aux tomates séchées et aux poivrons rouges grillés

4-6 portions

6-8	**petites pommes de terre nouvelles bien lavées**
8-12	**tomates séchées dans l'huile (selon la grosseur)**
1	**gros poivron rouge grillé, coupé en lanières**
	Sel et poivre
¼ lb 115 g	**fromage de chèvre crémeux**
¼ lb 115 g	**fromage feta de chèvre**
16	**grandes feuilles de basilic**

Sel et poivre
Mesclun
Échalotes vertes tranchées
Huile de noix

1 Couper les pommes de terre en deux, puis les cuire dans de l'eau bouillante jusqu'à ce qu'elles soient « al dente ». Les égoutter et les laisser refroidir. Trancher ensemble les tomates séchées dans l'huile et les lanières de poivron grillé. Réserver.

2 Pour monter chaque étagé, vous aurez besoin d'un cylindre huilé d'environ 3 po (7,5 cm) de haut et de 2 po (5 cm) de diamètre. Une boîte de conserve ouverte aux deux extrémités fera l'affaire. Déposer le cylindre debout au centre d'une grande assiette. Remplir la moitié du cylindre de pommes de terre préalablement coupées en petits morceaux. Saler et poivrer au goût. Recouvrir d'une généreuse couche de fromages de chèvre préalablement écrasés ensemble, puis recouvrir de quatre feuilles de basilic. Garnir du mélange de tomates séchées et de poivron grillé.

3 Bien compacter le mélange, puis retirer le cylindre délicatement en le levant vers le haut et en retenant l'étagé. Entourer l'étagé de mesclun et décorer d'échalotes vertes. Mouiller avec un peu d'huile de noix. Répéter l'opération jusqu'à ce qu'il n'en reste plus, soit 3-5 fois. Servir immédiatement.

Conseil de chef

Cette technique pour monter un étagé peut s'appliquer à presque tous les montages alimentaires. Variez le diamètre des cylindres pour créer différents formats et présentations. Procédez lentement et avec délicatesse lors du montage, puis compactez bien l'étagé avant de retirer le cylindre. Pressez légèrement sur le dessus de l'étagé lorsque vous retirez le cylindre pour éviter qu'il se défasse. Vous pouvez huiler l'intérieur du cylindre pour faciliter l'opération.

Salade de brocoli aux tomates et au fromage parmesan, aromatisée au vinaigre balsamique

4 portions

1	**grosse tête de brocoli**
2-3	**grosses tomates parées, coupées en deux, puis tranchées**
	Tranches minces de fromage parmesan frais
	Poivre noir du moulin
3	**échalotes françaises ou vertes tranchées**
	Feuilles de basilic frais, ciselées
	Vinaigre balsamique
	Huile d'olive

1 Découper la tête du brocoli en gros morceaux, puis les déposer dans un bol en verre. Verser un léger fond d'eau, puis couvrir. Cuire quelques minutes au micro-ondes jusqu'à ce qu'il soit cuit mais encore « al dente ».

2 Égoutter l'eau, puis couper le brocoli en petits morceaux.

3 Dans une assiette de service, disposer les tranches de tomates et de fromage en alternant avec les morceaux de brocoli. Assaisonner au goût de poivre noir du moulin, puis garnir d'échalotes et de basilic frais. Mouiller généreusement avec du vinaigre balsamique et d'un peu d'huile d'olive. Laisser reposer 10 minutes avant de servir. Accompagner de pain à l'ail grillé.

Conseil de chef

L'authentique fromage parmesan italien (parmigiano reggiano) vaut la peine d'être goûté. Vendu en blocs assez denses, il a une saveur prononcée et légèrement salée. Même s'il coûte un peu plus cher que les parmesans commerciaux râpés, sachez qu'une fois râpé, son volume augmente considérablement. Il se conserve plusieurs mois, entier, dans un sac hermétique au réfrigérateur.

**Conseil
de chef**

Pour retirer facilement
le cœur d'une laitue iceberg,
frappez celle-ci avec force,
côté cœur vers le bas,
sur le dessus du comptoir.
Le cœur se détachera
de la laitue, et vous n'aurez
plus qu'à le retirer.

Salade de radis
et de raisins aux homards

4 portions

1 tasse 250 ml	**radis râpé**
2 tasses 500 ml	**chair de homard (ou de tout autre fruit de mer coupé en morceaux)**
1	**concombre pelé, épépiné et râpé**
2	**branches de céleri avec feuilles, tranchées finement**
2 tasses 500 ml	**raisins sans pépins, coupés en deux**
	Grandes feuilles rondes de laitue iceberg ou Boston
½ tasse 125 ml	**noix de pin grillées**
	Quelques radis

VINAIGRETTE SUCRÉE À LA MAYONNAISE

2 c. à soupe 30 ml	**jus de pomme ou d'orange**
⅓ tasse 80 ml	**mayonnaise**
⅓ tasse 80 ml	**yogourt nature**
2 c. à soupe 30 ml	**miel liquide**
1 c. à thé 5 ml	**moutarde en poudre**
1 c. à thé 5 ml	**concentré de bouillon de légumes**

1 Mettre les cinq premiers ingrédients dans un bol, puis mouiller avec la vinaigrette sucrée à la mayonnaise. Déposer deux grandes feuilles de laitue superposées dans le fond de quatre assiettes. Garnir du mélange de légumes et de homard, puis décorer de noix de pin et de quelques radis. Servir immédiatement. Accompagner de pain de blé entier.

VINAIGRETTE SUCRÉE À LA MAYONNAISE

2 Dans un bol, bien fouetter les quatre premiers ingrédients. Saupoudrer de moutarde en poudre et de concentré de bouillon, puis bien intégrer. Réserver au frais.

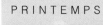

Salade croquante aux épinards et aux fruits

4 portions

3 c. à soupe 45 ml	**cassonade**
⅔ tasse 160 ml	**noix de cajou**
⅔ lb 300 g	**jeunes feuilles d'épinard nettoyées et essorées**
3-4	**mandarines en quartiers, dénoyautées**
2 tasses 500 ml	**fraises équeutées et coupées en deux**

VINAIGRETTE SOLEIL

1 c. à soupe 15 ml	**concentré de jus d'orange congelé**
4 c. à soupe 60 ml	**mayonnaise**
2 c. à soupe 30 ml	**huile d'olive**
1	**grosse gousse d'ail écrasée**
	Sel et poivre

1 Dans une poêle antiadhésive, mélanger la cassonade et environ 1 c. à soupe (15 ml) d'eau. Ajouter les noix, puis cuire à feu moyen, en brassant, jusqu'à ce que la cassonade commence à adhérer aux noix. Retirer immédiatement la poêle du feu. Déposer les noix sur un papier ciré. Laisser refroidir complètement.

2 Dans un bol, mélanger le reste des ingrédients. Ajouter les noix de cajou glacées, puis mouiller au goût avec la vinaigrette soleil. Bien mélanger. Servir immédiatement.

VINAIGRETTE SOLEIL

3 Dans un bol, bien mélanger tous les ingrédients à l'aide d'un fouet. Réserver au frais.

Conseil de chef

Le degré d'acidité idéal d'une vinaigrette est une question de goût. N'hésitez pas à réduire ou à augmenter les ingrédients acidifiants (vinaigre, jus de citron ou de lime) dans vos recettes préférées. Pour réduire la quantité de calories d'une vinaigrette sans en altérer la saveur, remplacez la moitié de l'huile par un bouillon de poulet ou de bœuf goûteux.

Salade d'endives et de roquefort aux arômes de noix

4 portions

4	**endives défaites en feuilles**
1	**poivron rouge paré et coupé en petits cubes**
½	**concombre anglais coupé en petits cubes**
⅓ lb 150 g	**fromage roquefort défait en petits morceaux**
½ tasse 125 ml	**pacanes grillées**

VINAIGRETTE AUX NOIX

½ c. à thé 2,5 ml	**moutarde sèche**
½ c. à thé 2,5 ml	**romarin moulu**
1 c. à soupe 15 ml	**vinaigre de vin blanc**
	Sel et poivre
6 c. à soupe 90 ml	**huile de noix**

1 Disposer tous les ingrédients esthétiquement et dans l'ordre dans quatre grandes assiettes. Mouiller chaque portion avec le quart de la vinaigrette aux noix. Servir immédiatement.

VINAIGRETTE AUX NOIX

2 Mettre les trois premiers ingrédients dans un petit bol, puis bien incorporer le tout avec une petite fourchette. Saler et poivrer au goût, puis incorporer l'huile de noix en filet tout en mélangeant. Réserver au frais.

Salade d'asperges croustillantes

4-6 portions

1 lb 454 g	**asperges vertes, lavées**
	Tranches de bacon coupées en deux
1	**poivron rouge paré et coupé en cubes**
2	**petites laitues Boston, lavées, déchiquetées et essorées**

VINAIGRETTE À LA SAUCE WORCESTERSHIRE

3 c. à soupe 45 ml	**sauce Worcestershire**
2 c. à soupe 30 ml	**vinaigre blanc**
1 c. à thé 5 ml	**moutarde sèche**
½ c. à thé 2,5 ml	**sel de céleri**
	Poivre noir du moulin
⅖ tasse 100 ml	**huile d'olive**

1 Couper les asperges en pointes de 5 po (12,5 cm) de long. Conserver les bases pour un usage ultérieur. Blanchir les pointes d'asperges 2 minutes, puis les égoutter. Enrouler en spirale une demi-tranche de bacon autour de 2-3 pointes d'asperges (selon leur grosseur). Rouler le tout très serré. Les réserver sur une assiette.

2 Préchauffer le four à 400 °F (205 °C). Déposer les roulades sur une plaque allant au four. Mettre la plaque au four et cuire les roulades une dizaine de minutes, ou jusqu'à ce que le bacon soit bien croustillant et coloré. Tourner les asperges régulièrement. Retirer les asperges du four, puis les réserver sur du papier essuie-tout.

3 Mettre les morceaux de laitue et les cubes de poivron dans un bol, puis mouiller avec un peu de vinaigrette à la sauce Worcestershire. Mélanger, puis servir dans des bols individuels. Répartir également les asperges au bacon au centre de chaque portion, puis mouiller avec un peu de vinaigrette à la sauce Worcestershire. Servir immédiatement. Accompagner de pain frais.

VINAIGRETTE À LA SAUCE WORCESTERSHIRE

4 Mettre les quatre premiers ingrédients dans un petit bol, puis bien fouetter. Poivrer au goût, puis incorporer graduellement l'huile en filet, tout en fouettant. Réserver.

Conseil de chef

Pour conserver les asperges fraîches plus longtemps, regroupez-les ensemble, puis attachez-les avec une bande élastique. Déposez-les debout dans un bol rempli à moitié d'eau. De cette façon, la base des tiges sera toujours humide, ce qui les empêchera de s'assécher.

Scarole et mâche
à l'emmental
et aux noix
de cajou sucrées

Salade de roquette
et de cresson au melon

Scarole et mâche à l'emmental et aux noix de cajou sucrées

4-6 portions

1 tasse 250 ml	**noix de cajou entières, coupées en deux**
3 c. à soupe 45 ml	**sucre granulé**
1	**scarole lavée, déchiquetée et coupée en morceaux**
2-3 tasses 500-750 ml	**mâche bien compactée**
⅔ tasse 160 ml	**petits cubes de fromage emmental suisse**
5 c. à soupe 75 ml	**huile de noix ou d'olive (ou un mélange des deux)**
2-3 c. à soupe 30-45 ml	**vinaigre de vin blanc**
	Petites feuilles de romarin frais, hachées
	Sel et poivre

1 Dans une poêle antiadhésive, faire griller les noix de cajou à feu moyen jusqu'à ce qu'elles soient bien dorées. Brasser constamment durant l'opération. Saupoudrer de sucre, puis continuer à griller jusqu'à ce que le sucre soit dissous. Retirer la poêle du feu, puis laisser refroidir les noix. Brasser quelques fois pendant que les noix refroidissent.

2 Mettre la scarole, la mâche et les cubes de fromage dans un bol à salade. Lorsque les noix sont refroidies et que le sucre s'est bien recristallisé, les verser sur la salade. Ajouter l'huile, le vinaigre et quelques feuilles de romarin, puis saler et poivrer au goût. Bien mélanger, puis servir immédiatement. Accompagner de pain frais.

Conseil de chef

Lorsque vous préparez une salade, assurez-vous d'essorer les feuilles le plus possible afin qu'il n'y ait pas d'accumulation d'eau dans le fond du bol. Ceci évitera de diluer la vinaigrette.

Salade de roquette et de cresson au melon

4-6 portions

2 tasses 500 ml	**feuilles de roquette (bien compactées), lavées et essorées**
1 ½ tasse 375 ml	**feuilles de cresson (bien compactées), lavées et essorées**
1	**petite laitue Boston lavée, déchiquetée et essorée**
2 ½ tasses 625 ml	**chair de melon au choix, coupée en cubes**
	Noix de pin grillées (facultatif)

VINAIGRETTE À L'AIL ET À LA MENTHE

3 c. à soupe 45 ml	**vinaigre de vin blanc**
2 c. à soupe 30 ml	**sucre à glacer**
1	**grosse gousse d'ail (ou 2 petites), écrasée**
2 c. à soupe 30 ml	**menthe fraîche, ciselée**
	Sel et poivre
½ tasse 125 ml	**huile d'olive**

1 Mettre tous les ingrédients dans un bol à salade, sauf les noix de pin, puis mouiller au goût avec la vinaigrette à l'ail et à la menthe. Mélanger, puis servir immédiatement. Garnir chaque portion de quelques noix de pin grillées.

VINAIGRETTE À L'AIL ET À LA MENTHE

2 Mettre les quatre premiers ingrédients dans un bol, puis saler et poivrer au goût. Bien fouetter, puis incorporer l'huile graduellement tout en fouettant. Réserver 1 heure avant d'utiliser pour laisser le temps aux saveurs de s'amalgamer.

Conseil de chef

La laitue en feuilles se conserve jusqu'à sept jours au réfrigérateur. Lavez d'abord les feuilles à l'eau froide, secouez-les, asséchez les, puis enveloppez-les dans un linge humide.

La laitue en pomme (iceberg) se conserve jusqu'à deux semaines au réfrigérateur, enveloppée dans une pellicule de plastique ou un linge humide.

Salade César
aux épinards

Salade d'Auvergne
aux lardons

Salade César aux épinards

4-6 portions

1	**grosse laitue romaine lavée, essorée et déchiquetée**
4 tasses 1 L	**épinards lavés, essorés et déchiquetés**
2 tasses 500 ml	**pain en petits cubes**
	Huile d'olive
1 tasse 250 ml	**fromage parmesan frais râpé**
4	**filets d'anchois hachés finement (facultatif)**

VINAIGRETTE CÉSAR

1	**œuf**
2	**gousses d'ail**
	Jus d'un citron
1 c. à thé 5 ml	**moutarde de Dijon**
1 c. à soupe 15 ml	**vinaigre blanc**
½ c. à thé 2,5 ml	**sel**
	Poivre du moulin
⅔ tasse 160 ml	**huile d'olive**

1. Préchauffer le four à 350 °F (180 °C). Déposer les morceaux de laitue et d'épinards dans un grand bol à salade et réserver. Sur une lèchefrite, déposer les cubes de pain et les badigeonner d'huile d'olive. Cuire 10 minutes au four, ou jusqu'à ce qu'ils soient bien brunis et grillés. Retirer du four et réserver.

2. Ajouter la moitié du fromage au bol à salade et mouiller avec une bonne quantité de vinaigrette César. Bien mélanger. Ajouter de la vinaigrette si nécessaire. Ajouter une bonne quantité de croûtons sur le dessus de la salade et décorer avec les anchois hachés et un peu de fromage parmesan. Conserver le reste du fromage pour le service à la table.

VINAIGRETTE CÉSAR

3. Réduire en sauce onctueuse l'œuf, l'ail, le jus de citron, la moutarde de Dijon et le vinaigre blanc au robot culinaire. Ajouter le sel et poivrer au goût. Incorporer doucement l'huile d'olive en filet tout en laissant le robot culinaire fonctionner à basse vitesse. Réserver.

Conseil de chef

Pour dessaler les anchois, faites-les tremper dans du lait cru, puis épongez-les avec du papier essuie-tout.

Salade d'Auvergne aux lardons

4 portions

1	**grosse laitue romaine lavée, essorée et déchiquetée**
¼ lb 115 g	**bacon, coupé en petits cubes, cuit et égoutté**
	Croûtons (facultatif)

VINAIGRETTE AU FROMAGE BLEU D'AUVERGNE

¼ lb 115 g	**fromage bleu d'Auvergne**
1 c. à soupe 15 ml	**moutarde de Dijon**
1 c. à soupe 15 ml	**ciboulette hachée finement**
¼ tasse 60 ml	**vinaigre de vin**
½ tasse 125 ml	**huile d'olive**
	Jus d'un citron
	Sel et poivre

1. Dans un grand bol à salade, bien mélanger la laitue et le bacon. Incorporer la vinaigrette au fromage bleu d'Auvergne, puis bien mélanger. Servir des portions individuelles et accompagner de croûtons bien croustillants.

VINAIGRETTE AU FROMAGE BLEU D'AUVERGNE

2. Dans un bol, bien écraser le fromage bleu avec une fourchette. Ajouter la moutarde, la ciboulette et le vinaigre de vin. Continuer à écraser le tout.

3. Incorporer l'huile d'olive en filet, tout en mélangeant. Incorporer le jus de citron, puis saler et poivrer au goût. Bien mélanger. Réserver au frais.

Conseil de chef

Dans cette recette, le bleu d'Auvergne peut être remplacé par du roquefort ou du bleu danois. Initialement, le bleu d'Auvergne voulait imiter le roquefort en utilisant du lait de vache au lieu du lait de brebis. Mais il s'est vite imposé comme un fromage de première catégorie et détient maintenant une AOC. Comme le roquefort, le fromage est affiné dans des caves humides et percé à l'aiguille au bout de deux mois.

Le bocconcini, ce fromage
sans croûte à pâte souple
blanche vendu dans une
saumure légère, signifie
« petites bouchées » en italien.
Doux et rafraîchissant,
le bocconcini est une pâte filée
dont l'affinage s'interrompt dès
qu'il est placé dans la saumure.

Salade de tomates et de bocconcini

4-6 portions

6	**tomates rouges mûres, de grosseur moyenne**
1 lb 454 g	**bocconcini tranchés**
⅔ tasse 160 ml	**grosses feuilles de basilic frais**
	Assaisonnement à l'italienne ou origan sec
	Sel de mer
	Poivre noir du moulin
	Huile d'olive vierge extra

1 Parer, puis trancher les tomates. Dans une grande assiette de service légèrement creuse, alterner les tranches de tomates et de fromage en insérant une feuille de basilic entre chacune d'elles.

2 Assaisonner au goût d'assaisonnement à l'italienne ou d'origan, puis de sel de mer et de poivre du moulin. Verser un généreux filet d'huile d'olive sur la salade, puis laisser reposer 30 minutes avant de servir. Accompagner de pain frais au choix.

Blancs de poulet fromagés, sauce aux champignons sauvages

4 portions

4	**demi-poitrines de poulet (avec filets), sans peau, désossées**
⅓ lb 150 g	**petites tranches de fromage suisse au choix**
	Huile d'olive

SAUCE AUX CHAMPIGNONS SAUVAGES

4	**tranches de bacon, coupées en morceaux**
½ lb 227 g	**champignons sauvages au choix (shiitake, cèpes, bolets, etc.)**
⅓ tasse 80 ml	**vin rouge ou porto**
½ tasse 125 ml	**fond brun ou équivalent**
⅔ tasse 160 ml	**crème 15 %**

Sel et poivre moulu très grossièrement

1 Préchauffer le four à « broil ». Faire une incision sur le côté des blancs de poulet dans le but de créer une cavité, tout en laissant intact ½ po (1 cm) de chaque côté.

2 Insérer délicatement 2-3 tranches de fromage dans chaque fente, en conservant intacte (le plus possible) la forme initiale de chaque blanc. Huiler les blancs de poulet, puis les déposer sur une plaque allant au four. Déposer la plaque sur l'étage supérieur du four (le dessus des blancs de poulet doit être à environ 2 po (5 cm) du gril), puis griller 6-7 minutes de chaque côté ou jusqu'à ce que la chair ne soit plus rosée.

3 Retirer les blancs de poulet du four, puis en servir un par personne déposé sur un fond de sauce aux champignons sauvages. Accompagner de légumes grillés et de pain frais.

SAUCE AUX CHAMPIGNONS SAUVAGES

4 Dans une poêle de grosseur moyenne, faire rissoler le bacon à feu moyen. Lorsqu'il a rendu assez de gras, ajouter les champignons coupés en gros morceaux, puis cuire 5-6 minutes tout en mélangeant régulièrement.

5 Mouiller avec le vin rouge ou le porto, puis réduire de moitié. Incorporer le fond brun, puis laisser mijoter 3-4 minutes. Ajouter la crème, puis assaisonner de sel et de poivre au goût. Laisser épaissir un peu. Retirer du feu, puis servir immédiatement.

Conseil de chef

Plusieurs types de fromages frais crémeux sont offerts sur le marché. Qu'ils soient à base de lait de chèvre ou de vache, ces fromages mous sont aussi proposés aromatisés au poivre, aux fines herbes, à l'ail et aux fines herbes, aux épices, etc. Même le fromage à la crème est offert en différents arômes et textures (ordinaire, à tartiner et sous forme de tartinade). À vous de choisir et d'expérimenter!

Côtelettes d'agneau aux herbes crémeuses et aux noix

4 portions

4 c. à soupe 60 ml	**huile d'olive**
1 ½ c. à thé 7,5 ml	**romarin moulu**
12	**côtelettes d'agneau épaisses**
½ lb 150 g	**fromage frais et crémeux à l'ail et aux fines herbes (de type Boursin)**
1 c. à thé 5 ml	**sauce Worcestershire**
½ tasse 125 ml	**noix au choix, grillées, puis hachées finement**
	Sel et poivre

1 Dans un petit bol, mélanger l'huile d'olive et le romarin. Badigeonner chaque côté des côtelettes de ce mélange. Si possible, laisser reposer les côtelettes à la température de la pièce 2-4 heures.

2 Pendant ce temps, dans un bol, bien mélanger le reste des ingrédients avec le dos d'une fourchette. Saler et poivrer au goût, puis réserver au frais.

3 Dans une grande poêle antiadhésive, griller les côtelettes à feu moyen-élevé environ 3-4 minutes de chaque côté (à point-saignant).

4 Disposer trois côtelettes par assiette, puis les garnir du mélange de fromage. Préchauffer le four à « broil », puis les griller 30-60 secondes. Servir immédiatement. Accompagner d'un légume vert étuvé et de pommes de terre rissolées.

Conseil de chef

Originaire de la Méditerranée orientale, l'amandier y est cultivé depuis des millénaires. Il existe deux types d'amandes : les plus répandues sont les douces, tandis que les amères sont souvent utilisées dans la préparation d'essences, de liqueurs et autres produits transformés. Toutes les amandes vendues pour la consommation immédiate (entières, mondées, effilées, en poudre, etc.) sont douces. Le centre de la Californie est un des gros producteurs. Comparativement aux autres noix, l'amande est faible en calories et riche en protéines, en minéraux (magnésium et potassium), en fer et en vitamine E. Très nutritive, elle contient plus de calcium que toutes les autres noix.

Sole aux amandes et au gingembre grillé

4 portions

⅓ tasse 80 ml	**gingembre coupé en fines allumettes**
	Huile végétale
½ tasse 125 ml	**amandes émincées, grillées**
	Jus d'une lime
2 c. à soupe 30 ml	**sucre granulé**
1 ⅔ lb 750 g	**filets de sole**
	Amandes moulues
3 c. à soupe 45 ml	**beurre à l'ail**
2 c. à soupe 30 ml	**huile d'olive**

1 Préchauffer le four à 400 °F (205 °C). Mettre le gingembre sur une petite plaque, puis le mouiller avec un peu d'huile. Mélanger délicatement pour bien enrober le tout. Mettre la plaque au four, puis griller le gingembre une dizaine de minutes ou jusqu'à ce qu'il soit bien coloré. Le retourner à la mi-cuisson. Retirer la plaque du four, puis laisser refroidir complètement.

2 Mettre le gingembre dans un bol, puis ajouter les amandes grillées et le jus de lime. Bien mélanger, puis égoutter l'excédent de liquide. Saupoudrer de sucre, puis mélanger. Réserver.

3 Enrober les filets de sole dans la farine d'amandes, puis les réserver dans une assiette. Dans une grande poêle à fond anti-adhésif, faire chauffer le beurre à l'ail et l'huile à feu moyen. Y ajouter les filets de poisson, puis les griller 2-3 minutes de chaque côté ou jusqu'à ce que la chair se détache facilement. Partager également les filets de sole dans quatre assiettes, puis les garnir du mélange sucré au gingembre et aux amandes. Accompagner de pâtes fraîches aux légumes sautés, puis servir.

**Conseil
de chef**

Lorsque vous cuisinez avec
un fromage à pâte molle
(camembert, brie, etc.),
il est préférable de le sortir
du réfrigérateur à la toute
dernière minute. Si vous
le sortez à l'avance, il sera
coulant et difficile à couper
et à travailler. Par contre,
lorsque vous faites une
dégustation de fromages,
retirez-les du réfrigérateur
environ 2 heures avant de
les servir pour leur
permettre de développer
toutes leurs saveurs et
leurs textures.

Pochettes de bœuf et de poivrons sautés au brie

4 portions

8	**tortillas de 7 po (18 cm)**
1 c. à soupe 15 ml	**huile épicée**
1 c. à soupe 15 ml	**huile d'olive**
1 ⅓ lb 600 g	**languettes de bœuf au choix (surlonge, contre-filet, etc.)**
1	**poivron vert paré et coupé en julienne**
1	**poivron rouge paré et coupé en julienne**
½	**gros oignon jaune ou rouge tranché**
	Sel assaisonné
	Poivre noir du moulin
2 c. à thé 10 ml	**origan sec**
1 c. à thé 5 ml	**herbes de Provence**
	Tranches de fromage brie double crème

1 Préchauffer le four à 325 °F (165 °C). Envelopper les huit tortillas dans une feuille de papier d'aluminium, puis les réchauffer 10 minutes au four.

2 Entre-temps, dans une grande poêle antiadhésive, faire chauffer les deux huiles à feu moyen-élevé. Y ajouter les languettes de bœuf, les deux poivrons et l'oignon. Assaisonner de sel assaisonné et de poivre au goût, puis ajouter l'origan et les herbes de Provence. Faire revenir quelques minutes, ou jusqu'à ce que le bœuf soit à point-saignant et que les légumes soient encore légèrement croustillants. Brasser régulièrement durant l'opération.

3 Répartir le mélange de bœuf et de légumes également au centre de chaque tortilla chaude, puis garnir de tranches de fromage brie. Refermer les tortillas en forme de cône, puis sceller le bas de chacune d'elles avec une petite feuille de papier d'aluminium. Servir immédiatement et accompagner de nachos et de salsa.

Conseil de chef

Lorsque vous faites griller un filet de porc entier, retournez la partie la plus mince formant l'extrémité et attachez-la avec une corde afin d'avoir un filet d'une épaisseur uniforme. Ceci permettra d'avoir une cuisson égale et de ne pas trop faire cuire l'extrémité.

Mignons de porc sucrés à la poivronade aux pommes

4-6 portions

	Beurre
2	filets de porc
	Sel et poivre
	Miel

POIVRONADE AUX POMMES

⅓ lb 150 g	tranches de bacon hachées
2	oignons jaunes moyens, hachés
4	poivrons de différentes couleurs, parés et coupés en julienne
	Sel et poivre
2	pommes pelées, parées et coupées en tranches

1 Dans une poêle antiadhésive, faire pétiller un peu de beurre à feu moyen-élevé. Y ajouter les filets de porc, puis les griller jusqu'à ce qu'ils soient bien colorés et saisis. Les saler et les poivrer au goût durant la cuisson.

2 Baisser le feu à moyen-doux, puis couvrir. Continuer la cuisson une dizaine de minutes, ou jusqu'à ce que la chair ne soit presque plus rosée. Tourner la viande à quelques reprises.

3 Retirer les filets de porc du feu, puis les trancher en rondelles. Servir quelques rondelles de porc par portion que vous mouillerez avec un filet de miel. Garnir partiellement chaque portion de poivronade aux pommes. Accompagner de riz au choix.

POIVRONADE AUX POMMES

4 Mettre le bacon et les oignons dans une grande casserole. Couvrir, puis porter à ébullition à feu vif. Baisser le feu à moyen, puis laisser cuire 2 minutes. Brasser quelques fois durant la cuisson.

5 Ajouter les poivrons, puis saler et poivrer au goût. Bien mélanger, puis couvrir. Cuire 5 minutes. Brasser quelques fois durant la cuisson. Ajouter les tranches de pommes, puis cuire un autre 2 minutes. Retirer la casserole du feu, puis réserver, à couvert, jusqu'au moment d'utiliser. Excellent pour accompagner les viandes blanches, le poisson, etc.

Conseil de chef

Le fromage à la crème est fait de crème et de lait. Sa pâte blanche crémeuse, à saveur douce, se marie aussi bien aux plats salés que sucrés. Pour un mets moins gras, optez pour du fromage cottage crémeux ou ricotta.

Blancs de volaille aux agrumes et au fromage à la crème

4 portions

4	**demi-poitrines de poulet, désossées, sans peau**
	Sel et poivre
	Romarin moulu
1 c. à soupe 15 ml	**huile d'olive**
	Suprêmes d'oranges et de pamplemousses (décoration)

SAUCE VELOUTÉE AUX AGRUMES

	Suprêmes d'une demi-orange
	Suprêmes d'un demi-pamplemousse
	Huile d'olive
1	**gousse d'ail écrasée**

¼ tasse 60 ml	**vin blanc sec**
4,5 oz 125 g	**fromage à la crème**
	Sel et poivre

1 Assaisonner les blancs de poulet de sel, de poivre et de romarin. Faire chauffer l'huile dans une grande poêle antiadhésive à feu moyen-élevé. Saisir les blancs de poulet 2-3 minutes de chaque côté. Baisser le feu à moyen, puis continuer la cuisson jusqu'à ce que la chair du poulet ne soit plus rosée.

2 Servir immédiatement un blanc de poulet par portion. Napper de sauce veloutée aux agrumes, puis décorer de suprêmes d'oranges et de pamplemousses. Accompagner de pâtes fraîches aux légumes.

SAUCE VELOUTÉE AUX AGRUMES

3 Au robot culinaire, réduire les deux sortes de suprêmes en une purée homogène. Réserver. Dans la poêle ayant servi à cuire le poulet, faire chauffer un peu d'huile à feu moyen. Ajouter l'ail et cuire 30 secondes en brassant. Déglacer au vin blanc, puis laisser mijoter 30 secondes.

4 Ajouter la purée de suprêmes et le fromage à la crème. Saler et poivrer au goût, puis baisser le feu à moyen-doux. Cuire, tout en brassant, jusqu'à ce que le fromage soit fondu et que la sauce soit veloutée. Retirer du feu et servir immédiatement.

**Conseil
de chef**

Du poulet légèrement
congelé (entier ou
en morceaux) est beaucoup
plus facile à couper et
à manier que lorsqu'il est
entièrement congelé.

Blancs de poulet
aux arômes de noix
de coco et de sésame

4 portions

	Sel et poivre
4	**demi-poitrines de poulet, désossées, sans peau**
	Farine de maïs
2 c. à soupe 30 ml	**huile d'olive**
	Miel liquide
	Graines de sésame grillées
2 c. à soupe 30 ml	**beurre**
1	**gousse d'ail hachée**
½ tasse 125 ml	**flocons de noix de coco**
½ tasse 125 ml	**vin blanc**
1 tasse 250 ml	**lait ou crème de noix de coco**

1 Saler et poivrer les blancs de poulet, puis les enrober d'une légère couche de farine de maïs. Dans une grande poêle, faire chauffer l'huile d'olive à feu moyen-élevé.

2 Lorsque l'huile est chaude, ajouter les blancs de poulet et les cuire 2-3 minutes de chaque côté. Baisser le feu à moyen, puis continuer la cuisson jusqu'à ce que la chair ne soit plus rosée (environ 12-15 minutes). Tourner les morceaux de poulet à quelques reprises durant la cuisson. Les retirer de la poêle, puis les laisser refroidir. Les badigeonner de miel liquide, puis les enrober dans des graines de sésame. Réserver au chaud.

3 Dans la même poêle, faire fondre le beurre à feu moyen en grattant les sucs de cuisson dans le fond de la poêle avec une cuillère de bois. Lorsque le beurre commence à pétiller, ajouter l'ail et les flocons de noix de coco, puis cuire 1-2 minutes en brassant. Déglacer au vin blanc, puis laisser réduire de moitié avant d'incorporer le lait de noix de coco. Bien mélanger et réchauffer quelques minutes avant de retirer la poêle du feu. Verser un fond de sauce au centre de chaque assiette. Y déposer un morceau de poulet, puis servir immédiatement. Accompagner de quartiers grillés de patates douces et d'une salade d'épinards aux fruits.

Salez légèrement en fin de cuisson, plutôt que durant le repas. Notre métabolisme a besoin de sel en quantités modérées. En omettant de déposer la salière à table, vous éloignez les tentations!

Steaks de poisson à l'ail et au miel

6 portions

	Huile d'olive
6	**steaks de poisson (requin, flétan ou espadon) de 6-7 oz (180-200 g) chacun**
	Poivre noir du moulin
3 c. à soupe 45 ml	**persil frais, ciselé**
5 c. à soupe 75 ml	**miel liquide**
1 c. à soupe 15 ml	**moutarde forte**
3	**grosses gousses d'ail écrasées**
½ c. à thé 2,5 ml	**sel de mer**
	Jus d'un gros citron
	Chapelure au choix

1 Préchauffer le four à 425 °F (220 °C). Mouiller un grand plat à gratin avec un peu d'huile d'olive, puis y déposer les steaks de poisson. Ne pas les superposer. Les retourner une fois, puis les poivrer au goût. Réserver.

2 Dans un bol de grandeur moyenne, bien mélanger le reste des ingrédients, sauf la chapelure. Recouvrir le dessus des steaks de cette préparation, puis saupoudrer d'un peu de chapelure.

3 Mettre le poisson au four, puis le cuire 25-30 minutes ou jusqu'à ce que la chair se détache facilement et ne soit plus luisante. Ne pas trop cuire. Servir immédiatement un steak par personne et accompagner de riz au fromage bleu et d'asperges étuvées. Mouiller chaque steak avec un léger filet de miel liquide.

Escalopes de veau gratinées aux tomates et à la purée d'ail

4 portions

1 ⅓ lb 600 g	**escalopes de veau**
	Farine non blanchie
	Huile végétale
	Beurre
	Poivre noir moulu grossièrement
2	**tomates tranchées**
½ lb 227 g	**fromage emmental ou sbrinz suisse tranché**

PURÉE D'AIL

2-3	**grosses têtes d'ail**

1 Découper les escalopes en morceaux d'un diamètre équivalent à celui des tranches de tomates. Enfariner légèrement les escalopes, puis les réserver sur une assiette.

2 Dans une grande poêle, faire chauffer un peu d'huile et de beurre à feu moyen-élevé. Y ajouter la moitié des morceaux d'escalopes, puis les saisir 2 minutes de chaque côté. Les retirer de la poêle, puis ajouter l'autre moitié des escalopes. Les cuire de la même façon et ajouter un peu de matière grasse au besoin.

3 Déposer les morceaux d'escalopes sur une plaque allant au four (ou l'équivalent), huilée, puis les tartiner de purée d'ail. Poivrer au goût, puis recouvrir chaque morceau d'une tranche de tomate, puis d'une tranche de fromage.

4 Griller 1-2 minutes à « broil » sur l'étage central du four. Les escalopes sont prêtes lorsque le fromage est fondu et légèrement coloré. Retirer du four, puis servir quelques morceaux d'escalopes gratinées par portion. Accompagner de riz brun et de brocoli au beurre.

PURÉE D'AIL

5 Préchauffer le four à 375 °F (190 °C). Enlever l'excédent de peau sur les têtes d'ail tout en en conservant un peu. Découper le dessus de chaque tête juste pour ouvrir légèrement les gousses. Les déposer sur une plaque allant au four, puis les cuire 30 minutes.

6 Les retirer du four, puis les laisser refroidir 20 minutes. Retirer la chair des têtes d'ail en les écrasant à l'envers, par-dessus un petit bol. Enlever le plus de chair possible. La purée d'ail est excellente sur du pain grillé ou en sauce d'accompagnement diluée dans un peu de crème.

Vol-au-vent aux petits légumes et aux petites crevettes

4 portions

8	**vol-au-vent du commerce**
19 oz 540 ml	**petits légumes en boîte (macédoine), égouttés**
3	**boîtes de petites crevettes, bien égouttées, de 6,5 oz (184 ml) chacune**

SAUCE BÉCHAMEL

7 c. à soupe 105 ml	**beurre**
2 c. à thé 10 ml	**huile d'olive**
1	**grosse gousse d'ail dégermée et hachée finement**
1	**petit oignon haché finement**
7 c. à soupe 105 ml	**farine non blanchie**
3 ½ tasses 875 ml	**lait 3,25 %**
½ c. à thé 2,5 ml	**thym ou sarriette moulu**
1	**grande feuille de laurier**
	Sel et poivre

1 Préchauffer le four à 325 °F (165 °C). Déposer les vol-au-vent sur une grande plaque allant au four, puis les réchauffer 12-15 minutes, ou jusqu'à ce qu'ils soient chauds et bien dorés.

2 Entre-temps, au micro-ondes, réchauffer les petits légumes et les crevettes juste assez pour qu'ils soient chauds. Retirer la plaque du four, puis déposer deux vol-au-vent dans chaque assiette. Garnir le dessus de chacun d'eux d'un peu de légumes et de crevettes, puis mouiller généreusement avec la sauce béchamel. Garnir du reste des légumes et des crevettes, puis servir immédiatement.

SAUCE BÉCHAMEL

3 Dans une grande casserole, faire fondre le beurre avec l'huile à feu moyen. Lorsque le beurre pétille, ajouter l'ail et l'oignon, puis cuire 1 minute en brassant. Baisser légèrement le feu, puis saupoudrer de farine. Cuire 2 minutes en remuant constamment avec une spatule de bois.

4 Incorporer graduellement le lait, tout en fouettant. Ajouter le thym ou la sarriette et la feuille de laurier, puis saler et poivrer généreusement. Cuire en mélangeant constamment jusqu'à ce que la sauce épaississe. Retirer la casserole du feu, puis rectifier les assaisonnements au besoin. Couvrir et réserver 10 minutes avant de retirer la feuille de laurier et de servir.

Conseil de chef

Le riz sauvage n'est pas un riz, mais plutôt une graine (famille des graminées (céréales)) originaire de l'Amérique du Nord! Cultivé en Californie et au Minnesota, le riz sauvage se trouve maintenant dans la plupart des supermarchés. Avec un goût plus prononcé et dégageant des arômes de noix, il contient environ 35 % moins de calories que le riz blanc et plus de protéines. Une fois cuit, il donnera le double du volume du riz blanc, ce qui justifie amplement son coût plus élevé.

Filets de saumon, sauce crémeuse aux piments forts et à la coriandre

2 portions

2	**filets de saumon d'environ 6 oz (170 g) chacun**
½ tasse 125 ml	**vin blanc sec**
2	**feuilles de laurier**
1 c. à thé 5 ml	**graines d'aneth**
	Jus d'un citron
	Sel et poivre

SAUCE CRÉMEUSE AUX PIMENTS FORTS ET À LA CORIANDRE

3 c. à soupe 45 ml	**mayonnaise**
3 c. à soupe 45 ml	**crème sure**
1 c. à soupe 15 ml	**huile d'olive**

	Piments rouge chipotle en boîte ou piments jalapeños fumés, hachés
1 c. à thé 5 ml	**jus de lime**
1 c. à soupe 15 ml	**coriandre fraîche, hachée**

1 Déposer les deux filets dans une poêle. Y ajouter le reste des ingrédients. Assaisonner généreusement de sel et de poivre. Ajouter assez d'eau pour couvrir entièrement les filets. Retirer les filets de la poêle et les réserver sur une assiette. Porter les ingrédients à ébullition. Baisser le feu à moyen et laisser mijoter 5 minutes.

2 Déposer les deux filets dans la poêle, couvrir, puis pocher 12 minutes. Les retirer du feu et les laisser égoutter 2 minutes sur des essuie-tout. Les mettre dans des assiettes, puis les napper partiellement de la sauce crémeuse aux piments forts et à la coriandre. Accompagner de carottes étuvées et de riz sauvage.

SAUCE CRÉMEUSE AUX PIMENTS FORTS ET À LA CORIANDRE

3 Dans un petit bol, bien mélanger tous les ingrédients. Réfrigérer au moins 30 minutes afin de laisser le temps aux saveurs de s'amalgamer. Servir comme sauce d'accompagnement avec les poissons et les viandes blanches.

Les graines de pavot utili-
sées en cuisine proviennent
du pavot à opium (nom
botanique qui signifie
« porteur de sommeil »)
duquel on extrait aussi les
dérivés médicinaux (opium,
morphine et codéine).
Elles sont minuscules, bien
croquantes et ont un goût de
noix. L'épice, qui n'a aucun
effet dopant, se compose
des graines mûres, tandis
que les dérivés médicinaux
sont produits à partir
d'alcaloïdes contenus dans la
sève des capsules immatures.

Médaillons de poulet au sirop d'érable et aux graines de pavot

4 portions

2 lb 900 g	**gros médaillons de poulet (4)**
2 c. à thé 10 ml	**beurre**
1 c. à soupe 15 ml	**huile végétale**
	Sel et poivre
¼ tasse 60 ml	**vin blanc sec**
2 c. à thé 10 ml	**moutarde forte**
2 c. à soupe 30 ml	**sirop d'érable**
2 c. à thé 10 ml	**graines de pavot**

1 Dans une poêle contenant le beurre et l'huile, faire griller les médaillons de poulet 4-5 minutes de chaque côté, à feu moyen-élevé. Saler et poivrer selon les goûts. Lorsque les médaillons de poulet sont bien cuits, les retirer de la poêle. Déglacer la poêle au vin blanc, puis laisser réduire de moitié tout en grattant le jus de cuisson.

2 Baisser le feu à moyen-doux, puis ajouter la moutarde et le sirop d'érable. Bien mélanger et retirer du feu. Disposer les médaillons de poulet dans quatre assiettes individuelles, puis les napper de la sauce. Garnir de quelques graines de pavot. Servir immédiatement. Accompagner de haricots verts étuvés et de pommes de terre rissolées.

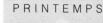

Bœuf chinois sauté aux légumes

4 portions

2 c. à soupe 30 ml	**huile de canola**
1	**oignon pelé et coupé en gros cubes**
2 tasses 500 ml	**brocoli lavé et coupé en morceaux**
16	**pois mange-tout**
1	**poivron vert paré et coupé en gros cubes**
1⅓ lb 600 g	**steak de surlonge désossé et coupé en lanières**
	Sel et poivre
¼ tasse 60 ml	**sauce soya légère**
1 c. à soupe 15 ml	**fécule de maïs**
⅓ tasse 80 ml	**bouillon de bœuf ou de légumes**
6-7 tasses 1,5-1,75 L	**riz cuit (environ 2 tasses (500 ml) de riz sec)**

1 Dans une grande poêle antiadhésive ou un wok, faire chauffer l'huile à feu moyen-élevé. Mettre un morceau d'oignon dans la poêle. Lorsque l'huile autour de l'oignon pétille, c'est qu'elle est chaude. Ajouter le brocoli et les pois mange-tout. Les faire sauter 2 minutes en brassant avec une spatule de bois. Ajouter le reste de l'oignon et le poivron, puis cuire 3 minutes de plus en brassant. Retirer les légumes de la poêle avec une grande cuillère trouée et les réserver dans un bol.

2 Ajouter les lanières de bœuf à la même poêle, puis les sauter 4-5 minutes en brassant. Saler et poivrer au goût. Mouiller avec la sauce soya et ajouter les légumes réservés. Bien mélanger, puis baisser le feu à moyen. Mettre la fécule de maïs dans un petit bol et y ajouter le bouillon. Bien mélanger jusqu'à ce que la fécule soit dissoute. Verser immédiatement ce mélange dans la poêle contenant le bœuf et les légumes, puis mélanger. Cuire 1-2 minutes en mélangeant. Il est normal que les légumes soient encore croustillants. Retirer la poêle de l'élément et l'éteindre. Disposer un fond de riz blanc cuit dans quatre assiettes. Verser également le mélange de bœuf et de légumes sur le riz. Napper de la sauce de cuisson. Servir immédiatement.

La noisette (aveline), cette petite noix ronde et brune originaire d'Europe, présente un goût délicat et légèrement sucré. Elle est cultivée en Europe et en Amérique du Nord, mais principalement sur les côtes de la mer Noire. La Turquie est le plus grand producteur (80 % de la production mondiale). La noisette constitue le complément idéal des pâtisseries et du chocolat. Elle est une bonne source de folacine et apporte aussi une quantité acceptable de calcium, de vitamine E, de fer et de magnésium. C'est la plus digeste des noix.

Escalopes de veau crémeuses aux noisettes

6 portions

2,2 lb 1 kg	**escalopes de veau**
	Farine non blanchie
2 c. à soupe 30 ml	**huile d'olive**
2 c. à soupe 30 ml	**beurre**
4	**échalotes vertes tranchées**
	Jus d'un demi-citron
½ tasse 125 ml	**vin blanc**
⅔ tasse 160 ml	**crème 15 %**
⅓ tasse 80 ml	**noisettes grillées, puis moulues**
	Sel et poivre
12	**noisettes entières, grillées**

1 Découper les escalopes en 12 morceaux égaux. Les enfariner. Dans une grande poêle, faire chauffer la moitié du beurre et de l'huile à feu moyen-élevé. Y ajouter six escalopes, puis les cuire 3 minutes de chaque côté. Les retirer de la poêle, puis les réserver au chaud. Ajouter le reste du beurre et de l'huile dans la poêle, puis griller le reste des escalopes de la même façon. Les retirer de la poêle. Les réserver au chaud avec les autres.

2 Baisser le feu à moyen-doux, puis ajouter les échalotes. Ajouter un peu de matière grasse au besoin. Les sauter 1 minute en brassant avec une spatule de bois. Ajouter le jus de citron et le vin blanc, puis gratter les sucs de cuisson avec la spatule. Laisser mijoter jusqu'à ce que le liquide ait réduit de moitié. Incorporer la crème et les noisettes moulues. Assaisonner selon les goûts de sel et de poivre. Porter à ébullition en brassant. Réduire le feu et laisser mijoter en brassant jusqu'à l'obtention d'une sauce crémeuse mais pas trop épaisse. Servir immédiatement deux escalopes par personne nappées partiellement de la sauce aux noisettes. Garnir chaque portion de deux noisettes entières. Accompagner de riz basmati et d'asperges étuvées.

Aubergines
à la thaïe, farcies
aux pois chiches

4 portions

2	**grosses aubergines bien nettoyées**
2 c. à soupe 30 ml	**huile de canola**
1	**oignon jaune haché**
19 oz 540 ml	**pois chiches en boîte, égouttés**
	Sel et poivre
	Germe de blé grillé

PÂTE THAÏE

2	**gousses d'ail dégermées**
2	**branches de citronnelle hachées**
2 c. à thé 10 ml	**gingembre frais, haché**
1	**petit piment fort haché**
	Jus et zeste d'une lime
1 c. à thé 5 ml	**miel liquide**
2 c. à soupe 30 ml	**sauce de poisson ou d'huîtres**
¼ tasse 60 ml	**lait de noix de coco en boîte**
½ tasse 125 ml	**bouillon de légumes**
4 c. à soupe 60 ml	**coriandre fraîche, hachée**
1 c. à thé 5 ml	**cumin moulu**
1 c. à thé 5 ml	**coriandre moulue**

1 Couper les aubergines en deux, dans le sens de la longueur, afin d'obtenir quatre longues coquilles. Avec un petit couteau, évider la chair de chaque demi-aubergine mais en conserver assez pour qu'elles restent assez rigides. Couper la chair en petits cubes et la réserver.

2 Dans un wok ou une grande poêle antiadhésive, faire chauffer l'huile à feu moyen-élevé. Ajouter la chair des aubergines et l'oignon, et les sauter 2 minutes en brassant. Ajouter les pois chiches et la pâte thaïe, puis bien mélanger. Baisser le feu à moyen et laisser mijoter jusqu'à l'obtention d'un mélange légèrement crémeux et consistant. Assaisonner de sel et de poivre au goût. Retirer du feu et farcir les demi-coquilles d'aubergines de ce mélange. Garnir de germe de blé .

3 Préchauffer le four à 375 °F (190 °C). Déposer délicatement les quatre demi-coquilles d'aubergines sur une plaque allant au four. La mettre au four et cuire 30 minutes, ou jusqu'à ce que la chair de l'aubergine soit tendre mais se tienne encore. Les griller à « broil » quelques minutes pour colorer la surface. Servir ½ coquille par personne et accompagner de riz sauvage.

PÂTE THAÏE

4 Mettre tous les ingrédients dans un robot culinaire et réduire en purée. Réserver au frais dans un contenant hermétique.

2/3 tasse 160 ml	**noix de Grenoble écrasées grossièrement**
	Sel et poivre
	Noix grillées au choix

SAUCE AUX CHAMPIGNONS

2 c. à soupe 30 ml	**huile**
1/2 tasse 125 ml	**échalote verte hachée**
1/2 lb 227 g	**champignons au choix, coupés en tranches épaisses**
3 c. à soupe 45 ml	**beurre**
4 c. à soupe 60 ml	**farine non blanchie**
2 tasses 500 ml	**bouillon de légumes**
1 c. à soupe 15 ml	**sauce Worcestershire**
1 c. à thé 5 ml	**poivre moulu**

1 Préchauffer le four à 350 °F (180 °C). Dans une casserole contenant de l'eau bouillante salée, blanchir les bettes à carde 15 secondes. Retirer les feuilles de l'eau et les immerger immédiatement dans de l'eau froide pour les refroidir. Bien les égoutter. Retirer l'excédent des tiges, puis aplatir les côtes des feuilles trop épaisses. Réserver.

2 Dans un bol, ajouter le reste des ingrédients, sauf les noix, puis bien mélanger. Saler et poivrer au goût. Réserver. Déposer environ 3-4 c. à soupe (45-60 ml) de farce à la base de la partie la plus large de chaque feuille de bette à carde. Mouiller avec un peu de sauce aux champignons, puis rouler les feuilles en rabattant les côtés vers le centre pour bien emprisonner la farce. Déposer les cigares dans un plat à gratin. Couvrir et cuire au four 20 minutes.

3 Retirer du four et déposer délicatement trois cigares par assiette. Napper généreusement chaque portion de sauce aux champignons, puis servir immédiatement. Décorer de noix grillées. Accompagner de pâtes fraîches à l'huile et d'un légume vert étuvé.

SAUCE AUX CHAMPIGNONS

4 Dans une casserole à fond épais, faire revenir les échalotes vertes et les champignons dans l'huile, à feu moyen-élevé. Cuire en brassant jusqu'à ce que les champignons aient réduit de moitié. Retirer du feu et verser les légumes dans un bol.

5 Baisser le feu à moyen, puis remettre la casserole sur l'élément. Ajouter le beurre et le faire pétiller. Saupoudrer de farine et cuire 1 minute en brassant. Incorporer le bouillon tout en fouettant pour éviter la formation de grumeaux.

6 Cuire la sauce en brassant constamment jusqu'à ce qu'elle bouille. Ajouter les légumes réservés, la sauce Worcestershire et le poivre, puis bien mélanger. Baisser le feu à doux et laisser mijoter en brassant régulièrement jusqu'à ce que la sauce soit riche et onctueuse.

**Conseil
de chef**

La sauce Worcestershire est une sauce anglaise fabriquée à Worcester. Elle est faite d'un mélange de vinaigre de malt, de mélasse et d'extrait de viande. On y ajoute aussi de l'ail, de l'échalote, du tamarin, du clou de girofle et de l'essence d'anchois. De couleur foncée, ce condiment d'inspiration indienne sert à relever les sauces, les tartares et certains cocktails.

Cigares au riz sauvage et aux champignons

4 portions

12	**grandes feuilles de bette à carde ou feuilles de chou chinois**
1/2 lb 227 g	**tofu ferme, émietté**
1 1/2 tasse 375 ml	**riz sauvage, cuit**
3-4 c. à soupe 45-60 ml	**porto ou xérès**
2	**tomates parées, évidées et coupées en petits cubes**

Croque-monsieur
végétarien

4 portions

1 ½ tasse 375 ml	**sauce blanche au choix**
⅓ lb 150 g	**fromage à l'ail et aux fines herbes (de type Boursin) ou fromage de chèvre aromatisé au choix**
	Sel et poivre
1 c. à thé 5 ml	**graines de fenouil**
3 c. à soupe 45 ml	**huile d'olive**
1	**gros bulbe de fenouil paré, puis haché grossièrement (réserver quelques brins de fenouil pour la décoration)**
4	**échalotes vertes tranchées**
8	**grandes tranches de pain aux noix, coupées sur la longueur**
⅓ lb 150 g	**fromage gouda en tranches minces**
1 tasse 250 ml	**tranches de poivron rouge grillé**
	Beurre

1 Mettre la sauce blanche dans une casserole, puis ajouter le fromage. Réchauffer à feu doux en mélangeant. Saler et poivrer au goût, puis mélanger jusqu'à ce que la sauce soit lisse et homogène. Réserver au chaud.

2 Dans une poêle, griller les graines de fenouil à feu moyen-élevé jusqu'à ce qu'elles dégagent leur parfum. Transvider les graines dans un bol et réserver. Remettre la poêle sur le feu, puis faire revenir le fenouil dans l'huile 5 minutes. Baisser le feu à moyen, ajouter les échalotes, puis cuire 5 minutes ou jusqu'à ce que le fenouil soit bien coloré. Mélanger régulièrement. Ajouter les graines de fenouil, puis assaisonner au goût de sel et de poivre. Retirer du feu et réserver.

3 Déposer la moitié des tranches de pain sur une surface de travail. Les recouvrir également des ingrédients suivants, dans l'ordre : la moitié du fromage gouda, le mélange de fenouil, les tranches de poivron rouge, le reste du fromage gouda, puis le reste des tranches de pain.

4 Beurrer le dessus des sandwichs, puis les déposer, côté beurré, dans une grande poêle antiadhésive préchauffée à feu moyen-doux. Couvrir et cuire 3-4 minutes, ou jusqu'à ce que le pain soit bien doré. Beurrer le dessus des sandwichs, les retourner, puis les griller de nouveau. Déposer les sandwichs dans des assiettes préalablement nappées de sauce blanche au fromage. Garnir de brins de fenouil, puis servir immédiatement.

Conseil de chef

Le tofu est fait à partir de lait de soya entier et nature auquel on a ajouté un coagulant. Le mélange est ensuite égoutté, puis versé dans des moules pour être pressé jusqu'à l'obtention de la texture désirée (mou, semi-ferme, ferme). Une fois sorti de son emballage, le tofu se conserve au réfrigérateur jusqu'à une semaine dans un contenant hermétique. Il doit être couvert d'eau et celle-ci doit être changée tous les jours. Jetez le tofu dès qu'il a une mauvaise odeur ou qu'il est recouvert d'un film gluant. Le tofu peut aussi être congelé jusqu'à cinq mois. D'ailleurs, certains préfèrent la texture moins consistante et plus caoutchouteuse qu'il prend à la suite de ce traitement. Décongelez-le au réfrigérateur pour éviter la contamination bactérienne.

Curry au tofu et aux pommes de terre

6-8 portions

4 c. à soupe 60 ml	**huile végétale**
2 c. à thé 10 ml	**graines de moutarde**
2 c. à thé 10 ml	**graines d'aneth**
2	**poivrons verts parés et coupés en petits cubes**
1 c. à soupe 15 ml	**poudre de curry**
3 c. à soupe 45 ml	**gingembre frais, râpé**
1 c. à thé 5 ml	**curcuma moulu**
1 c. à thé 5 ml	**paprika moulu**
1	**gros oignon blanc râpé grossièrement**
3 tasses 750 ml	**pommes de terre pelées et coupées en bouchées**
1 lb 454 g	**tofu ferme au choix, coupé en petites bouchées**
19 oz 540 ml	**tomates broyées, en boîte**
1 tasse 250 ml	**bouillon de poulet**
14 oz 398 ml	**lait de noix de coco**
2 tasses 500 ml	**petits pois verts congelés**
½ tasse 125 ml	**feuilles de basilic ciselées**
3 c. à soupe 45 ml	**coriandre fraîche, ciselée grossièrement**
½ c. à thé 2,5 ml	**sel de mer**

1 Dans une grande casserole, faire chauffer l'huile à feu moyen. Lorsqu'elle est chaude, ajouter les deux types de graines, puis les colorer 1 minute en brassant. Ajouter les poivrons, la poudre de curry, le gingembre, le curcuma et le paprika. Cuire 2 minutes, en brassant avec une cuillère de bois.

2 Ajouter l'oignon et les pommes de terre. Cuire 5 minutes en brassant assez régulièrement. Ajouter les bouchées de tofu, les tomates broyées, le bouillon et le lait de noix de coco. Porter à ébullition, baisser le feu à moyen-doux, puis laisser mijoter 10 minutes, en brassant à quelques reprises.

3 Ajouter le reste des ingrédients, puis cuire un autre 5 minutes. Retirer la casserole du feu, puis attendre 10 minutes avant de servir avec du riz ou des pâtes fines asiatiques.

Goulash aux « dumplings » de tofu à la moutarde

4-6 portions

2 c. à soupe 30 ml	**beurre**
2	**oignons jaunes moyens, hachés finement**
2	**grosses gousses d'ail écrasées**
1	**poivron vert paré et coupé en dés**
1 ½ tasse 375 ml	**carottes pelées et tranchées**
2 c. à soupe 30 ml	**farine non blanchie**
1 c. à soupe 15 ml	**paprika moulu**
2 c. à thé 10 ml	**graines de carvi**
19 oz 540 ml	**tomates en dés, en boîte**
1 ½ tasse 375 ml	**bouillon de légumes**
	Sel et poivre
	Crème sure

« DUMPLINGS » DE TOFU À LA MOUTARDE

1 ½ tasse 375 ml	**farine non blanchie**
½ c. à thé 2,5 ml	**poudre d'ail**
1 c. à thé 5 ml	**graines de carvi**
2 c. à thé 10 ml	**moutarde sèche**
1 c. à soupe 15 ml	**persil frais, ciselé**
	Sel et poivre
½ tasse 125 ml	**beurre mou**
⅔ tasse 160 ml	**tofu mou, réduit en purée au robot culinaire**
3 c. à soupe 45 ml	**eau**

1 Dans une grande casserole, faire pétiller le beurre à feu moyen-élevé. Y faire sauter les oignons, les gousses d'ail, le poivron et les carottes 2 minutes, en brassant.

2 Baisser le feu à moyen, puis saupoudrer de farine, de paprika et de graines de carvi. Cuire 2 minutes, en brassant régulièrement. Ajouter les tomates en dés et le bouillon de légumes, puis assaisonner au goût de sel et de poivre. Porter à ébullition. Baisser le feu à moyen-doux, puis couvrir. Laisser mijoter 30 minutes.

3 Retirer le couvercle, puis ajouter délicatement à la goulash les « dumplings » non cuits de la grosseur de balles de golf en utilisant deux grosses cuillères. Ne pas mélanger. Couvrir, puis laisser mijoter un autre 30 minutes.

4 Retirer la casserole du feu, puis mélanger délicatement la goulash. Rectifier l'assaisonnement au besoin, puis servir dans des bols individuels. Garnir chaque portion d'un peu de paprika et de crème sure. Accompagner de pain croûté et d'une salade verte.

« DUMPLINGS » DE TOFU À LA MOUTARDE

5 Mettre les cinq premiers ingrédients dans un grand bol, puis assaisonner généreusement de sel et de poivre. Mélanger, puis ajouter le reste des ingrédients.

6 Travailler la pâte avec un coupe-pâte ou une fourchette jusqu'à ce qu'elle soit homogène et molle. Diviser la pâte en 8-12 boules, puis les cuire 15-20 minutes dans un bouillon au choix, légèrement dilué. Les égoutter, puis servir immédiatement. Accompagner de crème sure et de ciboulette fraîche ciselée.

Conseil de chef

Entreposez les oignons, non couverts, dans un endroit sec, sombre et frais (4-8 °C), si possible suspendus dans un filet. De cette façon, ils se conserveront jusqu'à un an comparativement à environ un mois s'ils se trouvent à la température ambiante. Si, comme pour la plupart des gens, cela vous est impossible, conservez-les dans le tiroir à légumes du réfrigérateur.

Mijoté de seitan
aigre-doux à l'ananas

Mijoté de pois chiches
et de noix de cajou
à l'orange

Mijoté de seitan aigre-doux à l'ananas

4 portions

2 c. à soupe 30 ml	**huile végétale**
2	**branches de céleri tranchées**
1	**petit oignon jaune haché finement**
3 tasses 750 ml	**bouillon de légumes**
2 tasses 500 ml	**ananas en cubes, en boîte, avec le jus**
⅓ tasse 80 ml	**vinaigre de riz**
2 tasses 500 ml	**seitan coupé en bouchées (saveur au choix, selon la disponibilité)**
4 c. à soupe 60 ml	**sucre granulé**
1 tasse 250 ml	**petits pois verts**
2 c. à soupe 30 ml	**fécule de maïs diluée dans ⅓ tasse (80 ml) de jus d'ananas**
	Sel et poivre

1. Dans une grande casserole, faire chauffer l'huile à feu moyen-élevé. Une fois l'huile chaude, ajouter le céleri et l'oignon, puis les sauter 2 minutes en brassant. Ajouter le reste des ingrédients, sauf les petits pois verts et la fécule de maïs diluée, puis porter à ébullition. Baisser le feu à moyen-doux, puis laisser mijoter 15-20 minutes en brassant à quelques reprises. Cinq minutes avant la fin de la cuisson, ajouter les petits pois verts. Mélanger et continuer la cuisson.

2. Incorporer la fécule de maïs diluée, tout en mélangeant, puis laisser épaissir un peu. Retirer du feu, puis assaisonner au goût de sel et de poivre. Mélanger et servir immédiatement sur un lit de riz ou de nouilles chinoises.

Conseil de chef

Le mot « seitan » est un terme japonais qui signifie « gluten cuit dans un bouillon de sauce soya ». Le gluten de blé cuit, un mets traditionnel chez les bouddhistes depuis plusieurs siècles, a gagné en popularité chez les végétariens occidentaux depuis quelques dizaines d'années. La disponibilité du seitan est parfois limitée, alors profitez-en pour en entreposer. On le trouve dans les bonnes épiceries d'aliments naturels, et les saveurs peuvent varier selon la marque.

Mijoté de pois chiches et de noix de cajou à l'orange

4-6 portions

2 c. à soupe 30 ml	**beurre**
1 c. à soupe 15 ml	**huile d'olive**
2	**gousses d'ail écrasées**
½ tasse 125 ml	**vin blanc sec**
2 c. à thé 10 ml	**cardamome moulue**
1 c. à thé 5 ml	**poudre de curry**
½ tasse 125 ml	**noix de cajou, moulues au robot culinaire**
2 tasses 500 ml	**bouillon de légumes**
1 tasse 250 ml	**jus d'orange**
19 oz 540 ml	**pois chiches cuits et égouttés**
1 tasse 250 ml	**carottes pelées et tranchées**
14-16	**pois mange-tout, chacun coupé en trois morceaux**
	Noix de cajou salées, coupées en deux morceaux
	Zeste d'orange haché

1. Dans une grande casserole, faire chauffer le beurre et l'huile à feu moyen. Y faire sauter l'ail 1 minute, en brassant. Déglacer au vin blanc, puis réduire de moitié à feu moyen-doux.

2. Ajouter la cardamome, le curry et les noix de cajou moulues. Cuire 3-4 minutes, en brassant régulièrement avec une cuillère de bois. Quand le roux est bien coloré, intégrer graduellement le bouillon et le jus d'orange en mélangeant. Ajouter les pois chiches et les carottes, puis laisser mijoter 10 minutes.

3. Ajouter les pois mange-tout, puis laisser mijoter 7-8 minutes de plus à feu moyen-doux. Retirer la casserole du feu, puis laisser refroidir un peu avant de servir dans des bols individuels. Garnir chaque portion de quelques noix de cajou et d'un peu de zeste d'orange.

Conseil de chef

Une bouteille de vin ouverte, puis rebouchée et réservée au réfrigérateur se conservera un maximum de 3 à 4 jours. Si elle est scellée avec un gadget qui retire l'air, vous ajouterez de 1 à 2 jours de plus à sa conservation. Si votre vin entamé est défraîchi, utilisez-le en cuisine. Vous pouvez vous en servir ainsi quelques semaines.

Cassoulet végétarien en croûte

6 portions

2	**boîtes de 19 oz (540 ml) de haricots blancs, égouttés**
3	**gousses d'ail écrasées**
1	**gros oignon haché finement**
1 lb 454 g	**boulettes, saucisses, pepperoni, etc., végétariens**
⅔ tasse 160 ml	**vin rouge**
1 tasse 250 ml	**bouillon de légumes**
3 c. à soupe 45 ml	**pâte de tomates**
2 c. à thé 10 ml	**thym sec**
	Sel et poivre

GARNITURE CROUSTILLANTE À MIJOTÉ

6 c. à soupe 90 ml	**cassonade bien compactée**
⅔ tasse 160 ml	**chapelure italienne**
7 c. à soupe 105 ml	**beurre mou**

1 Préchauffer le four à 375 °F (190 °C). Mettre tous les ingrédients dans un grand plat creux en pyrex. Bien assaisonner, puis mélanger un peu.

2 Recouvrir le cassoulet de la garniture croustillante à mijoté, puis cuire 60 minutes au four ou jusqu'à ce que le dessus du cassoulet soit bien croustillant et doré et que les côtés bouillonnent. Retirer du four, puis servir immédiatement. Accompagner d'une salade légère.

GARNITURE CROUSTILLANTE À MIJOTÉ

3 Dans un petit bol, bien mélanger les trois ingrédients avec une fourchette jusqu'à l'obtention d'une pâte homogène. Utiliser pour recouvrir vos plats mijotés au four, vos filets de poisson, etc.

Chili au fromage bleu et aux lentilles

4-6 portions

2 c. à soupe / 30 ml	**beurre**
3	**grosses gousses d'ail hachées finement**
2	**carottes tranchées**
2 tasses / 500 ml	**oignon rouge haché grossièrement**
1	**poivron vert paré et coupé en petits dés**
1 ¼ tasse / 310 ml	**lentilles sèches (rouges, si possible)**
28 oz / 796 ml	**tomates en dés, en boîte**
4 tasses / 1 L	**jus de légumes**
3 c. à soupe / 45 ml	**poudre de chili**
1 c. à thé / 5 ml	**sauce forte**
	Sel et poivre
⅓ lb / 150 g	**fromage bleu en morceaux**
	Germe de blé grillé

1 Dans une grande casserole, faire chauffer le beurre à feu moyen-élevé. Quand le beurre pétille fortement, ajouter les quatre légumes, puis les faire revenir 2-3 minutes en brassant. Ajouter le reste des ingrédients, sauf le fromage et le germe de blé, puis mélanger. Assaisonner de sel et de poivre au goût, puis porter à ébullition. Baisser le feu à moyen-doux. Laisser mijoter 30 minutes, ou jusqu'à ce que le chili ait épaissi et que les lentilles soient légèrement tendres.

2 Rectifier les assaisonnements (poudre de chili, sel, poivre, sauce forte et poivre de Cayenne) selon les goûts. Mouiller avec un peu plus de jus de légumes au besoin. Retirer la casserole du feu, puis laisser reposer 15 minutes avant de servir. Au moment de servir, remplir à moitié chaque bol, puis garnir d'un peu de fromage bleu. Recouvrir de chili, puis garnir d'un peu plus de fromage bleu et de germe de blé. Accompagner de crème sure et de quartiers de pains pitas grillés.

Soupe au pistou

6 portions

7 tasses 1,75 L	eau
1 ½ tasse 375 ml	petits pois blancs secs
⅔ tasse 160 ml	flageolets secs
2	courgettes lavées et coupées en petits cubes
1	grosse carotte tranchée
1	oignon blanc coupé en cubes
1	poivron rouge coupé en cubes
2	pommes de terre pelées et coupées en cubes
½ tasse 125 ml	petites pâtes sèches, au choix
1 tasse 250 ml	pistou ou pesto
½ tasse 125 ml	basilic frais, tranché grossièrement
1	gousse d'ail hachée finement
2	tomates parées, pelées, épépinées et coupées en cubes
3 c. à soupe 45 ml	huile d'olive
1	pincée de clous de girofle
	Sel et poivre
	Fromage gruyère ou emmental râpé

1 Faire chauffer l'eau dans une grande cocotte ou une casserole. Lorsque l'eau bout, ajouter les petits pois, les flageolets et les légumes, puis mélanger. Baisser le feu à moyen-doux et couvrir. Laisser mijoter 50 minutes. Ajouter les petites pâtes et continuer la cuisson 10 minutes.

2 Retirer la casserole du feu et ajouter le reste des ingrédients, sauf le fromage râpé. Saler et poivrer au goût. Bien mélanger et laisser reposer 5 minutes avant de servir. Cette soupe est excellente si elle est réchauffée et consommée le lendemain. Garnir de fromage râpé et de basilic frais. Accompagner de pain de campagne grillé.

Bâtonnets croustillants de tofu à la sauce chili sucrée

4 portions

1 ½ lb 675 g	**tofu ferme aromatisé, au choix**
	Farine non blanchie
2-3	**œufs battus**
⅓ tasse 80 ml	**crème 35 %**
¾ tasse 180 ml	**chapelure à l'italienne**
½ tasse 125 ml	**fromage parmesan râpé**
1 c. à thé 5 ml	**poudre d'oignon**
½ c. à thé 2,5 ml	**poudre d'ail**
1 c. à soupe 15 ml	**poudre de chili**
¼ c. à thé 1 ml	**poivre de Cayenne**
	Sel et poivre
	Huile de canola

SAUCE CHILI SUCRÉE

½ tasse 125 ml	**sauce chili (style ketchup)**
3 c. à thé 15 ml	**poudre de chili**
½ tasse 125 ml	**ketchup**
2 c. à soupe 30 ml	**vinaigre de cidre**
2 c. à thé 10 ml	**sauce Worcestershire**
1 c. à soupe 15 ml	**miel ou sirop d'érable**

1 Couper le tofu en bâtonnets d'environ 3 po (7,5 cm) de long. Enfariner légèrement les morceaux de tofu. Mettre les œufs et la crème dans un bol, et bien les fouetter. Réserver. Mettre le reste des ingrédients dans un bol, sauf l'huile, et mélanger. Saler et poivrer au goût. Tremper successivement les bâtonnets de tofu dans le mélange d'œufs, puis dans celui de chapelure. Secouer l'excédent de chapelure et réserver les bâtonnets dans une assiette.

2 Dans une grande poêle, faire chauffer un bon fond d'huile à feu moyen-élevé. Y déposer les bâtonnets de tofu et les griller une dizaine de minutes au total, en les tournant à quelques occasions. Les bâtonnets doivent être bien dorés et croustillants. Les retirer de la poêle et les laisser égoutter sur du papier essuie-tout. Servir quelques bâtonnets par personne et accompagner d'une salade du chef et de riz mexicain. Servir avec la sauce chili sucrée.

SAUCE CHILI SUCRÉE

3 Dans un bol en verre, bien mélanger tous les ingrédients. Couvrir partiellement et réchauffer deux fois pendant 45 secondes au micro-ondes, en mélangeant entre les opérations. Servir tiède.

**Conseil
de chef**

Voici un petit truc
pour foncer plus facilement
un moule avec une abaisse
de pâte. Déposez la boule
de pâte sur une grande
feuille de papier ciré ou
parchemin enfarinée, puis
abaissez-la avec un rouleau à
pâte jusqu'à l'obtention de
la grandeur et de l'épaisseur
voulues. Déposez le moule à
l'envers sur l'abaisse de pâte,
puis renversez délicatement
le tout en prenant soin
de bien tenir les extrémités
de la feuille de papier ciré
avec le moule. Retirez
la feuille de papier ciré, et
le tour est joué!
Fini les croûtes brisées lors
du transfert dans les moules.

Quiche aux tomates cerises, croûte à la farine de maïs

6-8 portions

4	**œufs battus**
1 tasse 250 ml	**lait**
1 tasse 250 ml	**fromage fontina râpé**
	Sel et poivre
½ tasse 125 ml	**prosciutto haché**
½ tasse 125 ml	**feuilles de basilic lavées**
2 tasses 500 ml	**tomates cerises entières, lavées**

CROÛTE À LA FARINE DE MAÏS

⅘ tasse 200 ml	**farine non blanchie**
⅔ tasse 160 ml	**farine de maïs dorée**
½ c. à thé 2,5 ml	**sel**
⅔ tasse 160 ml	**beurre froid, coupé en dés**
2 ½ c. à soupe 37,5 ml	**eau froide**

1 Préchauffer le four à 375 °F (190 °C). Dans un bol, bien mélanger les œufs, le lait et le fromage. Assaisonner au goût de sel et de poivre. Réserver.

2 Répartir le prosciutto au fond de l'abaisse à base de farine de maïs, puis le recouvrir de feuilles de basilic. Verser délicatement le mélange d'œufs sur les feuilles de basilic. Faire pénétrer le mélange dans les interstices en pressant les feuilles de basilic avec une fourchette. Répartir également les tomates cerises sur la préparation à base d'œufs, puis les presser pour les faire pénétrer le plus possible dans le mélange.

3 Cuire au four 30-35 minutes, ou jusqu'à ce que le pourtour de la quiche soit bien gonflé et que la garniture soit bien dorée. Retirer la quiche du four, puis laisser refroidir 15 minutes avant de servir. Accompagner d'une salade niçoise.

CROÛTE À LA FARINE DE MAÏS

4 Dans un bol, mélanger les deux farines et le sel. Ajouter les cubes de beurre, puis bien les intégrer à l'aide d'un coupe-pâte, de deux couteaux ou de vos doigts jusqu'à ce que le mélange forme des grumeaux de la grosseur d'un pois.

5 Ajouter l'eau glacée d'un seul trait, puis mélanger avec une fourchette pour bien intégrer le tout. Former une boule avec la pâte. L'emballer dans une pellicule de plastique, puis la réfrigérer 20 minutes.

6 Retirer la pâte du réfrigérateur. L'abaisser sur une surface bien enfarinée, puis foncer un moule à quiche de 9 po (23 cm). Réserver au frais.

**Conseil
de chef**

En cuisant les légumes
« al dente » dans un léger
fond d'eau ou à la vapeur,
ils perdront un minimum
de nutriments dans
l'eau de cuisson.
Voici la procédure optimale
à suivre pour cuire
la plupart des légumes.
Portez ½ po (1 cm) d'eau
à ébullition dans
une casserole; ajoutez
les légumes, couvrez et
cuisez un peu moins
longtemps que le temps
prescrit; égouttez-les,
puis réservez-les dans
la casserole, à couvert.

Gratin de courge
sur lit de boulgour

8 portions

1 tasse 250 ml	**blé boulgour**
2 tasses 500 ml	**bouillon de légumes très chaud**
2,2 lb 1 kg	**courge Butternut parée, pelée et coupée en gros cubes**
1 lb 454 g	**pommes de terre pelées et coupées en petits dés**
	Sel et poivre
	Muscade moulue
⅓ tasse 80 ml	**crème sure**
1 ½ tasse 375 ml	**fromage emmental râpé**
1 tasse 250 ml	**fromage cheddar doux, râpé**
2	**gousses d'ail écrasées**
½ tasse 125 ml	**céleri haché fin**
1 c. à soupe 15 ml	**huile d'olive**
½ tasse 125 ml	**persil haché**

1 Déposer le boulgour dans un bol, puis mouiller avec le bouillon de légumes. Couvrir et laisser gonfler 10-15 minutes, ou jusqu'à ce que le bouillon soit absorbé. Réserver.

2 Dans une casserole, faire cuire la chair de courge et les dés de pommes de terre à la vapeur jusqu'à ce qu'ils soient très tendres. Les mettre dans un bol, puis les piler. Assaisonner de sel, de poivre et de muscade au goût, puis incorporer la crème sure et la moitié de chaque fromage. Bien mélanger. Réserver.

3 Dans une petite casserole, faire revenir l'ail et le céleri dans l'huile d'olive, à feu moyen-doux, jusqu'à ce que le céleri soit tendre. Retirer du feu. Verser les légumes sur le boulgour, puis ajouter le persil. Saler et poivrer au goût, puis bien mélanger.

4 Dans un plat allant au four, étendre le mélange de boulgour, puis recouvrir du mélange de courge et de pommes de terre fromagé. Étaler également le reste des fromages, puis gratiner quelques minutes à « broil » sur l'étage central du four. Retirer du four et servir immédiatement. Accompagner d'une salade verte.

Conseil de chef

Le tofu est vendu en cinq consistances : soyeux, mou, semi-ferme, ferme et très ferme. Naturellement, ce ne sont pas tous les producteurs qui fabriquent chacune de ces consistances. De plus, les épiceries offrent rarement la gamme complète. Les tofus soyeux, mous et semi-fermes se désintègrent plus ou moins facilement et peuvent être utilisés dans les soupes et les desserts. Les tofus fermes et très fermes conviennent aux mets plus consistants tels que les chilis, les ragoûts, les sautés et les brochettes.

Cannelloni au tofu, aux petits pois et à la roquette

4-6 portions

14-16	cannelloni
1 lb 454 g	tofu ferme en morceaux
2 c. à soupe 30 ml	huile d'olive
½	poivron rouge paré et haché en petits cubes
3	grosses gousses d'ail dégermées et hachées finement
1	petit oignon haché
2 tasses 500 ml	roquette lavée et ciselée grossièrement
⅔ tasse 160 ml	petits pois verts, congelés
1 c. à soupe 15 ml	sauce Worcestershire
2 c. à thé 10 ml	basilic sec
2	gros œufs battus
	Sel et poivre
	Piment de Cayenne
2 ½ tasses 625 ml	sauce tomate au choix
2 tasses 500 ml	fromage parmesan fraîchement râpé
	Quelques copeaux de beurre

1 Préchauffer le four à 375 °F (190 °C). Dans une grande casserole remplie d'eau bouillante salée, cuire les cannelloni jusqu'à ce qu'ils soient très « al dente », soit environ 6-7 minutes. Les égoutter immédiatement, puis les rincer à l'eau froide jusqu'à ce qu'ils soient refroidis. Bien les égoutter, puis les réserver sur une assiette. Mettre les morceaux de tofu dans un grand bol à fond plat, puis bien les écraser. Réserver.

2 Dans une poêle antiadhésive, faire chauffer l'huile à feu moyen. Lorsqu'elle est bien chaude, ajouter le poivron, l'ail et l'oignon. Faire sauter 2 minutes en brassant. Ajouter la roquette. Mélanger, puis retirer immédiatement la poêle du feu. Continuer à brasser jusqu'à ce que les feuilles de roquette soient tout juste fanées. Verser le contenu de la poêle dans le bol contenant le tofu, puis ajouter les petits pois congelés, la sauce Worcestershire, le basilic et les œufs. Saler et poivrer généreusement, puis saupoudrer de quelques pincées de piment de Cayenne. Bien mélanger sans écraser les petits pois.

3 Farcir délicatement les cannelloni du mélange de tofu et de petits pois avec une petite cuillère. Déposer les cannelloni dans un plat rectangulaire allant au four de 10 po x 15 po (25 cm x 38 cm), préalablement recouvert de sauce tomate. Recouvrir les cannelloni de fromage parmesan, puis garnir de quelques copeaux de beurre.

4 Recouvrir le plat d'une grande feuille de papier d'aluminium, puis cuire les cannelloni 30 minutes au four. Retirer la feuille de papier d'aluminium, puis gratiner le dessus à « broil » ou jusqu'à ce qu'il soit bien coloré. Retirer le plat du four, puis servir immédiatement 3-4 cannelloni par personne avec la sauce de cuisson. Accompagner de pain aux noix grillées et d'une salade de tomates et d'olives noires.

Conseil de chef

Pourquoi ne pas doubler ou même tripler la recette de poivrons grillés, puis les conserver au frais dans des pots Mason de 2 tasses (500 ml)! Vous n'avez qu'à faire bouillir pendant 10 minutes un mélange composé de ⅓ de vinaigre et de ⅔ d'eau, puis à ajouter 1 c. à soupe (15 ml) de sel. Remplissez les pots stérilisés de languettes de poivrons grillés, puis recouvrez-les entièrement du liquide bouillant. Fermez les pots hermétiquement, puis stérilisez-les de nouveau dans l'eau bouillante. Vous pouvez aussi ajouter des tiges d'herbes fraîches et des demi-gousses d'ail pelées avant d'ajouter le liquide. Ainsi réservés, ils se conserveront quelques mois au réfrigérateur.

Penne aux poivrons grillés et à l'ail

6 portions

¾-1 lb 350-454 g	**penne secs au choix**
2 c. à soupe 30 ml	**huile d'olive**
2 c. à soupe 30 ml	**huile de canola**
1	**oignon rouge tranché en rondelles minces**
3	**gousses d'ail hachées finement**
2 c. à soupe 30 ml	**basilic frais, haché**
4 c. à soupe 60 ml	**olives noires dénoyautées, puis tranchées**
	Sel et poivre
	Fromage parmesan râpé (facultatif)

POIVRONS GRILLÉS AU BARBECUE

2	**poivrons rouges**
2	**poivrons jaunes**

1 Cuire les penne selon le mode d'emploi sur l'emballage. Saler légèrement l'eau de cuisson. S'assurer de les cuire « al dente ». Les égoutter et les remettre dans la casserole.

2 Entre-temps, dans une poêle chaude additionnée d'huile d'olive et d'huile de canola, faire revenir, à feu moyen, l'oignon et l'ail 1 minute en brassant. Ajouter la quantité désirée de lanières de poivrons grillés au barbecue, le basilic et les olives noires. Saler et poivrer au goût. Mélanger, puis cuire 1-2 minutes en brassant. Verser ce mélange sur les pâtes réservées dans la casserole et mélanger le tout délicatement. Ajouter un peu d'huile au besoin. Servir immédiatement. Garnir chaque portion de quelques lanières de poivrons grillés et d'herbes fraîches au choix.

POIVRONS GRILLÉS AU BARBECUE

3 Cuire les poivrons sur le gril à feu moyen, en les tournant et en les surveillant fréquemment. On peut aussi les cuire au four à 450 °F (230 °C) sur une lèchefrite, en les coupant en deux et en les plaçant côté coupé vers le bas. Les cuire jusqu'à ce que l'extérieur soit légèrement noirci.

4 Les retirer immédiatement du gril ou du four et les déposer dans un sac en papier. Fermer hermétiquement le sac et laisser reposer 15 minutes. Retirer les poivrons du sac et enlever la peau noircie de chacun d'eux en les passant sous l'eau fraîche. Les parer et les couper en lamelles ou en quartiers selon les besoins. Bien assécher et réserver. Les poivrons grillés peuvent être servis immédiatement avec une vinaigrette ou conservés dans un mélange bouilli de vinaigre et d'eau additionné de quelques herbes fraîches au choix.

Baluchons de poivron
et de bavette
au fromage bleu

Rouleaux
de jambon
à l'ananas

Baluchons de poivron et de bavette au fromage bleu

4 portions

4	**gros poivrons rouges bien lavés**
1 ⅓ lb 600 g	**steak de bavette (flanc)**
	Poivre
2 c. à soupe 30 ml	**huile**
1 tasse 250 ml	**champignons tranchés**
⅓ tasse 80 ml	**échalotes vertes ou françaises tranchées**
1 c. à soupe 15 ml	**gingembre frais, ciselé**
⅓ - ½ lb 150-227 g	**fromage bleu émietté**
	Romarin moulu
	Sel

1. Découper une calotte sur le dessus de chaque poivron, puis parer l'intérieur avec un petit couteau. Réserver. Préchauffer le four à 400 °F (205 °C). Poivrer la bavette généreusement. Dans une poêle, la saisir dans la moitié de l'huile, à feu moyen-élevé, 3 minutes de chaque côté. Retirer la viande de la poêle. La déposer sur une feuille de papier d'aluminium, puis l'emballer hermétiquement. Réserver.

2. Dans la même poêle, faire revenir les champignons, les échalotes et le gingembre dans le reste de l'huile, à feu moyen, jusqu'à ce que les champignons rendent leur eau. Gratter les sucs de cuisson de la bavette avec une spatule de bois durant la cuisson. Retirer la poêle du feu, puis verser les légumes dans un bol. Ajouter la moitié du fromage bleu au bol. Assaisonner au goût de romarin de sel et de poivre. Réserver.

3. Trancher le bœuf en languettes d'environ 2 po (5 cm) de long, puis les ajouter au bol contenant les légumes. Mélanger.

4. Déposer les poivrons sur une plaque allant au four légèrement huilée. Farcir les poivrons du mélange de légumes et de viande, puis recouvrir du reste du fromage bleu. Cuire au four 10 minutes, ou jusqu'à ce que le fromage soit légèrement fondu. Retirer du four et servir un poivron par portion. Accompagner de brocoli étuvé et de riz brun.

Conseil de chef

Lorsque vous achetez différentes coupes de bœuf frais, la couleur de la chair devrait se situer entre le rouge vif et le rouge foncé. La consistance doit être ferme et élastique, et la graisse d'une couleur blanchâtre clair. Évitez les découpes qui comportent des sections grises ou brunâtres. Si votre viande dégage une odeur différente ou nauséabonde, aussi subtile soit-elle, ne la consommez pas!

Rouleaux de jambon à l'ananas

4 portions

14 oz 398 ml	**ananas broyé en boîte, égoutté**
2 tasses 500 ml	**fromage cottage**
4-6	**échalotes vertes tranchées finement**
4	**radis râpés finement**
1 c. à soupe 15 ml	**moutarde de Dijon**
	Sel et poivre
12	**grandes tranches épaisses de jambon fumé au choix**

1. Préchauffer le four à 350 °F (180 °C). Dans un bol, bien mélanger les cinq premiers ingrédients. Saler et poivrer au goût.

2. Déposer environ ½ tasse (125 ml) du mélange à une extrémité d'une tranche de jambon. Rouler la tranche de jambon, puis la déposer, côté ouvert vers le bas, dans un plat allant au four. Répéter l'opération avec le reste du mélange de fromage et des tranches de jambon.

3. Cuire au four 15-20 minutes, ou jusqu'à ce que les rouleaux soient chauds. Retirer du four et servir immédiatement, avec délicatesse, deux rouleaux par portion. Accompagner d'une salade de pâtes crémeuses et de tomates tranchées.

Conseil de chef

Achetez biologique! Bien que les aliments biologiques (recherchez une certification) soient plus chers que les produits traditionnels, ils en valent le prix. L'utilisation de pesticides chimiques pour produire des fruits et légumes esthétiquement parfaits crée des problèmes pour la santé et l'environnement. En effet, les pesticides détruisent la biodiver-sité naturelle du sol et polluent les cours d'eau et les nappes phréa-tiques. Les études sur les effets cumulatifs et interactifs de l'usage de pesticides sur les aliments ne font que commencer; malheu-reusement, nous avons inversé les étapes : l'application avant les études! Si vous optez pour des aliments traditionnels, assurez-vous de les laver vigoureusement avec du savon et, si possible, ne consommez pas la pelure.

Lasagne au ricotta, sauce pesto aux tomates séchées

8 portions

12-16	**pâtes à lasagne de blé entier**
2 tasses 500 ml	**sauce tomate au choix**
2 tasses 500 ml	**fromage ricotta ou cottage faible en matières grasses**
1 tasse 250 ml	**sauce pesto au choix**
½ tasse 125 ml	**tomates séchées dans l'huile**
½ tasse 125 ml	**bouillon de légumes**
1 tasse 250 ml	**fromage mozzarella faible en matières grasses, râpé**

1 Préchauffer le four à 375 °F (190 °C). Cuire les pâtes à lasagne selon le mode d'emploi sur l'emballage. Saler légèrement l'eau de cuisson. S'assurer de les cuire « al dente ». Les égoutter et les réserver.

2 Étendre la moitié de la sauce tomate dans le fond d'un plat à lasagne d'environ 9 po x 12 po (23 cm x 30 cm). Couvrir d'une couche de pâtes à lasagne. Étendre uniformément le fromage ricotta . Couvrir d'une autre couche de pâtes à lasagne. Couvrir du reste de la sauce tomate, puis d'une autre couche de pâtes à lasagne. Garnir de la sauce pesto et déposer uniformément sur la sauce des tomates séchées dans l'huile. Couvrir d'une couche de pâtes à lasagne. Mouiller avec du bouillon de légumes et couvrir de fromage mozzarella râpé.

3 Cuire 40-45 minutes au four. Retirer du four et laisser refroidir 10 minutes avant de servir. Servir immédiatement et accompagner de petits pains de blé entier et d'une salade verte.

Salade de poulet aux poivrons grillés et au fromage de chèvre

4 portions

2	**poitrines de poulet coupées en deux**
	Cumin moulu
	Coriandre moulue
	Sel et poivre
⅓-½ lb 150-227 g	**fromage de chèvre frais (crémeux)**
⅓ tasse 80 ml	**tomates séchées dans l'huile, hachées**
2 tasses 500 ml	**feuilles de laitues fines**
	Câpres égouttées
	Huile d'olive
	Vinaigre balsamique

POIVRONS GRILLÉS

2	**poivrons rouges**
2	**poivrons jaunes**

1. Préchauffer le four à 375 °F (190 °C). Assaisonner légèrement les demi-poitrines de poulet de cumin, de coriandre, de sel et de poivre. À l'aide d'un petit couteau, faire une incision le long de chaque blanc de poulet, dans l'épaisseur, afin de créer des cavités assez grandes pour les farcir. Farcir les cavités avec le fromage de chèvre et les morceaux de tomates séchées. Enrouler chaque blanc de poulet farci de papier sulfurisé pour le four. Les déposer sur une lèchefrite et les cuire 25 minutes au four. Les retirer du four et attendre 10 minutes avant de les dérouler. Réserver.

2. Disposer les feuilles de laitues fines dans le fond de quatre assiettes. Déposer, de façon circulaire, les tranches de poivrons grillés dans chaque assiette. Trancher les blancs de poulet farcis et les déposer délicatement au centre de chaque assiette. Garnir de câpres et mouiller avec de l'huile d'olive et du vinaigre balsamique.

POIVRONS GRILLÉS

3. Préchauffer le four à « broil ». Couper les poivrons en deux et les déposer, côté ouvert vers le bas, sur une lèchefrite huilée. Placer la lèchefrite sur l'étage inférieur du four. Les griller jusqu'à ce que l'extérieur soit légèrement noirci. Les surveiller fréquemment.

4. Les retirer immédiatement du four et les déposer dans un sac en papier. Fermer hermétiquement le sac et laisser reposer 15 minutes. Par la suite, retirer les poivrons du sac et enlever la peau noircie en les passant sous l'eau fraîche. Parer les poivrons et les couper en lamelles ou en quartiers selon les besoins. Bien assécher et réserver. Ils peuvent être servis immédiatement avec une vinaigrette ou marinés dans l'huile d'olive avec quelques herbes fraîches au choix.

Conseil de chef

Quelle meilleure occasion qu'une fondue chinoise pour présenter une panoplie d'aliments différents et nutritifs à tremper : bouquets de brocoli et de chou-fleur, pétoncles, crevettes, champignons, cubes de poivrons, cubes de poisson ferme, etc. Les choix sont infinis. Vous n'avez qu'à les préparer à l'avance et à les réserver au réfrigérateur dans de petits bols recouverts d'une pellicule de plastique. Sortez-les du réfrigérateur à la dernière minute.

Fondue chinoise à la bière et à la moutarde

4-6 portions

1 c. à thé 5 ml	**moutarde sèche**
1	**bière brune de 12 oz (341 ml), au choix**
2 ½ tasses 625 ml	**bouillon de légumes ou de poulet**
1 c. à thé 5 ml	**graines de moutarde**
1 c. à soupe 15 ml	**moutarde forte**
	Tranches de saucisses de qualité
	Languettes de filet de porc dégraissé

**Pommes de terre
nouvelles cuites
« al dente », en quartiers**

**Morceaux de légumes
au choix, parés**

1 Mettre la moutarde dans un caquelon à fondue, puis mouiller avec un peu de bière. Travailler le mélange jusqu'à l'obtention d'une pâte bien intégrée. Ajouter le reste de la bière, le bouillon, les graines de moutarde et la moutarde forte. Bien mélanger, puis porter à ébullition à feu moyen-élevé.

2 Baisser quelque peu le feu, puis laisser mijoter 8-10 minutes. Retirer le caquelon du feu et l'installer sur son trépied, au centre de la table. Allumer le réchaud... et que la fête commence! Accompagner de tranches de saucisses (européennes ou italiennes), de languettes de filet de porc, de quartiers de pommes de terre nouvelles et de morceaux de légumes au choix.

Suprêmes de poulet
à la coriandre

4 portions

1 ⅓ lb 600 g	**poitrines de poulet désossées et coupées en lanières**
1 c. à thé 5 ml	**coriandre moulu**
1 c. à soupe 15 ml	**gingembre frais, haché**
4 c. à soupe 60 ml	**sauce aux huîtres**
¼ tasse 60 ml	**vinaigre balsamique**
2 c. à soupe 30 ml	**huile**
1	**poivron rouge coupé en julienne**
1	**courgette coupée en julienne**
1	**petit oignon tranché**
2	**gousses d'ail hachées finement**
½ c. à thé 2,5 ml	**flocons de piment fort**
1 ⅓ tasse 330 ml	**bouillon de légumes**
1 c. à thé 5 ml	**fécule de maïs**
	Poivre

1 Dans un bol, bien mélanger les lanières de poulet, la coriandre, le gingembre, la sauce aux huîtres et le vinaigre balsamique. Couvrir, puis laisser mariner 3 heures au réfrigérateur.

2 Dans une poêle profonde ou un wok préchauffé à feu élevé, faire sauter les lanières de poulet égouttées dans l'huile 3 minutes. Baisser le feu à moyen. Ajouter les 3 légumes, l'ail et les flocons de piment fort, puis cuire 2-3 minutes de plus en brassant.

3 Ajouter le bouillon de légumes et le reste de marinade à la poêle, puis la fécule de maïs préalablement dissoute dans un peu d'eau. Poivrer au goût, puis bien mélanger. Cuire 1-2 minutes en brassant ou jusqu'à ce que la sauce épaississe. Servir immédiatement sur des nouilles chinoises.

La viande de bœuf est une excellente source de fer et de protéines de très haute qualité. De plus, sa teneur en lipides est relativement basse. On compte, en moyenne, de 120 à 130 calories par 3,5 oz (100 g) de viande de bœuf. Si elle est vieillie de quelques jours à une semaine dans un environnement contrôlé, soit accrochée dans une pièce maintenue à 6-7 °C, elle se colorera considérablement et sera nettement plus tendre et plus juteuse.

Courge spaghetti tomatée au brocoli et au bœuf

4 portions

2	**courges spaghetti moyennes**
	Beurre fondu
	Ail haché finement
1 ⅓ lb 600 g	**steak de surlonge de bœuf dégraissé et coupé en petits cubes**
2 tasses 500 ml	**petits bouquets de brocoli**
1 tasse 250 ml	**fromage cheddar moyen ou Monterey Jack, râpé**
1 c. à soupe 15 ml	**coriandre fraîche, ciselée**
⅔ tasse 160 ml	**salsa moyenne**
¼-½ c. à thé 1-2,5 ml	**piment fort broyé**
	Poivre noir du moulin

1 Préchauffer le four à 400 °F (205 °C). Couper les courges en deux dans le sens de la longueur afin d'obtenir des moitiés identiques. Avec une petite cuillère, parer l'intérieur des cavités des courges, puis déposer chaque courge parée sur une grande feuille de papier d'aluminium. Badigeonner généreusement l'intérieur de chaque demi-courge de beurre fondu, puis parsemer d'ail haché au goût. Réserver.

2 Mélanger le reste des ingrédients dans un bol, puis poivrer généreusement. Farcir chaque demi-courge de cette farce, puis bien la compacter avec les mains. Refermer chaque courge en déposant délicatement une demi-courge par-dessus l'autre, puis les envelopper dans les feuilles de papier d'aluminium.

3 Mettre les deux courges farcies sur une plaque allant au four, puis les cuire 50-60 minutes ou jusqu'à ce qu'un couteau s'insère facilement dans la chair. Retirer les courges du four, puis enlever délicatement les feuilles de papier d'aluminium. Laisser refroidir 5 minutes avant de servir une demi-courge farcie par personne. Accompagner d'une salade verte.

Couscous exotique aux noix et aux groseilles

6 portions

2 tasses 500 ml	**tomates en dés, en boîte**
1	**pincée de safran**
1 c. à soupe 15 ml	**eau chaude**
1 c. à soupe 15 ml	**huile d'olive**
1	**gros oignon jaune haché**
½ c. à thé 2,5 ml	**sel**
4	**gousses d'ail hachées finement**
2 c. à soupe 30 ml	**gingembre frais, haché**
1½ c. à thé 7,5 ml	**cannelle moulue**
¾ c. à thé 4 ml	**curcuma**
¼ c. à thé 1 ml	**poivre de Cayenne**
1½ tasse 375 ml	**bouillon de légumes**
1	**poivron rouge paré et coupé en triangles**
2	**carottes moyennes, tranchées**
1 tasse 250 ml	**pois chiches cuits**
1 tasse 250 ml	**haricots berlotti cuits**
1 tasse 250 ml	**haricots verts coupés en trois morceaux, cuits « al dente »**
1 c. à soupe 15 ml	**menthe fraîche, hachée**
2 c. à soupe 30 ml	**coriandre fraîche, hachée**

COUSCOUS AUX NOIX ET AUX GROSEILLES

1⅓ tasse 330 ml	**eau**
¼ c. à thé 1 ml	**sel**
⅓ tasse 80 ml	**groseilles ou canneberges sèches**
2 c. à soupe 30 ml	**beurre**
1⅓ tasse 330 ml	**couscous**
⅔ tasse 160 ml	**noix au choix, grillées et hachées (amandes, de Grenoble, etc.)**

1 Dans une casserole, porter à ébullition les tomates à feu moyen-élevé. Baisser le feu et laisser mijoter 15 minutes.

2 Mettre le safran dans un bol avec l'eau chaude. Laisser tremper 10-15 minutes. Réserver.

3 Entre-temps, dans une grande casserole, faire chauffer l'huile d'olive à feu moyen. Ajouter l'oignon et le sel. Faire revenir 7-8 minutes. Ajouter l'ail, le gingembre, la cannelle, le curcuma et le poivre de Cayenne. Cuire 1 minute en brassant. Ajouter le bouillon de légumes, le poivron et les carottes. Couvrir et laisser mijoter 10 minutes.

4 Ajouter les pois chiches, les haricots berlotti et les tomates bouillies, puis baisser le feu à moyen-doux. Laisser mijoter 20-25 minutes. Ajouter un peu plus de sel et de poivre de Cayenne au goût. Ajouter les haricots verts, la menthe et la coriandre fraîche. Bien mélanger, puis retirer du feu. Couvrir et laisser reposer 5 minutes.

5 Déposer 2-3 grosses louches de couscous aux noix et aux groseilles dans chaque assiette. Faire un puits au milieu du couscous et y verser le mélange de légumes. Servir immédiatement.

COUSCOUS AUX NOIX ET AUX GROSEILLES

6 Dans une casserole, faire bouillir l'eau. Ajouter le sel et les groseilles, puis retirer du feu. Couvrir et réserver.

7 Entre-temps, dans une autre casserole, faire chauffer le beurre à feu moyen. Ajouter le couscous et les noix, puis faire sauter 4 minutes en brassant. Retirer la casserole du feu, puis ajouter le mélange d'eau bouillante et de groseilles. Couvrir et laisser reposer 15 minutes. Mélanger avec une fourchette, puis servir.

Conseil de chef

En apportant votre lunch au travail, vous éviterez ainsi de manger au restaurant. Normalement, la nourriture offerte dans ces types d'établissements est plus grasse et plus calorifique que celle faite à la maison. Vous n'avez qu'à préparer de plus grandes quantités de nourriture le soir précédent, et le tour est joué! Vous pouvez aussi concocter un lunch de dernière minute avec presque n'importe quoi : sandwichs divers, salades, soupes, légumes parés, fruits, etc.

Filet de porc cajun,
vinaigrette à la papaye
et à la cannelle

Pétoncles sautés,
salsa de mangue
et d'échalotes

Filet de porc cajun, vinaigrette à la papaye et à la cannelle

4 portions

2	**filets de porc dégraissés**
	Jus de lime
	Épices cajuns
2 c. à soupe 30 ml	**huile d'olive**
	Julienne de chair de papaye

VINAIGRETTE À LA PAPAYE ET À LA CANNELLE

2 tasses 500 ml	**chair de papaye coupée en petits cubes**
2	**échalotes sèches parées**
3 c. à thé 15 ml	**huile de sésame**
¼ tasse 60 ml	**vinaigre de cidre ou de vin blanc**
⅓ tasse 80 ml	**coriandre fraîche**
1-2 c. à thé 5-10 ml	**cannelle moulue**

1 Déposer les filets de porc sur une planche de bois, puis les asperger de jus de lime. Les enrober au goût d'épices cajuns, puis taper la viande des mains pour bien imprégner les épices dans la chair.

2 Dans une grande poêle, faire chauffer l'huile à feu moyen-élevé. Ajouter les deux filets et les cuire une quinzaine de minutes, ou jusqu'à ce que la chair soit tout juste cuite. Tourner la viande à quelques reprises durant la cuisson. Retirer immédiatement les filets de la poêle, puis les envelopper dans du papier d'aluminium. Laisser reposer 7-10 minutes.

3 Couper les filets en deux, puis faire une incision sur le dessus de chaque morceau afin de créer une cavité. Servir un morceau de porc par portion et remplir généreusement la cavité de vinaigrette à la papaye et à la cannelle. Décorer d'une julienne de papaye. Accompagner de quartiers de pommes de terre grillés et de haricots verts étuvés.

VINAIGRETTE À LA PAPAYE ET À LA CANNELLE

4 Mettre tous les ingrédients dans un robot culinaire, puis réduire jusqu'à l'obtention d'une sauce lisse et homogène. Transvider dans un bol, puis réserver au frais jusqu'au moment de servir. Excellent comme vinaigrette ou comme sauce d'accompagnement avec vos mets principaux.

Conseil de chef

Essayez de nouveaux légumes et fruits ainsi que d'autres bons aliments pour la santé. De cette façon, vous découvrirez des saveurs inédites. De plus, n'hésitez pas à préparer de nouvelles recettes avec des aliments que vous n'employez pas quotidiennement. Le but premier est d'augmenter votre consommation d'aliments sains et naturels au détriment d'aliments transformés et à haute teneur en calories et en gras. Toutes les solutions et suggestions sont bonnes!

Pétoncles sautés, salsa de mangue et d'échalotes

4-6 portions

1⅓-1⅔ lb 600-750 g	**gros pétoncles**
	Huile d'olive
	Sel et poivre
	Laitue Boston

SALSA À LA MANGUE ET AUX ÉCHALOTES

3	**tomates moyennes parées, épépinées et coupées en cubes**
2 tasses 500 ml	**chair de mangue, coupée en cubes**
	Jus et zeste râpé d'une lime
2 c. à soupe 30 ml	**vinaigre blanc**
2 c. à thé 10 ml	**coriandre moulue**
10-12	**échalotes vertes tranchées**

1	**poivron orange ou jaune paré et coupé en petits cubes**
2 c. à soupe 30 ml	**huile d'olive**
	Sel et poivre

1 Déposer les pétoncles sur un linge propre, puis les assécher le plus possible. Réserver. Dans une grande poêle, faire chauffer un fond d'huile à feu moyen-élevé. Quand l'huile est chaude, ajouter les pétoncles et les saisir quelques minutes de chaque côté. Les saler et les poivrer durant la cuisson. Ne pas trop les cuire, car ils deviendront caoutchouteux.

2 Déposer une portion de salsa à la mangue et aux échalotes au centre de 4-6 assiettes, sur un fond de feuilles de laitue. À l'aide d'une grande cuillère trouée, disposer les pétoncles sur la salsa. Servir immédiatement. Accompagner de tranches d'avocat et de tranches de pain grillées.

SALSA À LA MANGUE ET AUX ÉCHALOTES

3 Dans un bol, bien mélanger tous les ingrédients, puis saler et poivrer au goût. Couvrir et réfrigérer quelques heures avant de servir.

Conseil de chef

La cuisson des fruits de mer, que ce soit dans la poêle ou au barbecue, nécessite une attention particulière. Par exemple, les crevettes et les pétoncles prendront environ de 2 à 3 minutes de chaque côté (ou un peu plus selon leur grosseur) pour cuire. Asséchez-les bien, puis huilez-les avant de les griller. Une cuisson à feu moyen ou moyen-élevé est recommandée. Ne les cuisez pas trop car, étant peu gras, cela les rendra rapidement secs et caoutchouteux.

Salade de steak de flanc grillé à la mangue et à la coriandre

4-6 portions

1	**steak de flanc d'environ 2 lb (900 g)**
	Épices à steak, style Montréal
2	**laitues feuilles de chêne**
1	**gros oignon rouge tranché mince**
	Chair de mangue en morceaux
	Coriandre fraîche

VINAIGRETTE À LA MANGUE ET À LA CORIANDRE

	Chair d'une mangue coupée en cubes
	Jus d'une lime
½ tasse 125 ml	**coriandre fraîche, ciselée**
4 c. à soupe 60 ml	**huile d'olive**
1	**gousse d'ail hachée finement**
	Sel et poivre

1 Mettre le steak de flanc sur une surface de travail, puis assaisonner légèrement les deux côtés d'épices à steak.

2 Préchauffer le four à 425 °F (220 °C). Nettoyer la grille, puis huiler légèrement. Déposer le steak de flanc sur une plaque allant au four. Mettre la plaque au four et cuire le steak 12 minutes de chaque côté, ou jusqu'à ce qu'il soit cuit mais encore légèrement rosé au centre. Le retirer du four, puis l'envelopper immédiatement dans une feuille de papier d'aluminium. Réserver 10 minutes.

3 Couvrir le fond d'une grande assiette de service de laitues feuilles de chêne, puis recouvrir de tranches d'oignon. Réserver. Couper le steak de flanc en tranches minces obliques, puis les disposer esthétiquement sur le dessus des tranches d'oignon. Mouiller généreusement avec la vinaigrette à la mangue et à la coriandre. Décorer de morceaux de mangue et de coriandre fraîche.

VINAIGRETTE À LA MANGUE ET À LA CORIANDRE

4 Mettre les quatre premiers ingrédients dans un robot culinaire, puis réduire le tout jusqu'à l'obtention d'une vinaigrette crémeuse et lisse. Transvider dans un bol, puis ajouter l'ail. Saler et poivrer au goût, puis mélanger. Incorporer un peu plus d'huile ou de jus de lime selon les goûts et la consistance désirée. Réserver au frais.

Conseil de chef

Achetez des coupes de viande les plus maigres possible (découpez tout excédent de gras sur vos pièces) et consommez-en en plus petite quantité. Nous avons tendance à manger trop de viande et pas suffisament de légumes, de fruits ou de glucides. En ce qui a trait à la volaille, retirez la peau.

Filets de saumon farcis au fromage de chèvre

8 portions

1	**grand filet de saumon de l'Atlantique de 3 lb (1,36 kg)**
1 lb 454 g	**fromage de chèvre frais**
8	**petites feuilles de papier d'aluminium**
	Moutarde de Dijon
	Jus de citron
	Huile d'olive
	Sel et poivre
	Tiges d'herbes fraîches

1 Préchauffer le four à 375 °F (190 °C). Couper le filet de saumon en huit morceaux égaux, puis faire deux incisions assez profondes et larges sur le dessus de chacun d'eux. Farcir généreusement chaque incision de fromage de chèvre. Déposer un petit filet farci au centre de chaque feuille de papier d'aluminium, préalablement badigeonnée d'un peu de moutarde de Dijon.

2 Mouiller le dessus de chaque filet avec du jus de citron et un peu d'huile d'olive. Saler et poivrer au goût, puis garnir de 1-2 branches d'herbes fraîches. Sceller chaque papillote, puis les déposer sur une lèchefrite. Cuire 13-15 minutes au four, ou jusqu'à ce que la chair s'effrite facilement. Ne pas trop cuire. Retirer du four et servir directement les papillotes ouvertes.

Voici quelques trucs pour cuire des côtelettes d'agneau à la perfection. Tranchez le bord des côtelettes à quelques endroits pour les empêcher d'onduler lors de la cuisson. Badigeonnez-les avec de l'huile assaisonnée, puis laissez-les reposer de 2 à 6 heures à la température ambiante ou laissez-les mariner un minimum de 3 heures. Grillez-les au four très chaud, au barbecue ou dans une poêle antiadhésive avec un minimum d'huile (évitez d'ajouter de l'huile si vous avez badigeonné préalablement les côtelettes). Salez uniquement une fois la viande saisie. Servez à point ou à point-saignant pour profiter pleinement de la saveur de l'agneau.

Côtelettes d'agneau au laurier et au vin rouge

8 portions

2 tasses 500 ml	**vin rouge**
4	**feuilles de laurier écrasées grossièrement**
3	**gousses d'ail coupées en deux**
1 c. à soupe 15 ml	**baies de genièvre**
1 c. à soupe 15 ml	**grains de poivre**
2 c. à soupe 30 ml	**persil frais, haché**
	Quelques branches de romarin frais
16	**petites côtelettes d'agneau dégraissées**

1 Mettre les sept premiers ingrédients dans une casserole de grandeur moyenne, puis couvrir. Porter à ébullition, puis retirer immédiatement la casserole du feu. Laisser reposer 10 minutes.

2 Déposer les côtelettes dans un grand plat rectangulaire en pyrex. Verser le mélange de vin rouge sur les côtelettes. Couvrir et réfrigérer un maximum de 48 heures. Tourner la viande une fois.

3 Trente minutes avant de servir, préchauffer le four à 425 °F (220 °C). Retirer le couvercle, puis cuire 15-18 minutes au four ou plus selon la cuisson désirée. Retirer du four et servir immédiatement. Décorer de branches de romarin frais. Accompagner du jus de cuisson préalablement réduit au besoin, puis passer au tamis.

Escargots au « butterscotch »

48 biscuits

1 ¼ tasse 310 ml	**brisures de caramel au beurre**
1 c. à soupe 15 ml	**crème 35 %**
4 ½ tasses 1,125 L	**farine non blanchie**
2 c. à thé 10 ml	**poudre à pâte**
1 ½ tasse 375 ml	**beurre froid, en morceaux**
2	**œufs battus**
1 c. à thé 5 ml	**extrait de vanille**
1 ½ tasse 375 ml	**cassonade foncée**
⅓ tasse 80 ml	**crème 35 %**
1	**jaune d'œuf battu**
2 c. à soupe 30 ml	**eau**

1 Dans une petite casserole, faire fondre les brisures de caramel avec la crème. Retirer la casserole du feu et laisser refroidir.

2 Préchauffer le four à 350 °F (180 °C). Dans un grand bol, mélanger la farine et la poudre à pâte. Ajouter le beurre, puis l'intégrer avec les mains jusqu'à l'obtention d'un mélange granuleux. Réserver.

3 Dans la petite casserole où se trouve le mélange de brisures de caramel fondues, ajouter les œufs et l'extrait de vanille, puis fouetter jusqu'à l'obtention d'un mélange homogène. Ajouter les ingrédients liquides aux ingrédients secs, puis mélanger juste assez pour intégrer le tout. Diviser la pâte en quatre boules. Emballer chaque boule dans une pellicule de plastique, puis réfrigérer 30 minutes.

4 Dans un bol, bien mélanger la cassonade et la crème. Retirer une boule de pâte du réfrigérateur, puis l'abaisser en un rectangle d'environ 12 po (30 cm) de long sur 8 po (20 cm) de large. Enfariner très légèrement la surface de travail pour éviter que la pâte colle. Badigeonner le rectangle du mélange de cassonade. Couper la pâte en six bandes sur la longueur (elles auront 2 po (5 cm) de largeur) à l'aide d'un couteau tranchant ou d'un couteau à pizza. Trancher ensuite chaque bande diagonalement (il y aura 12 triangles de 8 po (30 cm) de long).

5 Rouler chaque triangle à partir de la partie la plus large, de façon à former un escargot. Déposer les escargots sur une plaque à biscuits beurrée, en les espaçant d'environ 2 po (5 cm). Dans un petit bol, mélanger le jaune d'œuf et l'eau, puis badigeonner les escargots de ce mélange.

6 Cuire 15-20 minutes au four, ou jusqu'à ce que les escargots soient bien dorés. Les retirer du four, puis laisser refroidir complètement. Répéter l'opération avec les trois autres boules de pâte. Réserver dans des contenants hermétiques.

Truffes décadentes

16-24 petites truffes

3 oz 85 g	chocolat non sucré ou noir, en morceaux
¼ tasse 60 ml	beurre non salé, ramolli
¾ tasse 180 ml	sucre à glacer
3	jaunes d'œufs
1 c. à thé 5 ml	extrait de vanille
	Cacao sucré, chocolat râpé ou sucre à glacer

1 Faire fondre le chocolat au bain-marie en remuant. Réserver. Dans un grand bol, crémer le beurre, puis ajouter graduellement le sucre en mélangeant. Lorsque le mélange est bien lisse, ajouter les jaunes d'œufs, un à un, en mêlant entre chaque addition. Ajouter l'extrait de vanille et le chocolat fondu (légèrement refroidi) en filet, tout en mélangeant doucement.

2 Bien mêler, puis réfrigérer le mélange environ 6 heures ou jusqu'à ce qu'il soit assez ferme. Façonner de petites truffes, cuillerée par cuillerée, puis les rouler dans le cacao sucré ou le sucre à glacer, ou les enrober de chocolat râpé. Réserver au frais.

Conseil de chef

Vous pouvez facilement doubler cette recette de truffes. Elles sont délectables et se donnent très bien en cadeaux. De plus, elles se conservent quelques semaines au réfrigérateur dans un contenant hermétique. Vous pouvez aussi y ajouter de 2 à 3 c. à soupe (de 30 à 45 ml) de liqueur au choix (d'orange, de café, de noisettes, etc.).

Sandwichs fromagés au citron

24-36 sandwichs

⅓ tasse 80 ml	**beurre mou**
⅔ tasse 160 ml	**sucre granulé**
1	**gros œuf battu**
½ c. à thé 2,5 ml	**extrait de vanille**
1 c. à soupe 15 ml	**zeste de citron râpé, puis haché finement**
1 c. à soupe 15 ml	**jus de citron**
1 ½ tasse 375 ml	**farine non blanchie**
	Sel
	Fromage à la crème léger
	Sucre en poudre

1 Préchauffer le four à 350 °F (180 °C). Dans un grand bol, bien fouetter le beurre avec le sucre jusqu'à ce que le mélange devienne crémeux. Incorporer, tout en brassant, l'œuf, l'extrait de vanille, le zeste et le jus de citron. Intégrer progressivement la farine préalablement tamisée avec le sel. Lorsque la pâte devient plus ferme, continuer à la travailler avec vos mains jusqu'à ce que la préparation soit bien homogène.

2 Abaisser la pâte sur une surface légèrement enfarinée jusqu'à l'obtention d'une abaisse très mince. Découper des formes dans la pâte en utilisant un emporte-pièce ou les rebords d'un verre. Abaisser l'excédent de pâte autour des formes, puis créer d'autres biscuits. Beurrer une plaque allant au four, y déposer les bicuits, puis les cuire 10-12 minutes.

3 Retirer les biscuits du four, puis de la plaque, et les laisser refroidir. Répéter la cuisson des biscuits jusqu'à ce qu'il ne reste plus de pâte. Tartiner légèrement la moitié des biscuits de fromage à la crème, puis saupoudrer d'un peu de sucre en poudre. Recouvrir chaque biscuit tartiné d'un autre biscuit non tartiné. Décorer de zeste de citron. Réserver les sandwichs au réfrigérateur, dans des contenants hermétiques.

Conseil de chef

Afin de vous débarrassez des odeurs émanant de l'évier, saupoudrez le dessus de l'orifice de bicarbonate de sodium, puis aspergez-le du jus d'un demi-citron. Laissez reposer 30 minutes.

Pour vous débarrasser des odeurs de légumes incrustées sur vos doigts, trempez-les dans de l'eau vinaigrée, puis lavez-les à l'eau savonneuse. Finalement, frottez vos mains avec un demi-citron.

Biscuits « Pinwheel » aux amandes

40 biscuits

6 oz 170 g	**beurre non salé, mou**
¾ tasse 180 ml	**sucre**
3 tasses 750 ml	**farine non blanchie**
	Pincée de sel
1 c. à soupe 15 ml	**jus de citron**
½ tasse 125 ml	**eau froide**
1 c. à thé 5 ml	**extrait d'amandes**
⅓ tasse 80 ml	**amandes finement hachées**
3 c. à soupe 45 ml	**poudre de cacao non sucrée**

Conseil de chef

Si vous désirez confectionner de grandes quantités de biscuits, voici une façon de les conserver longtemps. Une fois que vos biscuits sont complètement refroidis, séparez-les en portions, puis déposez-les dans des sacs hermétiques pour congélation. Retirez le plus d'air possible avant de les sceller et de les mettre au congélateur. De cette manière, vos biscuits se conserveront plus de six mois.

1 Mettre le beurre dans un robot culinaire. Réduire, tout en ajoutant le sucre graduellement, jusqu'à ce que le mélange soit mousseux et jaune pâle. Ajouter la farine, le sel et le jus de citron préalablement mélangé avec l'eau froide. Continuer à mélanger jusqu'à l'obtention d'une pâte homogène. Diviser la pâte en deux parties égales. Remettre une moitié dans le robot, puis ajouter l'extrait d'amandes et les amandes hachées tout en mélangeant. Retirer la pâte aux amandes du robot.

2 Mettre la seconde moitié de pâte dans le robot, puis ajouter la poudre de cacao tout en mélangeant. Retirer la pâte au chocolat du robot et réserver. Faire une boule avec chaque type de pâte, puis les recouvrir de papier ciré. Réserver au réfrigérateur 2 heures.

3 Retirer les boules de pâte du réfrigérateur, puis enlever le papier ciré. Sur une surface de travail enfarinée, abaisser la pâte au chocolat et la pâte aux amandes afin de former deux rectangles de 9 po x 12 po x ⅛ po (23 cm x 30 cm x 0,3 cm). Recouvrir la pâte au chocolat de la pâte aux amandes, puis rouler en commençant par le côté le plus long. Couvrir le rouleau de papier ciré, puis réserver au réfrigérateur 2 heures.

4 Préchauffer le four à 350 °F (180 °C). Retirer le rouleau du réfrigérateur, puis du papier ciré. Le couper en tranches de ¼ po (0,5 cm), puis déposer celles-ci sur deux plaques allant au four, beurrées. Cuire 10-12 minutes, ou jusqu'à ce que la pâte devienne dorée. Retirer du four, puis laisser les biscuits refroidir sur les plaques avant de les servir. Ils se conservent jusqu'à un mois dans des contenants hermétiques.

Tortues brésiliennes aux arachides

36 tortues

6 oz 170 g	**brisures de chocolat mi-sucré**
6 oz 170 g	**brisures de caramel (« butterscotch »)**
3 c. à soupe 45 ml	**beurre d'arachide au choix**
⅔ tasse 160 ml	**arachides grillées au choix**
⅔ tasse 160 ml	**noix du Brésil écrasées très grossièrement**
2 tasses 500 ml	**céréales granola**
4 oz 115 g	**chocolat mi-sucré**
3 c. à soupe 45 ml	**lait**

1 Dans une casserole de grandeur moyenne, faire fondre, à feu doux, les brisures de chocolat et de caramel, tout en mélangeant. Aussitôt que le mélange est fondu, retirer la casserole du feu. Ajouter le reste des ingrédients, sauf le chocolat mi-sucré et le lait, tout en brassant jusqu'à ce que le mélange soit bien uniforme.

2 À l'aide d'une cuillère, déposer de petites boules du mélange sur deux grandes feuilles de papier ciré. Les aplatir légèrement avec le dos d'une fourchette.

3 Dans une casserole, faire fondre le chocolat mi-sucré et le lait. Décorer les tortues de quelques filets de ce mélange. Réfrigérer 30 minutes avant de servir. Réserver au frais dans des contenants hermétiques.

Conseil de chef

Dans cette recette, vous pouvez remplacer les arachides grillées par des arachides grillées au miel, ce qui ajoutera beaucoup de goût à ces tortues brésiliennes. De plus, vous pouvez griller les noix du Brésil quelques minutes au four, à « broil », avant de les utiliser. Elles seront ainsi plus croustillantes et goûteuses.

Conseil de chef

Pour décorer ces biscuits d'un mince filet de glaçage au chocolat, nous vous recommandons l'usage d'une poche à douilles. Si vous n'en avez pas, vous pouvez toujours en créer une en roulant une feuille de papier ciré en cône, puis en la fixant avec du papier adhésif. Coupez l'extrémité du diamètre voulu, puis versez le glaçage dans la douille. Procédez délicatement à la garniture des biscuits.

Biscuits choco-moka aux pacanes

60 biscuits

1 ½ tasse 375 ml	**sucre**
½ tasse 125 ml	**huile végétale**
4 oz 115 g	**chocolat mi-sucré, fondu**
1 c. à soupe 15 ml	**café filtre**
1 c. à thé 5 ml	**extrait d'amandes**
4	**œufs**
3 tasses 750 ml	**farine non blanchie**
2 c. à thé 10 ml	**poudre à pâte**
¼ c. à thé 1 ml	**sel**
1 tasse 250 ml	**pacanes hachées**

GLAÇAGE AU CHOCOLAT

½ tasse 125 ml	**brisures de chocolat mi-sucré**
2 c. à soupe 30 ml	**beurre**

1 Dans un grand bol, mélanger les cinq premiers ingrédients à l'aide d'un mélangeur électrique. Ajouter les œufs, un à la fois, tout en mélangeant. Intégrer graduellement la farine, la poudre à pâte et le sel tout en brassant. Mélanger à basse vitesse jusqu'à l'obtention d'une pâte homogène. Intégrer les noix. Couvrir et réserver au réfrigérateur 3 heures, ou jusqu'à ce que la pâte soit ferme.

2 Préchauffer le four à 350 °F (180 °C). Retirer la pâte du réfrigérateur puis, à l'aide d'une cuillère à soupe, déposer la pâte en petites boules sur une plaque allant au four, non beurrée. Cuire au four 12-15 minutes. Retirer du four, puis laisser refroidir les biscuits sur une grille. Répéter la cuisson des biscuits jusqu'à ce qu'il ne reste plus de pâte. Les laisser refroidir complètement. Napper chaque biscuit d'un filet de glaçage au chocolat en forme de serpentin. Laisser sécher complètement avant de servir. Conserver dans des contenants hermétiques.

GLAÇAGE AU CHOCOLAT

3 Dans une petite casserole, faire fondre le chocolat et le beurre à feu doux, tout en mélangeant. Utiliser immédiatement.

Barres 5 étoiles au caramel

24 barres

1 tasse 250 ml	**farine non blanchie**
1 ½ c. à thé 7,5 ml	**poudre à pâte**
1 tasse 250 ml	**beurre fondu**
1 ½ tasse 375 ml	**cassonade foncée, bien compactée**
2	**gros œufs**
1 c. à thé 5 ml	**extrait de vanille**
4 oz 115 g	**brisures de chocolat mi-sucré**
4 oz 115 g	**brisures de caramel (« butterscotch »)**
⅔ tasse 160 ml	**noix de Brésil (ou au choix) hachées grossièrement**

1 Préchauffer le four à 350 °F (180 °C). Dans un bol, mélanger la farine et la poudre à pâte. Réserver. Dans un autre bol, fouetter le beurre et la cassonade. Ajouter les œufs et l'extrait de vanille, et fouetter jusqu'à l'obtention d'une consistance crémeuse. Ajouter le mélange de farine ainsi que le reste des ingrédients, puis incorporer le tout délicatement.

2 Verser la pâte dans un moule rectangulaire beurré de 9 po x 13 po (23 cm x 33 cm). Cuire au centre du four 20-25 minutes, ou jusqu'à ce que le centre de la pâte soit pris mais pas trop ferme. Retirer du four et laisser refroidir complètement avant de trancher en barres. Ces barres se conservent bien, scellées, au congélateur.

Conseil de chef

À moins d'avis contraire, vous pouvez plus facilement démouler un gâteau, un brownie ou tout autre dessert cuit au four dans un moule en le laissant refroidir 15-20 minutes après l'avoir sorti du four. En refroidissant, votre dessert diminue légèrement de volume et se démoule plus facilement.

Étant donné toutes les saveurs qui se trouvent dans cette recette, nous vous suggérons d'utiliser du maïs soufflé nature (non additionné de beurre et de sel).

Boules de maïs soufflé au caramel

36-48 boules

4 tasses 1 L	**maïs soufflé**
2 tasses 500 ml	**riz soufflé**
6 oz 170 g	**caramels mous**
2 c. à soupe 30 ml	**crème 15 %**
⅔ tasse 160 ml	**arachides rôties au miel**

1 Préchauffer le four à 250 °F (120 °C). Dans un grand bol allant au four, mélanger le maïs et le riz soufflés. Mettre le bol au four durant la préparation du caramel.

2 Dans un bain-marie, faire fondre les caramels avec la crème en mélangeant régulièrement. Retirer du feu, puis ajouter les arachides. Bien mélanger.

3 Retirer le bol du four, puis verser le mélange de caramel fondu un peu partout sur le maïs soufflé. Mélanger rapidement pour bien enrober le tout de caramel. Avec vos doigts beurrés, former rapidement des boules de la grosseur d'une balle de golf avec le mélange (celui-ci durcit et colle très vite), puis les déposer sur deux plaques allant au four préalablement beurrées. Laisser refroidir complètement. Réserver dans des contenants hermétiques.

Brownies triple chocolat

18-24 briques

1 ½ tasse 375 ml	**farine non blanchie**
2 c. à thé 10 ml	**poudre à pâte**
½ c. à thé 2,5 ml	**sel**
⅔ tasse 160 ml	**beurre**
1 ¼ tasse 310 ml	**sucre granulé**
3	**œufs**
6 oz 170 g	**chocolat non sucré, fondu**
2 c. à thé 10 ml	**extrait de vanille**
4 oz 115 g	**chocolat mi-sucré, haché très grossièrement**
4 oz 115 g	**chocolat blanc, haché très grossièrement**

1 Préchauffer le four à 350 °F (180 °C). Dans un bol, mélanger la farine, la poudre à pâte et le sel. Réserver. Dans un grand bol, crémer le beurre et le sucre. Ajouter les œufs, un à la fois, en battant bien après chaque addition. Y verser le chocolat fondu et l'extrait de la vanille tout en continuant de battre.

2 Ajouter graduellement les ingrédients secs aux ingrédients liquides en continuant de mélanger. Bien intégrer. Incorporer les morceaux de chocolat mi-sucré et de chocolat blanc.

3 Étendre également la pâte dans un moule rectangulaire de 10 po x 13 po (25 cm x 33 cm). Cuire au four 18-20 minutes, ou jusqu'à ce qu'un cure-dent inséré dans la pâte en ressorte sec. Retirer le moule du four et laisser refroidir avant de trancher le dessert en 24 rectangles ou briques. Les réserver dans des contenants hermétiques.

Biscotti aux trois noix et à l'amaretto

5-6 douzaines de biscotti

5 ½ tasses 1,375 L	**farine non blanchie**
1 c. à soupe 15 ml	**poudre à pâte**
1 c. à thé 5 ml	**sel**
1 tasse 250 ml	**beurre mou**
2 tasses 500 ml	**sucre granulé**
5	**gros œufs**
4 c. à soupe 60 ml	**liqueur d'amaretto**
1 ⅓ tasse 330 ml	**noisettes grillées**
1 ⅓ tasse 330 ml	**pistaches grillées**
1 tasse 250 ml	**brisures de chocolat**

1 Préchauffer le four à 325 °F (165 °C). Beurrer légèrement deux plaques allant au four, puis les foncer de papier ciré. Réserver. Dans un bol, mélanger 5 tasses (1,25 L) de farine, la poudre à pâte et le sel. Réserver.

2 Dans un grand bol, crémer le beurre et le sucre. Ajouter les œufs, un à la fois, tout en battant. Verser la liqueur d'amaretto, puis bien mélanger. Intégrer graduellement les ingrédients secs aux ingrédients liquides en mélangeant. Ajouter les noix et les brisures de chocolat, puis mélanger jusqu'à l'obtention d'une pâte homogène. Diviser la pâte en quatre portions. Réserver.

3 Avec le reste de la farine, enfariner une surface de travail propre ainsi que vos mains. Déposer une portion de pâte sur la surface de travail, puis la façonner en un cylindre d'environ 12 po (30 cm) de long. Répéter l'opération avec les trois autres portions de pâte. Déposer deux cylindres de pâte sur chaque plaque, en les espaçant d'environ 4 po (10 cm). Les aplatir avec vos mains enfarinées jusqu'à environ 3 po (7,5 cm) de largeur, en conservant le centre légèrement bombé.

4 Cuire au four 30 minutes, ou jusqu'à ce que la surface de la pâte soit légèrement dorée. À la moitié de la cuisson, permuter les plaques, puis les tourner de 180° pour que les cylindres cuisent également. Retirer les plaques du four, puis laisser refroidir 15 minutes. Réduire la température du four à 275 °F (135 °C). Déposer les cylindres sur une planche de travail. Couper délicatement les cylindres en tranches diagonales de ½ po (1 cm) de large. Déposer les tranches debout sur les mêmes plaques. Remettre au four 30-45 minutes, ou jusqu'à ce que les biscotti soient légèrement brunis. Retirer les biscotti du four, puis les laisser refroidir complètement. Conserver dans des contenants hermétiques.

Conseil de chef

Enfarinez vos noix avant de les ajouter à vos mélanges ou à vos appareils. Ceci les empêchera de se déposer dans le fond et de mal s'intégrer.

Pour cette recette de
biscuits croustillants,
vous pouvez facilement
omettre les brisures de
chocolat et les noix,
selon vos goûts. Vous
pouvez aussi remplacer
les noix par des
arachides rôties au miel
ou des amandes
fumées. Les brisures de
chocolat peuvent, quant
à elles, être remplacées
par des brisures de
caramel au beurre. Vous
découvrirez ainsi des
saveurs différentes.

Biscuits croustillants à la céréale de riz grillée

24-36 biscuits

½ tasse 125 ml	**beurre mou**
1 tasse 250 ml	**sucre granulé**
1	**œuf battu**
2 c. à thé 10 ml	**extrait de vanille**
⅔ tasse 160 ml	**farine non blanchie**
⅔ tasse 160 ml	**farine de blé entier**
	Pincée de sel
2 ½ tasses 625 ml	**céréale de riz grillée**
⅔ tasse	**brisures de chocolat**
160 ml	
½ tasse 125 ml	**noix au choix hachées grossièrement**

1 Préchauffer le four à 350 °F (180 °C). Dans un bol, bien fouetter le beurre et le sucre. Incorporer l'œufs et l'extrait de vanille. Mélanger de nouveau. Ajouter graduellement les deux farines et le sel tout en mélangeant. Ajouter le reste des ingrédients et bien intégrer en brassant délicatement.

2 Déposer la pâte par cuillerée à soupe (15 ml) sur une grande plaque allant au four, graissée. Mettre cette dernière sur l'étage central du four et cuire les biscuits 10-12 minutes. Répéter l'opération jusqu'à ce qu'il ne reste plus de pâte. Laisser refroidir quelques minutes avant de servir.

Macarons au chocolat et à la Tia Maria

24 macarons

1 ¼ tasse 310 ml	amandes moulues
½ tasse 125 ml	sucre à glacer
½ tasse 125 ml	sucre granulé
3	blancs d'œufs
2 c. à soupe 30 ml	Tia Maria
3 oz 85 g	chocolat mi-sucré, fondu

1 Préchauffer le four à 325 °F (165 °C). Dans un bol, bien mélanger les amandes, les deux sucres, les blancs d'œufs et le Tia Maria. Incorporer le chocolat fondu et bien intégrer. Réfrigérer 15 minutes.

2 À l'aide d'une cuillère, verser de petites quantités bien distancées de la pâte sur une feuille de papier ciré graissée, préalablement déposée sur une grande plaque allant au four. Utiliser deux plaques au besoin.

3 Badigeonner le dessus de chaque macaron avec un peu d'eau et les saupoudrer d'un peu de sucre à glacer. Cuire 12 minutes au four. Laisser refroidir 10 minutes avant de servir.

Conseil de chef

Cette recette de macarons donne des biscuits très croustillants. Pour une version un peu moins croquante, ajoutez un peu de beurre mou (4 c. à soupe (60 ml)) et augmentez légèrement la quantité de farine non blanchie (4 c. à soupe (60 ml)).

Brownies double chocolat

36 petits brownies

8 oz 227 g	**chocolat noir (70 %) ou non sucré**
1 tasse 250 ml	**beurre**
½ tasse 125 ml	**graisse végétale**
2⅔ tasses 660 ml	**sucre granulé**
½ c. à thé 2,5 ml	**sel**
5	**œufs battus**
1⅔ tasse 410 ml	**farine non blanchie**
1½ tasse 375 ml	**noix de Grenoble et pacanes écrasées, puis grillées**
1½ tasse 375 ml	**pépites de chocolat**

1 Préchauffer le four à 350 °F (180 °C). Dans une casserole, faire fondre le chocolat avec le beurre et la graisse végétale à feu doux, en mélangeant constamment. Retirer la casserole du feu, puis ajouter le sucre et le sel.

2 Bien mélanger, puis ajouter les œufs graduellement tout en remuant. Ajouter la farine en deux opérations, puis mélanger jusqu'à ce que la préparation soit homogène. Ajouter la moitié des noix et des pépites de chocolat, puis mélanger légèrement.

3 Étendre le mélange dans le fond d'un moule à gâteau beurré de 9 po x 13 po (23 cm x 33 cm). Couvrir du reste des noix et des pépites de chocolat préalablement mélangées.

4 Cuire environ 40 minutes au four, ou jusqu'à ce qu'un cure-dent inséré dans la pâte en ressorte sec. Ne pas trop cuire. Il est normal que l'intérieur de ces brownies soit humide. Retirer du four et laisser refroidir. Découper en 36 morceaux et conserver dans son moule original, couvert d'une pellicule de plastique, ou dans un contenant hermétique.

Diamants
aux trois chocolats

Dattes suprêmes

Diamants
aux trois chocolats

60 petits diamants

1 lb 454 g	**chocolat mi-amer de qualité, haché**
½ tasse 125 ml	**tartinade de noisettes (de type Nutella)**
¼ tasse 60 ml	**beurre mou**
⅓ tasse 80 ml	**sucre à glacer**
3	**jaunes d'œufs**
4 oz 115 g	**chocolat blanc**
3 ½ c. à soupe 52 ml	**miel liquide**

1 Huiler légèrement un moule carré de 8 po (20 cm), puis le foncer d'une pellicule de plastique. Réserver. Dans un bain-marie, faire fondre le chocolat. Laisser refroidir 10 minutes, puis napper le fond du moule de ¾ tasse (180 ml) de chocolat fondu. Réfrigérer le moule et remettre le reste du chocolat sur le bain-marie. Ajouter la tartinade de noisettes au chocolat fondu. Réchauffer 2 minutes en brassant, ou jusqu'à ce que le mélange soit lisse et homogène. Retirer le bain-marie du feu, puis réserver le mélange de tartinade de noisettes sur celui-ci.

2 Dans un bol, bien crémer le beurre avec le sucre au batteur électrique. Ajouter les jaunes d'œufs, un à un, en battant. Bien mélanger. Sans arrêter de battre, ajouter graduellement le mélange de tartinade de noisettes. Bien mélanger. (Si le mélange n'est pas lisse, mettre le bol sur le bain-marie et brasser juste le temps qu'il faut pour homogénéiser le tout.)

3 Retirer le moule du réfrigérateur, puis y verser le mélange de tartinade de noisettes. Lisser la surface. Réfrigérer 1 heure, ou jusqu'à ce que le mélange soit ferme.

4 Mettre le chocolat blanc et le miel dans une petite casserole et chauffer à feu moyen. Cuire en mélangeant à l'aide d'un fouet jusqu'à ce que le chocolat soit fondu et que la préparation soit lisse. Retirer le moule du réfrigérateur, puis verser également le mélange de miel sur le dessus du mélange de tartinade de noisettes refroidi.

5 Réfrigérer au moins une heure, puis couper en petits losanges à l'aide d'un long couteau préalablement réchauffé sous l'eau chaude. Bien nettoyer le couteau entre chaque coupe. Procéder délicatement pour éviter que les étages se séparent. Conserver au réfrigérateur dans des contenants hermétiques. Retirer du réfrigérateur 10-15 minutes avant de servir. Servir frais.

Conseil de chef

La recette de glaçage au chocolat blanc suggérée ici (chocolat et miel réchauffés à la casserole, puis tiédis) est un excellent glaçage passe-partout, spécialement pour les gâteaux aux noix et au chocolat. Vous pouvez doubler la recette au besoin, puis laisser refroidir le glaçage un peu au frais avant de l'utiliser pour qu'il s'étende plus facilement.

Dattes suprêmes

30 dattes farcies

1	**paquet de fromage à la crème (250 g), ramolli**
⅓ tasse 80 ml	**cassonade foncée ou sucre de canne de qualité (de type Turbinado)**
1	**jaune d'œuf**
¼ c. à thé 1 ml	**piment de la Jamaïque moulu**
30	**grosses dattes sèches, moelleuses (de qualité)**
30	**amandes entières, fumées**

1 Dans un bol, crémer le fromage à la crème. Ajouter la cassonade, le jaune d'œuf et le piment de la Jamaïque, puis mélanger au batteur électrique jusqu'à ce que la préparation soit lisse. Ne pas trop battre. Réserver.

2 Ouvrir les dattes dans le sens de la longueur, puis les dénoyauter. À l'aide d'une petite cuillère ou d'une poche à douilles, farcir généreusement l'intérieur des dattes du mélange de fromage. Enfoncer à moitié une amande fumée au centre de la garniture de chaque datte. Réfrigérer dans des contenants hermétiques. Retirer du réfrigérateur 30 minutes avant de servir.

Conseil de chef

Cette recette requiert de grosses dattes sèches de qualité. Elles sont vendues dans les épiceries spécialisées ou qui vendent des produits de qualité en vrac. Achetez-en beaucoup car elles sont succulentes, bien moelleuses et nettement supérieures au goût des dattes sèches emballées.

É T É

Salsa hawaïenne

4 tasses (1L)

1	**noix de coco coupée ou sciée en deux (peut être remplacée par 1 ⅓ tasse (330 ml) de flocons de noix de coco non sucrés)**
1	**papaye pelée et coupée en deux**
1	**boîte de 19 oz (540 ml) de tomates en dés**
1 tasse 250 ml	**chair d'ananas coupée en petits dés**
1	**carambole tranchée, puis coupée en petits cubes**
	Jus d'une lime
½	**oignon blanc coupé en petits cubes**
1 c. à thé 5 ml	**cumin moulu**
2 c. à soupe 30 ml	**huile d'olive**
1 c. à soupe 15 ml	**vinaigre blanc**
2 c. à soupe 30 ml	**coriandre fraîche, hachée**

1 Après avoir sectionné la noix de coco en deux, bien nettoyer les deux moitiés. Évider la chair et en râper grossièrement environ 1 tasse (250 ml). Réserver le reste de la chair au réfrigérateur dans un peu d'eau. Réserver une demi-coquille comme bol de présentation.

2 Parer la papaye et la couper en petits cubes. La mettre dans un bol avec la chair de noix de coco râpée. Ajouter le reste des ingrédients au bol et mélanger. Couvrir et réfrigérer un minimum de 2 heures. Avant de servir, remplir la demi-coquille de noix de coco de salsa hawaïenne. La déposer dans un bol de grandeur appropriée pour stabiliser la demi-noix de coco. Accompagner de nachos et de quartiers de pitas grillés.

Les salsas et les bruschettas
se conservent environ
une semaine (un peu plus
pour les salsas) au
réfrigérateur dans des
contenants à hermétiques.
Elles atteignent leur saveur
maximum environ 24 heures
après leur préparation
(le temps nécessaire pour
laisser le temps aux saveurs
de s'amalgamer). Après,
les aliments perdent un peu
de leur croustillant, élément
essentiel de ce type de mets.

Salsa aux noix de cajou et à l'oignon rouge

6 tasses (1,5 L)

1 tasse 250 ml	**noix de cajou grillées**
2 tasses 500 ml	**tomates en dés, en boîte**
1 tasse 250 ml	**oignon rouge haché**
1 tasse 250 ml	**chair de pomme coupée en petits cubes**
1 c. à thé 5 ml	**paprika moulu**
1 c. à soupe 15 ml	**vinaigre de cidre**
1 c. à soupe 15 ml	**huile de sésame**
	Sel et poivre

1 Écraser grossièrement les noix de cajou, puis les mettre dans un bol (en réserver quelques-unes pour la décoration). Ajouter le reste des ingrédients, puis mélanger. Assaisonner au goût de sel et de poivre.

2 Laisser reposer 1 heure avant de servir afin de laisser le temps aux saveurs de s'amalgamer. Servir avec des nachos et décorer de quelques noix entières. Réserver au réfrigérateur dans un contenant hermétique.

Tortillas de blé entier, salsa à l'avocat

12 petites tortillas

2⅔ tasses
660 ml	*farine de blé entier*
2 c. à soupe
30 ml	*graisse végétale*
½ c. à thé
2,5 ml	*sel*
½-⅔ tasse
125-160 ml	*eau*
	Huile végétale

SALSA À L'AVOCAT

	*Chair d'un gros avocat
coupée en petits cubes*
	*Jus d'une lime
ou d'un petit citron*
1	*boîte de 19 oz (540 ml)
de tomates en dés*
1	*poivron vert paré
et coupé en petits cubes*
½ tasse
125 ml	*oignon blanc haché*
2 c. à thé
10 ml	*poudre de chili*
½ c. à thé
2,5 ml	*sauce forte*
½ c. à thé
2,5 ml	*coriandre moulue*
	Sel

1 Mettre la farine dans un bol, puis incorporer la graisse végétale et le sel. Travailler la pâte avec un coupe-pâte ou une fourchette jusqu'à ce que le mélange atteigne la consistance d'une chapelure. Ajouter graduellement l'eau en travaillant la pâte jusqu'à ce qu'elle soit bien lisse et élastique. Laisser reposer 45 minutes.

2 Séparer la pâte en 12 petites boules, puis les abaisser sur une surface enfarinée jusqu'à l'obtention de la grandeur désirée.

3 Dans une grande poêle antiadhésive additionnée d'un peu d'huile, frire les tortillas à feu moyen, une à la fois, quelques minutes de chaque côté. Les tortillas sont prêtes lorsqu'elles sont bien dorées des deux côtés.

4 Pour faire des nachos, couper immédiatement les tortillas en quartiers, les laisser sécher, puis les cuire au four. Pour des tortillas, les servir immédiatement encore chaudes ou les réserver dans un sac en plastique scellé. Les réchauffer au micro-ondes quelques secondes avant de les utiliser. Qu'il s'agisse de nachos ou de tortillas, les accompagner de salsa à l'avocat.

SALSA À L'AVOCAT

5 Mettre la chair d'avocat dans un bol, puis l'asperger de jus de lime ou de jus de citron. Réserver.

6 Mettre les tomates (sans leur jus) dans un grand bol, puis les écraser grossièrement. Ajouter le reste des ingrédients ainsi que les cubes d'avocat réservés. Saler légèrement et ajouter un peu de jus des tomates, selon la consistance désirée. Mélanger délicatement et couvrir. Réfrigérer quelques heures avant de servir.

Trempette crémeuse
aux épinards
et aux châtaignes d'eau

Trempette
aux lentilles rouges,
aux asperges et à l'ail

Salsas, trempettes et bruschettas

Trempette crémeuse aux épinards et aux châtaignes d'eau

4 tasses (1 L)

½ lb 227 g	**épinards cuits et égouttés le plus possible**
1 tasse 250 ml	**fromage cottage**
3	**échalotes sèches**
1 tasse 250 ml	**châtaignes d'eau en boîte, égouttées**
½ tasse 125 ml	**crème sure**
3 c. à soupe 45 ml	**concentré de soupe aux légumes ou aux poireaux, déshydraté**
1 c. à soupe 15 ml	**vinaigre de vin blanc**
1 c. à thé 5 ml	**sauce forte**
	Sel

1 Mettre tous les ingrédients dans un robot culinaire. Réduire quelques secondes (ne pas faire une purée lisse), puis transvider dans un contenant hermétique. Saler au goût, puis mélanger. Couvrir et laisser reposer au réfrigérateur un minimum de 2 heures.

2 Juste avant de servir, transvider dans une petite demi-coquille de pain au choix, évidée. Garnir de quelques châtaignes d'eau entières. Accompagner de boules de mie de pain grillées et de bâtonnets de légumes.

Conseil de chef

Faites cuire vos épinards dans une casserole moyenne contenant un très léger fond d'eau. Cela leur permettra de conserver le plus de nutriments possible. Soyez vigilant : les épinards cuisent très rapidement, environ une minute une fois que l'eau bout. Puis, égouttez-les très bien pour ne pas diluer la trempette.

Trempette aux lentilles rouges, aux asperges et à l'ail

4 tasses (1 L)

⅔ tasse 160 ml	**lentilles rouges sèches**
4	**gousses d'ail**
8	**asperges parées et coupées en deux**
1	**petit piment fort épépiné (Jalapeño, vert fort, etc.)**
1 tasse 250 ml	**fromage ricotta**
1-2 c. à soupe 15-30 ml	**huile d'olive**
	Jus d'un demi-citron
	Sel et poivre
2 c. à soupe 30 ml	**estragon frais, ciselé**

1 Dans une casserole, faire bouillir environ 2 tasses (500 ml) d'eau. Ajouter les lentilles, puis baisser le feu à moyen. Laisser mijoter 10 minutes.

2 Ajouter l'ail, les asperges et le piment fort. Laisser mijoter jusqu'à ce que les lentilles et les asperges soient bien tendres. Égoutter le contenu de la casserole dans une passoire. Retirer le plus d'eau possible des lentilles en écrasant le mélange avec le dos d'une cuillère de bois.

3 Mettre le mélange dans un robot culinaire, puis ajouter le reste des ingrédients, sauf l'estragon. Réduire le tout en purée.

4 Transvider dans un bol de présentation et ajouter l'estragon ciselé. Assaisonner de sel et de poivre au goût, puis mélanger délicatement. Accompagner de crudités et de petites biscottes.

Conseil de chef

Doit-on épépiner un piment fort? Si vous épépinez un piment fort et en retirez la membrane, vous diminuerez de beaucoup son piquant car c'est dans ces deux parties de la plante que l'on trouve la capsaïcine, l'alcaloïde responsable de sa force. Cependant, puisque celle-ci varie beaucoup, il est préférable de goûter un minuscule morceau de chaque piment avant de décider de l'épépiner ou non. N'oubliez pas également qu'un piment est plus fort quand il cuit longtemps.

Salsa épicée à la papaye
et à la coriandre

Salsa à l'avocat
et aux pommes

Salsa épicée à la papaye et à la coriandre

8 portions

3	**grosses tomates parées, épépinées et coupées en petits dés**
½	**gros oignon blanc ou rouge, haché**
1	**grosse gousse d'ail écrasée**
2 ½ tasses 625 ml	**chair de papaye coupée en petits dés**
1	**piment Jalapeño paré et haché finement**
2 c. à thé 10 ml	**sel de mer**
2 c. à soupe 30 ml	**miel liquide**
2 c. à thé 10 ml	**coriandre moulue**
4-5 c. à soupe 60-75 ml	**coriandre fraîche, ciselée**
	Jus et zeste râpé d'une lime

1 Mettre tous les ingrédients dans un bol, puis bien mélanger. Couvrir, puis laisser reposer quelques heures au réfrigérateur pour laisser le temps aux saveurs de s'amalgamer.

2 Servir avec des nachos, des tranches minces de baguette grillées ou des quartiers de pitas ouverts, puis grillés. Cette salsa est aussi excellente comme sauce d'accompagnement pour des grillades de poisson, de volaille et même de porc.

Conseil de chef

Lorsque vous faites vos salsas et vos bruschettas, vous pouvez remplacer les tomates fraîches, qui demandent parfois d'être épépinées et même pelées, par des tomates en dés, en boîte, bien égouttées.

Salsa à l'avocat et aux pommes

6-8 portions

1	**boîte de 19 oz (540 ml) de tomates en dés**
	Chair de deux avocats moyens, coupée en petits cubes
2	**pommes sucrées pelées, parées et coupées en petits dés**
3 c. à soupe 45 ml	**vinaigre de cidre**
5	**échalotes vertes tranchées**
1 c. à soupe 15 ml	**pâte de tomates**
1 c. à soupe 15 ml	**poudre de chili**
1 ½ c. à thé 7,5 ml	**sel de céleri**

1 Mettre tous les ingrédients dans un bol, puis bien mélanger. Couvrir, puis laisser reposer quelques heures au réfrigérateur pour laisser le temps aux saveurs de s'amalgamer.

2 Servir avec des nachos, des tranches minces de baguette grillées ou des quartiers de pitas ouverts, puis grillés. Excellent avec de la crème sure.

Conseil de chef

Pour savoir si un avocat est mûr, appuyez votre pouce sur le dessus. S'il est légèrement tendre au toucher et que le doigt pénètre légèrement dans la chair, c'est qu'il est prêt à consommer. Si vous l'ouvrez avant qu'il soit mûr il n'aura presque pas de goût et sa chair sera très dure. Du gaspillage quoi!

Pourquoi ne pas doubler cette recette de salsa et réfrigérer l'excédent dans un contenant ou un sac hermétique? Ceci vous permettra d'avoir une sauce d'accompagnement parfaite pour la volaille et le poisson. Une salsa se conserve au réfrigérateur un maximum de 7 à 10 jours selon le type d'ingrédients utilisés.

Salsa aux tomates italiennes et aux mandarines

6-8 portions

3 tasses 750 ml	**tomates italiennes épépinées et coupées en petits cubes**
2 tasses 500 ml	**quartiers de mandarines en boîte, avec le tiers du jus**
½	**oignon espagnol haché**
1	**poivron vert ou jaune paré et coupé en petits carrés**
3 c. à soupe 45 ml	**vinaigre balsamique**
½ c. à thé 2,5 ml	**piment de la Jamaïque**
1	**pincée de piment de Cayenne**
	Sel et poivre

1 Mettre tous les ingrédients dans un bol, puis assaisonner au goût de sel et de poivre. Bien mélanger. Couvrir, puis laisser reposer quelques heures au réfrigérateur pour laisser le temps aux saveurs de s'amalgamer.

2 Servir cette salsa en canapés avec des nachos et de petits pitas grillés, ou comme accompagnement avec des viandes rouges et du gibier.

Pour confectionner votre propre mélange d'herbes de Provence, vous n'avez qu'à mêler, en quantités égales, les herbes sèches suivantes : origan, sarriette, thym, romarin et marjolaine. Déposez-les dans un pot en terre cuite, puis scellez le tout.

Bruschetta aux pointes d'asperges et au poivron orange

6 portions

1 ½ tasse 375 ml	**pointes d'asperges de 1 ½ po (4 cm) de long**
1	**gros poivron orange paré et coupé en petits carrés**
1	**grosse gousse d'ail écrasée**
2-3	**tomates parées et coupées en petits dés (non épépinées)**
	Jus d'un citron
2 c. à soupe 30 ml	**sirop d'érable**
1 c. à soupe 15 ml	**herbes de Provence**
⅓ tasse 80 ml	**huile d'olive**
	Sel et poivre

1 Conserver les bases d'asperges pour un usage ultérieur (salade, soupe, etc.). Cuire les pointes dans de l'eau bouillante quelques minutes, ou jusqu'à ce qu'elles soient tout juste cuites et encore croustillantes sous la dent. Les égoutter, puis les refroidir à l'eau froide.

2 Mettre les pointes d'asperges dans un bol en verre de grosseur moyenne, puis ajouter le reste des ingrédients. Saler et poivrer au goût, puis mélanger. Réserver 1-2 heures avant de servir pour laisser le temps aux saveurs de s'amalgamer. Servir avec des craquelins ou de minces tranches de pain ciabatta grillées.

Bruschetta
à l'aubergine grillée

Bruschetta
aux poivrons grillés
et au melon

Salsas, trempettes et bruschettas

Bruschetta
à l'aubergine grillée

6 portions

1	**aubergine moyenne, bien lavée**
⅓ tasse 80 ml	**huile d'olive**
2	**gousses d'ail écrasées**
1 c. à thé 5 ml	**origan sec**
3	**tomates mûres parées, épépinées et coupées en petits dés**
½ tasse 125 ml	**basilic frais, ciselé, bien compacté**
1	**gousse d'ail écrasée**
¼ tasse 60 ml	**huile d'olive**
	Jus d'un demi-citron
	Sel de mer et poivre noir du moulin

1 Couper les deux bouts de l'aubergine, puis les jeter. Trancher l'aubergine en rondelles de ¼ po (½ cm), puis les mettre dans un grand plat creux. Réserver. Dans un bol, fouetter l'huile, l'ail et l'origan, puis verser cette marinade sur les tranches d'aubergine. Laisser reposer 1 heure.

2 Préchauffer le barbecue à feu moyen-élevé. Bien gratter la grille, puis la huiler légèrement. Déposer les tranches d'aubergine sur le barbecue. Réserver le reste de la marinade dans un bol de grandeur moyenne. Griller les tranches d'aubergine 3 minutes de chaque côté, sans couvrir. Elles doivent être colorées et légèrement tendres, mais encore un peu croquantes. Les retirer du barbecue, puis les déposer sur une surface de travail.

3 Couper les tranches d'aubergine en dés, puis les mettre dans le bol réservé. Ajouter le reste des ingrédients. Saler et poivrer généreusement, puis mélanger.

4 Laisser reposer 1 heure avant de servir pour laisser le temps aux saveurs de s'amalgamer. Accompagner de pain aux olives grillé au barbecue.

Conseil de chef

Comme presque la plupart des légumes, l'aubergine ne contient presque pas de gras, mais, selon une étude australienne, elle absorbe plus de gras que tout autre légume durant la cuisson. Effectivement, lorsque l'on frit des tranches d'aubergine dans l'huile, celles-ci absorbent environ quatre fois plus de gras qu'une même quantité de pommes de terre, augmentant le nombre de calories à 700! Donc, au lieu de frire l'aubergine, faites-la plutôt griller au barbecue, mijoter, ou encore cuire ou griller au four.

Bruschetta aux poivrons grillés et au melon

6-8 portions

3	**grosses tomates parées, épépinées et coupées en cubes**
2 tasses 500 ml	**chair de melon au choix, coupée en cubes**
2	**grosses gousses d'ail hachées finement**
1	**petit piment fort épépiné, puis haché finement**
¾-1 tasse 180-250 ml	**poivrons grillés coupés en cubes**
½-⅔ tasse 125-160 ml	**basilic frais, ciselé très grossièrement**
6 c. à soupe 90 ml	**huile d'olive**
3 c. à soupe 45 ml	**sucre granulé**
1 c. à thé 5 ml	**sauce forte**
1 c. à thé 5 ml	**sel de mer**
½ c. à thé 2,5 ml	**poivre noir moulu fraîchement**

1 Mettre tous les ingrédients dans un bol moyen en verre. Mélanger, puis réfrigérer au moins 2 heures avant de servir pour laisser le temps aux saveurs de s'amalgamer.

2 Retirer du réfrigérateur 30 minutes avant de servir sur des tranches de baguette ou de petits pitas grillés. Conserver l'excédent de cette bruschetta dans des sacs ou des contenants hermétiques.

Conseil de chef

Lorsque vous fermez hermétiquement des sacs à coulisse, assurez-vous qu'ils contiennent le moins d'air possible. De cette façon, vous conserverez vos aliments frais plus longtemps. Un bon truc consiste à fermer presque entièrement le sac tout en insérant une paille dans l'espace restant. Aspirez l'air avec la paille, retirez-la et fermez complètement.

On trouve principalement deux types d'avocats sur le marché : le Haas, provenant de la Californie, plus petit et très goûteux, et le Florida, qui est deux fois plus (et même davantage) gros que le premier, avec un goût plus doux. L'avocat Florida contient environ la moitié du gras et beaucoup moins de calories que l'avocat Haas.

Guacamole
Le Guide Cuisine

6 portions

1 tasse / 250 ml	**chair d'avocat en purée**
1	**grosse tomate pelée et hachée finement**
3 c. soupe / 45 ml	**oignon rouge haché finement**
	Jus d'un gros citron ou de deux limes
1 c. à soupe / 15 ml	**coriandre fraîche, ciselée finement**
½ c. à thé / 2,5 ml	**cumin en poudre**
1 c. à soupe / 15 ml	**persil frais, ciselé finement**
	Poivre noir moulu
	Feuilles de coriandre fraîche
	Olives noires

1 Mettre tous les ingrédients dans un bol, puis assaisonner au goût de poivre. Bien mélanger, puis décorer de quelques feuilles de coriandre fraîche et de quelques olives noires tranchées.

2 Servir immédiatement et accompagner de croustilles de tortilla, de craquelins au choix et de crudités. Si vous ne le servez pas immédiatement ou s'il en reste, vous assurer de le sceller immédiatement et de l'asperger de jus de citron car l'avocat a tendance à brunir très vite.

Trempette de fromage de chèvre et de bacon

6-8 portions

½ lb	**fromage**
227 g	**de chèvre crémeux**
⅔ tasse	**fromage ricotta**
160 ml	
3 c. à soupe	**lait**
45 ml	

6	**tranches de bacon cuites (croustillantes) et hachées**
4	**échalotes vertes hachées finement**

1 Mettre les trois premiers ingrédients dans un bol. Travailler le mélange avec le dos d'une fourchette jusqu'à ce qu'il soit homogène.

2 Ajouter le bacon et les échalotes, puis mélanger délicatement. Transvider le mélange dans un bol de service et garnir de morceaux d'échalotes. Couvrir et réserver au frais jusqu'au moment de servir. Accompagner de crudités.

Trempette aux noix
et au fromage bleu

6-8 portions

¼ tasse 60 ml	**noix de pin**
⅓ tasse 80 ml	**pacane en morceaux**
⅓ lb 150 g	**fromage bleu en morceaux**
⅓ tasse 80 ml	**crème sure**
¼ tasse 60 ml	**vin blanc**
	Tranches minces de bagels grillés

1 Disposer les noix sur une plaque allant au four. Les griller à « broil » sur l'étage central du four 1-2 minutes. Retirer la plaque du four, puis transvider les noix sur une surface de travail. Laisser reposer 5 minutes. À l'aide d'un grand couteau, les hacher grossièrement. Réserver.

2 Mettre le fromage bleu dans un bol en verre. Réchauffer le fromage au micro-ondes 30 secondes. Retirer du four et incorporer la crème sure et le vin blanc au fromage à l'aide d'une fourchette. Ajouter un peu plus de vin blanc à la trempette selon la consistance désirée.

3 Ajouter les noix hachées et mélanger délicatement. Transvider la trempette dans un bol de présentation et servir. Décorer de quelques noix hachées. Accompagner de crudités tranchées au choix et de tranches minces de bagels grillés.

Bruschetta californienne au fromage gorgonzola

4 portions

3	**grosses tomates mûres parées, épinées, puis coupées en petits cubes**
3 c. à soupe 45 ml	**basilic frais, haché**
2 c. à soupe 30 ml	**coriandre fraîche, hachée**
2	**gousses d'ail hachées finement**
2 c. à soupe 30 ml	**jus de lime**
3	**échalotes vertes hachées**
⅓ tasse 80 ml	**huile d'olive**
	Poivre du moulin
1	**baguette de pain tranchée en 16 morceaux**
¼ lb 115 g	**fromage gorgonzola, à la température ambiante**
	Feuilles de laitue

1 Dans un bol, bien mélanger les cubes de tomates, les herbes fraîches, l'ail, le jus de lime, les échalotes et l'huile d'olive. Assaisonner généreusement de poivre noir. Laisser reposer 30 minutes.

2 Entre-temps, badigeonner les tranches de pain d'une mince couche de fromage gorgonzola. Les mettre au four à 300 °F (150 °C), puis les griller quelques minutes. Attention de ne pas les brûler. Elles doivent être croustillantes et dorées, mais pas brunâtres. Les retirer du four.

3 Disposer quelques feuilles de laitue pour couvrir le fond de quatre assiettes. Déposer une bonne louche de bruschetta sur un côté des assiettes, puis disposer quatre tranches de pain grillées de l'autre côté. Servir immédiatement et accompagner d'une petite cuillère.

Truites grillées à la lime et au fenouil

4 portions

4	**truites lavées, évidées et ébarbées**
	Huile d'olive

MARINADE À LA LIME ET AU FENOUIL

½ tasse 125 ml	**huile d'olive**
¼ tasse 60 ml	**vinaigre balsamique**
⅓ tasse 80 ml	**jus de lime**
2 c. à soupe 30 ml	**fenouil frais, haché**

Sel et poivre

1 Déposer les truites dans un plat rectangulaire, puis bien les enduire de la marinade à la lime et au fenouil en les tournant quelques fois. Couvrir et laisser mariner 4 heures au réfrigérateur.

2 Préchauffer le barbecue à feu moyen, puis bien gratter la grille. Cuire les truites sur le barbecue légèrement huilé 7 minutes de chaque côté. Badigeonner et tourner les truites une seule fois durant la cuisson. Servir avec des pommes de terre nouvelles et de petites carottes. Décorer avec un peu de fenouil frais.

MARINADE À LA LIME ET AU FENOUIL

3 Dans un bol, bien mélanger tous les ingrédients, puis assaisonner au goût de sel et de poivre. Réserver.

Rougets au beurre de Meaux

4 portions

4	**petits rougets lavés et évidés**
1 c. à soupe 15 ml	**fines herbes sèches**
	Huile d'olive

BEURRE À LA MOUTARDE DE MEAUX

½ tasse 125 ml	**beurre mou**
2	**échalotes françaises hachées**
2 c. à soupe 30 ml	**moutarde de Meaux**
1 c. à thé 5 ml	**estragon frais**
1 c. à soupe 15 ml	**basilic frais**
	Jus d'un demi-citron
	Poivre blanc

1 Bien badigeonner les rougets avec l'huile d'olive et les assaisonner avec les fines herbes.

2 Préchauffer le barbecue à feu moyen, puis bien gratter la grille. Cuire les poissons sur le barbecue 8-10 minutes de chaque côté. Tourner les poissons une seule fois et ne pas les manipuler trop. Vous pouvez utiliser une grille double avec manche pour vous aider à les cuire. Servir avec des asperges et des quartiers de citron. Accompagner de beurre à la moutarde de Meaux.

BEURRE À LA MOUTARDE DE MEAUX

3 Dans une casserole, faire fondre le beurre avec les échalotes à feu moyen. Ajouter le reste des ingrédients, puis assaisonner au goût avec le poivre blanc. Porter à ébullition tout en brassant. Retirer du feu et laisser reposer 5 minutes. Transférer dans de petits contenants individuels, puis réfrigérer. Servir comme beurre d'accompagnement avec des poissons et des fruits de mer.

Conseil de chef

Pour cuire les poissons entiers sur le barbecue, il est préférable d'utiliser des paniers à charnières que vous déposerez directement sur la grille. Ainsi, la chair ne collera sur le métal chaud.

Les paniers facilitent la manipulation des poissons. Autrement, il faut bien huiler la grille avant de les y déposer et employer de grandes spatules pour qu'ils ne s'effilochent pas. Les paniers à charnières conviennent aussi à la cuisson des fruits de mer comme les palourdes, les huîtres et les pétoncles.

Steaks de mahi-mahi, salsa au piment de la Jamaïque

4 portions

4	**steaks de mahi-mahi d'environ 6 oz (175 g) chacun**
	Huile de noix ou d'olive

SALSA AU PIMENT DE LA JAMAÏQUE

2	**tomates moyennes, parées et coupées en petits cubes**
	Jus d'une demi-lime
2 c. à thé 10 ml	**piment de la Jamaïque**
3-4 c. à soupe 45-60 ml	**oignon blanc haché finement**
1 tasse 250 ml	**carambole ou chair de melon miel coupée en petits cubes**
½	**poivron vert paré et coupé en petits cubes**
2 c. à soupe 30 ml	**vinaigre de fruits, au choix**
2 c. à soupe 30 ml	**huile d'olive**
	Sel et poivre

1 Préchauffer le barbecue à moyen-élevé. Bien nettoyer la grille, puis la huiler légèrement. Huiler les steaks de mahi-mahi, puis les déposer sur le barbecue et les cuire environ 4 minutes de chaque côté. Ne les retourner qu'une seule fois. Ce poisson se consomme à point-saignant.

2 Servir immédiatement un steak de mahi-mahi par personne, nappé partiellement d'une bonne quantité de salsa au piment de la Jamaïque. Accompagner de riz basmati et de pois mange-tout étuvés.

SALSA AU PIMENT DE LA JAMAÏQUE

3 Mettre tous les ingrédients dans un bol en verre, puis assaisonner de sel et de poivre au goût. Mélanger et couvrir. Réserver quelques heures au réfrigérateur pour laisser le temps aux saveurs de s'amalgamer. Cette salsa est excellente avec des viandes blanches, du poisson, des nachos, etc.

Conseil de chef

Vous désirez un goût différent pour vos mets cuits sur le barbecue? Essayez une planche de bois de cèdre. Procurez-vous à votre centre de rénovation une planche de bois de cèdre non traitée d'environ 10 po x 10 po (25 cm x 25 cm) de long et de ½ po (1 cm) d'épaisseur. Faites-la tremper dans l'eau de 12 à 24 heures. Préchauffez votre barbecue au maximum pendant 15 minutes, puis déposez la planche de bois directement sur la grille. Fermez le couvercle et faites cuire jusqu'à ce que le bois commence à fumer. Déposez vos mets directement sur la planche de cèdre, puis refermez le couvercle. Cuisez vos mets un peu plus longtemps que recommandé, car la cuisson est un peu plus lente. Si la planche commence à prendre légèrement en feu, aspergez-la d'eau. Délicieux!

Steaks de saumon grillés à l'arôme d'orange

Conseil de chef

Afin d'accélérer le marinage des aliments tels que les viandes, les volailles, les poissons et les fruits de mer, piquez-les quelques fois pour permettre à la marinade de pénétrer plus facilement.

4 portions

4	**steaks de saumon d'environ 7 oz (200 g) chacun**
	Sel et poivre
1	**orange coupée en deux, puis tranchée**

MARINADE SUCRÉE À L'ORANGE

¼ tasse 60 ml	**huile d'olive**
½ tasse 125 ml	**jus d'orange**
2 c. à soupe 30 ml	**cassonade**
2 c. à thé 10 ml	**zeste d'orange haché finement**

1 Saler et poivrer les steaks de saumon, puis les déposer dans un plat rectangulaire. Mouiller avec la marinade sucrée à l'orange. Laisser mariner 1-3 heures au réfrigérateur, en les tournant une fois.

2 Préchauffer le barbecue à feu moyen-élevé. Bien nettoyer la grille, puis la huiler légèrement. Déposer les steaks sur la grille du barbecue, fermer partiellement le couvercle, puis cuire 4-5 minutes de chaque côté ou jusqu'à ce que la chair se détache facilement. Badigeonner les steaks de saumon de la marinade durant la cuisson.

3 Servir immédiatement un steak de saumon par personne. Asperger le dessus de chaque steak de l'équivalent du jus d'une demi-tranche d'orange. Décorer d'une demi-tranche d'orange, puis accompagner de riz sauvage et d'asperges étuvées.

MARINADE SUCRÉE À L'ORANGE

4 Mettre tous les ingrédients dans un bol. Bien fouetter. Réserver. Badigeonner de la marinade durant la cuisson. Utiliser pour les viandes blanches, les poissons ou les légumes.

**Conseil
de chef**

Afin de retirer facilement
la peau d'une tomate,
piquez-en le bas avec une
fourchette, puis placez-la
au-dessus d'une flamme ou
d'un élément ouvert à feu
moyen-élevé. Faites tourner
la tomate jusqu'à ce que
la peau brunisse légèrement.
Retirez le pédoncule et
pelez la tomate avec
un petit couteau.

Steaks de bar, compote de courgettes et de tomates

4 portions

4	*steaks de bar d'environ 6 oz (170 g) chacun*
	Sel et poivre
	Huile végétale

COMPOTE DE COURGETTES ET DE TOMATES

3	*tomates ébouillantées, puis pelées*
2 c. à soupe 30 ml	*huile d'olive*
3 c. à thé 15 ml	*graines d'aneth*
1	*courgette lavée et coupée en petits cubes*
1	*feuille de laurier*

⅛ c. à thé 0,5 ml	*poivre de Cayenne*
	Sel et poivre

1 Préchauffer le barbecue à feu moyen-élevé. Bien nettoyer la grille, puis la huiler légèrement. Saler et poivrer les steaks de bar, puis les huiler légèrement. Les déposer sur la grille du barbecue, fermer partiellement le couvercle, puis cuire 4-5 minutes de chaque côté. Ne pas trop cuire les steaks, car le bar est un poisson à chair fine qui perd ses qualités s'il est trop cuit.

2 Retirer les steaks du gril, puis en servir un par personne. Accompagner de compote de courgettes et de tomates ainsi que de petites pommes de terre étuvées.

COMPOTE DE COURGETTES ET DE TOMATES

3 Déposer les tomates pelées sur une surface de travail, puis enlever leur pédoncule. Les couper en petits cubes, puis les réserver dans un bol avec le jus. Dans une poêle, faire chauffer l'huile d'olive à feu moyen-élevé. Y ajouter les graines d'aneth et les cubes de courgette, puis les faire revenir 3 minutes en remuant avec une cuillère de bois.

4 Ajouter la feuille de laurier, le poivre de Cayenne et les tomates réservées. Assaisonner de sel et de poivre au goût, puis bien mélanger. Baisser le feu à moyen, puis laisser mijoter, à découvert, 20 minutes ou jusqu'à ce que la compote épaississe légèrement. Retirer du feu et rectifier l'assaisonnement au besoin. Réserver. Servir chaud.

Steaks de cabillaud, sur lit de linguine et d'épinards

4 portions

	Sel et poivre
4	steaks de cabillaud (morue fraîche) d'environ 7 oz (200 g) chacun
	Herbes de Provence
	Beurre fondu
⅔ lb 300 g	linguine secs
½ - ⅔ lb 227-300 g	épinards frais, nettoyés
	Jus de citron
	Quartiers de citron

1 Saler et poivrer les steaks de cabillaud, puis les saupoudrer d'herbes de Provence. Taper légèrement la chair des mains pour imprégner les épices. Badigeonner de beurre fondu, puis réserver.

2 Préchauffer le barbecue à feu moyen-élevé. Bien nettoyer la grille, puis la huiler légèrement. Déposer les steaks de cabillaud sur la grille du barbecue, fermer partiellement le couvercle, puis cuire 4-6 minutes de chaque côté ou jusqu'à ce que la chair se détache légèrement. Retirer les steaks de cabillaud du barbecue, puis les réserver au chaud dans une feuille de papier d'aluminium.

3 Entre-temps, cuire les pâtes « al dente », puis les égoutter. Les remettre dans la casserole, puis ajouter un peu de beurre fondu pour éviter qu'elles collent et pour leur donner un léger goût.

4 Saler et poivrer au goût, puis déposer un lit de linguine dans le fond de quatre assiettes. Recouvrir d'une couche d'épinards préalablement étuvés et égouttés le plus possible. Mettre un steak de cabillaud au centre de chaque assiette, puis asperger généreusement chaque portion de jus de citron. Servir immédiatement et accompagner de quartiers de citron.

Vous pouvez cuire les filets et
les steaks de poisson
directement sur le barbecue
s'ils proviennent d'espèces
charnues comme le bar,
le flétan, l'espadon, le thon,
le requin, le brochet,
le saumon ou le doré.
En ayant au moins 1 po
(2,5 cm) d'épaisseur, vos
filets cuiront en 10 minutes
environ. Avec un filet
de 1 ½ po (4 cm) et plus, vous
devrez fermer le couvercle du
barbecue pour favoriser une
meilleure répartition de
la chaleur dans la chair.
Les filets minces (aiglefin,
sole, etc.) doivent être cuits
dans une papillote de papier
d'aluminium ou dans
un panier à charnières.

Steaks d'espadon à la louisianaise

4 portions

4	**steaks d'espadon d'environ 7 oz (200 g) chacun**
	Persil frais, ciselé

SAUCE BARBECUE LOUISIANAISE

1	**petit oignon haché finement**
2	**gousses d'ail hachées finement**
1 c. à soupe 15 ml	**cassonade**
⅓ tasse 80 ml	**vinaigre blanc ou de cidre**
4 c. à soupe 60 ml	**ketchup**
2 c. à soupe 30 ml	**moutarde sèche**
1 c. à soupe 15 ml	**sauce Worcestershire**

1	**petit piment fort haché finement**
2 c. à thé 10 ml	**poudre de chili**

1 Mettre les steaks d'espadon dans un grand plat en verre. Les enrober généreusement de sauce barbecue louisianaise, puis couvrir. Réfrigérer quelques heures. Retirer le poisson du réfrigérateur 30 minutes avant de le griller.

2 Préchauffer le barbecue à feu moyen-élevé. Bien nettoyer la grille, puis la huiler. Déposer délicatement les steaks d'espadon sur la grille du barbecue, puis les cuire 5-6 minutes de chaque côté, ou plus selon leur épaisseur. Ne les tourner qu'une seule fois en vous aidant de deux spatules ou d'une très grande spatule. Vous pouvez badigeonner les steaks d'espadon de la sauce barbecue louisianaise durant la cuisson. Les retirer du gril et en servir un par personne. Décorer chaque portion de persil. Accompagner de riz cajun aux gombos et d'une salade César.

SAUCE BARBECUE LOUISIANAISE

3 Mettre tous les ingrédients dans une casserole, puis porter à ébullition tout en mélangeant. Baisser le feu à moyen-doux, puis laisser mijoter quelques minutes jusqu'à l'obtention d'une consistance similaire à celle d'un ketchup semi-liquide. Retirer du feu et laisser reposer.

Ailes de raie,
sauce à l'ananas
et à la coriandre

4-6 portions

2,2 lb 1 kg	**ailes de raie**
	Huile d'olive
	Jus de lime

SAUCE À L'ANANAS ET À LA CORIANDRE

1 lb 454 g	**ananas coupé en petits cubes**
½ tasse 125 ml	**jus d'ananas non sucré**
	Jus d'une lime
2	**gousses d'ail hachées finement**
½ c. à thé 2,5 ml	**flocons de piment fort**
2 c. à soupe 30 ml	**feuilles de coriandre fraîche, hachées**
1 c. à soupe 15 ml	**fécule de maïs**
2 c. à soupe 30 ml	**eau froide**
2 c. à soupe 30 ml	**sucre granulé**
	Sel et poivre

1 Préchauffer le barbecue à feu moyen-élevé. Nettoyer la grille, puis la huiler généreusement. Badigeonner généreusement les ailes de raie d'huile et de jus de lime. Les déposer directement et avec délicatesse sur le gril. Couvrir, puis les cuire 4-6 minutes de chaque côté. Lorsque le premier côté est cuit, tourner délicatement chaque aile, couvrir, puis terminer la cuisson. Ne tourner les ailes de raie qu'une seule fois.

2 Retirer les ailes délicatement du barbecue. Servir immédiatement et napper partiellement chacune d'elles de sauce à l'ananas et à la coriandre. Accompagner d'un riz aux légumes et de tranches d'avocat nappées d'une vinaigrette au choix.

SAUCE À L'ANANAS ET À LA CORIANDRE

3 Dans une casserole, porter à ébullition les six premiers ingrédients. Baisser le feu à moyen, puis laisser mijoter 5 minutes. Ajouter, tout en brassant, la fécule de maïs préalablement mélangée avec l'eau froide. Laisser mijoter, en brassant, jusqu'à ce que la sauce épaississe. Retirer du feu, puis laisser refroidir 5 minutes. Ajouter le sucre, puis assaisonner de sel et de poivre au goût. Réserver au frais.

Steaks de requin
au poivre et au citron

4 portions

4	**steaks de requin de ⅓-½ lb (150-227 g) chacun**
	Jus et zeste de deux citrons
2 c. à soupe 30 ml	**poivre au choix, moulu grossièrement**
	Huile d'olive
	Sel
1	**citron**

1 Déposer les steaks de requin sur une grande assiette de service. Les asperger généreusement de jus de citron. Les retourner et les asperger de nouveau de jus de citron. Les réserver. Hacher très finement le zeste de citron et le mettre dans un petit bol. Ajouter le poivre et mélanger. Saupoudrer également chaque côté des steaks du mélange de zeste et de poivre. Taper les steaks de requin des mains afin de bien imprégner le mélange dans la chair. Les badigeonner d'huile et les saler légèrement.

2 Préchauffer le barbecue à feu moyen-élevé. Nettoyer la grille, puis la huiler généreusement. Déposer les steaks de requin sur la grille du barbecue, puis les cuire 5-6 minutes de chaque côté. Ne tourner les steaks de requin qu'une seule fois. Les retirer du barbecue et en servir immédiatement un par personne. Garnir chaque portion de poivre moulu grossièrement et d'un morceau de citron. Accompagner de pommes de terre (cuites au barbecue) à la crème sure et à la ciboulette et de brochettes de légumes.

Steaks de flétan grillés, sauce aux groseilles et à l'anis

4 portions

2 lb 900 g	**steaks de flétan**
	Beurre fondu
	Sel et poivre
	Groseilles vertes ou rouges entières

SAUCE AUX GROSEILLES ET À L'ANIS

⅓ tasse 80 ml	**bouillon de poulet**
2	**anis étoilés**
3 c. à soupe 45 ml	**sucre granulé**
1 c. à thé 5 ml	**moutarde de Dijon**
2 c. à soupe 30 ml	**vin blanc**
1 tasse 250 ml	**groseilles vertes ou rouges**
	Poivre blanc
¼ tasse 60 ml	**yogourt méditerranéen nature (10 % M.G.)**

1 Déposer les steaks de flétan sur une grande assiette recouverte de beurre fondu. Les retourner pour bien les enrober de beurre, puis les saler et les poivrer généreusement. Réserver. Préchauffer le barbecue à feu moyen-élevé. Bien gratter la grille, puis la huiler. Déposer les steaks de flétan sur la grille du barbecue. Les cuire 3-4 minutes de chaque côté, en les retournant une seule fois et délicatement avec une grande spatule. Ne pas couvrir et cuire un peu plus si la chair ne se détache pas facilement. Ne pas trop cuire.

2 Retirer délicatement les steaks de flétan du barbecue avec une grande spatule, les couper au besoin, puis les répartir dans quatre grandes assiettes. Les napper esthétiquement de sauce aux groseilles et à l'anis, puis servir immédiatement. Décorer chaque portion de quelques groseilles, puis accompagner de riz basmati.

SAUCE AUX GROSEILLES ET À L'ANIS

3 Dans une casserole, mettre tous les ingrédients, sauf les groseilles, le poivre et le yogourt. Bien mélanger au fouet. Ajouter les groseilles, puis porter à ébullition à feu moyen-doux. Cuire jusqu'à ce que les fruits éclatent.

4 Retirer la casserole du feu, puis passer le mélange au tamis pour obtenir une sauce lisse et homogène. Remettre la sauce dans la casserole, puis poivrer au goût. Ajouter le yogourt, puis bien mélanger. Réserver au chaud. Excellent comme sauce d'accompagnement pour le poisson et la volaille.

Conseil de chef

Dans cette recette, la sauce est à base de groseilles fraîches. Celles-ci sont relativement difficiles à trouver, même en saison. Vous pouvez les remplacer par de petits raisins blancs ou rouges sans pépins. Le goût sera légèrement différent, mais la consistance sera similaire.

SAUCE CRÉMEUSE AU CITRON

2 c. à thé 10 ml	**jus de citron**
	Zeste râpé et haché finement d'un citron bien lavé
⅓ tasse 80 ml	**crème sure**
⅓ tasse 80 ml	**mayonnaise**
½ c. à thé 2,5 ml	**sel assaisonné**
2 c. à thé 10 ml	**flocons d'oignon déshydratés**

BEURRE AU BASILIC ET À L'AIL

⅓ lb 150 g	**beurre**
3	**grosses gousses d'ail dégermées**
⅓ tasse 80 ml	**feuilles de basilic**
1 c. à soupe 15 ml	**persil frais, ciselé**
	Poivre noir du moulin

1 Dans une grande casserole remplie d'eau chaude bouillante, déposer les feuilles de laurier, le citron et la moitié des homards, tête première. Quatre à cinq minutes après que l'eau a recommencé à bouillir, retirer les homards de la casserole avec des pinces, puis les laisser refroidir. Cuire le reste des homards de la même façon, puis les déposer sur une grande planche de bois. À l'aide d'un couperet, faire des incisions à quelques endroits sur la carapace de chaque homard.

2 Préchauffer le barbecue à feu moyen, puis bien gratter la grille. Y déposer les homards, puis couvrir. Les griller 12-15 minutes au total, en les tournant une seule fois. Retirer du feu, puis servir 1-1 ½ homard par personne. Accompagner de quartiers de citron, des trois sauces et de riz étuvé.

SAUCE CITRONNÉE AU BEURRE ET À L'AIL

3 Mettre tous les ingrédients dans un bol, puis assaisonner au goût de sel et de poivre. Mélanger grossièrement et réchauffer quelques secondes au micro-ondes jusqu'à ce que le beurre soit fondu. Mélanger et réserver. Réchauffer au micro-ondes avant de servir, au besoin.

SAUCE CRÉMEUSE AU CITRON

4 Mettre tous les ingrédients dans un bol, puis bien mélanger. Couvrir et réserver au frais.

BEURRE AU BASILIC ET À L'AIL

5 Mettre le beurre dans un bol et le faire fondre au micro-ondes quelques secondes. Réserver. Mettre les gousses d'ail, le basilic et le persil sur une planche de travail, puis hacher le tout très finement avec un grand couteau.

6 Ajouter le hachis au bol contenant le beurre, puis assaisonner généreusement de poivre. Bien mélanger, puis réserver. Au besoin, réchauffer au micro-ondes avant de servir.

Conseil de chef

Si possible, choisissez des homards frais de 2 à 3 lb (de 0,9 à 1,4 kg). Ils coûtent un peu plus cher, mais vous aurez davantage de chair.

Homards grillés aux trois sauces

4 portions

2	**feuilles de laurier**
1	**citron coupé en deux**
4-6	**homards frais**

SAUCE CITRONNÉE AU BEURRE ET À L'AIL

	Jus d'un gros ou de deux petits citrons
¼ lb 115 g	**beurre**
2	**gousses d'ail écrasées**
1 c. à soupe 15 ml	**persil frais, ciselé**
	Sel et poivre

Crevettes papillon aux arômes d'érable citronné et de bière

4 portions

1 ⅓ - 1 ⅔ lb 600-750 g	**grosses crevettes fraîches**
	Jus de citron
	Sirop d'érable

MARINADE À LA BIÈRE ET À L'ÉRABLE CITRONNÉ

6 c. à soupe 90 ml	**sirop d'érable**
4 c. à soupe 60 ml	**sauce chili (style ketchup)**
2	**gousses d'ail hachées finement**
⅔ tasse 160 ml	**bière brune**
2	**échalotes sèches hachées finement**
3 c. à soupe 45 ml	**jus de citron**
	Sel et poivre

1 Décortiquer les crevettes en vous assurant de conserver la queue intacte. Avec un petit couteau, faire une incision tout le long du côté intérieur de chaque crevette. Ne pas traverser entièrement la chair et laisser la queue intacte.

2 Piquer chaque crevette dans le sens de la largeur avec deux petites brochettes de bambou afin de conserver leur forme de papillon. Enfiler ainsi 4-5 crevettes par brochette. Déposer les brochettes dans un grand plat en verre, puis mouiller avec la marinade à la bière et à l'érable citronné. Réfrigérer 3-4 heures.

3 Préchauffer le barbecue à feu moyen-élevé. Bien nettoyer la grille, puis la huiler. Baisser le feu à moyen, puis y déposer les brochettes de crevettes. Les griller 5-6 minutes au total, sans couvrir, en les tournant fréquemment et en les badigeonnant de marinade à la bière et à l'érable citronné.

4 Servir 1-2 brochettes par personne. Les mouiller avec un peu de jus de citron et de sirop d'érable. Accompagner du reste de la marinade préalablement bouillie quelques minutes dans une casserole. Accompagner de riz brun et de légumes colorés sautés.

MARINADE À LA BIÈRE ET À L'ÉRABLE CITRONNÉ

5 Dans un bol, bien fouetter tous les ingrédients, puis saler et poivrer au goût. Réserver au frais.

Conseil de chef

Lorsque vous utilisez des brochettes de bambou pour confectionner des brochettes, assurez-vous de les laisser tremper de 30 à 60 minutes dans l'eau avant d'embrocher les aliments. Vos brochettes seront ainsi plus humides et brûleront moins vite. De plus, si vous attendez à la dernière minute avant d'embrocher les aliments, ils s'assécheront moins vite et, par conséquent, seront plus juteux.

Le papier d'aluminium extra-fort est le meilleur ami de l'amateur de barbecue. Il sert à la fabrication de papillotes dans lesquelles on fait cuire les légumes, les fruits de mer et certains poissons. On en fait aussi des lèchefrites qu'on dispose sur les briquettes pour recueillir le jus de cuisson provenant de la viande cuite au tournebroche.

On préviendra ainsi les flambées soudaines tout en réduisant le contact direct entre le gaz carbonique provenant des flammes et la viande. Les moules d'aluminium préfabriqués peuvent jouer le même rôle que le papier.

Tomates garnies de raisins et de pétoncles

4 portions

½ lb 227 g	**pétoncles moyens**
1	**branche de céleri émincée**
½	**poivron rouge paré et coupé en cubes**
2 c. à soupe 30 ml	**beurre en morceaux**
3 c. à soupe 45 ml	**vin blanc sec**
	Sel et poivre
4	**grosses tomates**
2 tasses 500 ml	**raisins rouges et verts sans pépins, coupés en deux**

1 Préchauffer le barbecue à feu moyen. Mettre tous les ingrédients, sauf les tomates et les raisins, au centre d'une grande feuille de papier d'aluminium épaisse. Saler et poivrer au goût, puis sceller la papillote.

2 Déposer la papillote sur la grille du barbecue, puis couvrir. Cuire 7-8 minutes, ou jusqu'à ce que les pétoncles soient tout juste cuits.

3 Entre-temps, couper chaque tomate en deux, puis les évider. Déposer deux coquilles dans chaque assiette. Retirer la papillote du feu, puis vider son contenu dans un bol. Ajouter les raisins, puis rectifier l'assaisonnement au besoin. Mélanger, puis remplir les coquilles du mélange de pétoncles et de raisins avec une cuillère. Mouiller avec le jus de cuisson. Servir immédiatement. Accompagner de pain grillé.

Salade de fruits de mer grillés au fenouil

4-6 portions

1 lb 454 g	**calmars parés et nettoyés**
2 tasses 500 ml	**vin blanc**
1	**feuille de laurier**
2,2 lb 1 kg	**moules bien nettoyées**
6	**gros pétoncles**
8	**crevettes fraîches moyennes, décortiquées**
	Sel et poivre
	Huile d'olive
1	**gros bulbe de fenouil tranché**
3-4 tasses 0,75-1 L	**mesclun**
2	**grosses tomates parées, évidées et coupées en cubes**
1	**petit oignon haché**
2	**gousses d'ail hachées finement**
2 c. à soupe 30 ml	**câpres égouttées**
2 c. à thé 10 ml	**moutarde de Dijon**
¼ c. à thé 1 ml	**poivre de Cayenne**

1 Séparer les tentacules du corps de chaque calmar, puis retirer la bouche (petit morceau dur) des tentacules avec un petit couteau. Trancher les corps en larges rondelles. Réserver.

2 Mettre le vin et la feuille de laurier dans une grande casserole, puis porter à ébullition. Ajouter les moules, puis baisser le feu à moyen. Couvrir, puis cuire les moules jusqu'à ce qu'elles soient tout juste ouvertes. Ajouter les morceaux de calmars, puis couvrir. Retirer la casserole du feu et réserver 5-10 minutes.

3 Préchauffer le barbecue à feu moyen. Bien nettoyer la grille, puis la huiler. Retirer les moules de la casserole, puis enlever la chair de chacune d'elles (réserver le jus de cuisson). Alterner la chair des moules, les morceaux de calmars, les pétoncles et les crevettes sur des brochettes. Les saler et les poivrer, puis les badigeonner d'huile d'olive. Les cuire sur le barbecue 5-6 minutes, en les tournant quelques fois. Retirer les brochettes du barbecue, puis mettre les morceaux de fruits de mer dans un grand bol à salade. Trancher les pétoncles et les crevettes en deux. Ajouter le fenouil, le mesclun, les cubes de tomates, l'oignon, l'ail et les câpres. Réserver.

4 Remettre la casserole contenant le jus de cuisson des moules sur le feu et réduire des deux tiers, à feu vif. Retirer la casserole du feu, puis ajouter la moutarde et le poivre de Cayenne. Incorporer un peu d'huile, puis assaisonner au goût de sel et de poivre. Bien mélanger et verser cette vinaigrette sur la salade de fruits de mer grillés. Mélanger la salade et servir immédiatement. Accompagner de pain frais.

Conseil de chef

Lorsque vous parer des calmars entiers, assurez-vous de bien retirer le cartillage dur qui se trouve à l'intérieur du corps. De plus, assurez-vous d'enlever la peau sur leurs corps en la passant sous l'eau tout en la frottant des doigts.

Conseil de chef

Avant de cuire des moules, brossez-les sous l'eau froide afin de bien les nettoyer, puis arrachez le byssus (barbe). N'oubliez pas de consommer uniquement les moules ouvertes après la cuisson et de jeter les autres.

Calmars et moules grillés à l'estragon

4 portions

24-30	**moules fraîches, nettoyées**
1 lb 454 g	**calmars nettoyés et parés**
⅓ tasse 80 ml	**vin blanc**
3 c. à soupe 45 ml	**sucre granulé**
3-4 c. à soupe 45-60 ml	**estragon frais, haché**
⅓ tasse 80 ml	**huile d'olive**
⅓ tasse 80 ml	**sauce chili**
	Sauce forte
3	**citrons coupés en petits quartiers**

1 Faire bouillir un fond d'eau dans une grande casserole. Ajouter les moules. Couvrir et laisser bouillir 5 minutes, ou jusqu'à ce qu'elles commencent tout juste à s'ouvrir.

2 Les égoutter et retirer délicatement la chair des coquilles. Déposer la chair dans un bol de grandeur moyenne. Couper les calmars en gros morceaux et les mettre avec la chair des moules.

3 Dans un autre bol, bien fouetter le reste des ingrédients, sauf les quartiers de citron. Assaisonner selon les goûts de sauce forte. Verser la marinade sur les fruits de mer et mélanger délicatement. Couvrir et réfrigérer 2 heures.

4 Préchauffer le barbecue à feu moyen et bien huiler la grille. Enfiler les fruits de mer sur huit brochettes, en les alternant avec de petits quartiers de citron. Cuire 10 minutes au total, en tournant les brochettes une fois et en les badigeonnant du reste de la marinade. Retirer du feu et servir immédiatement sur un lit de riz basmati au poivron vert. Accompagner d'une ratatouille.

Hamburgers aux champignons et au fromage brie

4 portions

1 tasse 250 ml	**champignons nettoyés et tranchés**
1	**oignon tranché**
2 c. à soupe 30 ml	**beurre fondu**
1 lb 454 g	**bœuf haché maigre**
	Poivre
	Épices à steak
⅓ lb 150 g	**fromage brie en tranches**
4	**pains à hamburger ou kaiser**

1 Dans une casserole, faire revenir les champignons et l'oignon dans le beurre, 4 minutes, tout en brassant. Retirer du feu et réserver au chaud.

2 Confectionner quatre boulettes avec le bœuf haché. Les assaisonner au goût avec le poivre et les épices à steak. Les cuire sur le barbecue 4 minutes de chaque côté à feu moyen-élevé. Trois minutes avant la fin de la cuisson, déposer deux tranches de fromage brie sur le dessus de chaque boulette et réchauffer les pains à hamburger. Couvrir, puis continuer la cuisson.

3 Déposer les boulettes gratinées à l'intérieur des pains réchauffés et garnir avec les champignons et les oignons sautés. Servir avec des croustilles.

Conseil de chef

Pour évaluer le degré de cuisson d'un steak ou d'un hamburger, pressez le dessus de la viande avec un doigt. Le trancher avec un couteau risque de laisser échapper le jus et d'assécher la viande. Si le morceau de viande est tendre et que le doigt entre légèrement dans la chair, c'est qu'il est relativement saignant. S'il est plus ferme et moins spongieux au toucher, la pièce est cuite à point. En général, pour un feu moyen-élevé, un steak ou un hamburger de 1 po (2,5 cm) d'épaisseur devra cuire entre 5 et 7 minutes de chaque côté pour une cuisson saignante (à point pour le hamburger), entre 7 et 9 minutes pour une cuisson moyenne (à point pour le hamburger) et entre 9 et 11 minutes pour une cuisson à point.

Hamburgers
d'agneau
à la menthe

Hamburgers
à la dinde
à la californienne

Hamburgers d'agneau à la menthe

6 portions

1 lb 454 g	**agneau haché**
2 c. à soupe 30 ml	**menthe fraîche, hachée**
1	**gousse d'ail hachée**
1 c. à thé 5 ml	**romarin sec**
	Jus d'un citron
	Sel et poivre
6	**pains à hamburger**
	Feuilles de laitue
	Tranches de tomates

1 Dans un grand bol, bien mélanger tous les ingrédients, sauf les pains et les condiments.

2 Confectionner six boulettes uniformes avec le mélange d'agneau. Les cuire sur le barbecue 4-5 minutes de chaque côté, à feu moyen-élevé pour une cuisson à point-saignante. Deux minutes avant la fin de la cuisson des boulettes, réchauffer les pains en les déposant sur l'étage supérieur du barbecue. Garnir les hamburgers avec les feuilles de laitue, les tranches de tomates et vos condiments préférés. Servir avec une salade verte et des croustilles.

Conseil de chef

Voici quelques trucs pour griller des hamburgers à la perfection.

• Retirez la viande du réfrigérateur, puis préparez les galettes. Réservez-les au réfrigérateur jusqu'au moment de les cuire.

• Préchauffez le barbecue à feu élevé. Grattez la grille, puis huilez-la.

• Déposez les galettes sur la grille, puis baissez le feu à moyen. Fermez le couvercle.

• Faites cuire les galettes de 2 à 3 minutes.

• À l'aide d'une spatule, vérifiez que les galettes se dégagent facilement de la grille. Si ce n'est pas le cas, continuez la cuisson quelques minutes de plus.

• Retournez les galettes. Fermez le couvercle, puis faites cuire 3 minutes de plus ou jusqu'à ce qu'elles ne collent plus à la grille.

• Retournez les boulettes une dernière fois. Faites les cuire jusqu'à ce que le jus de cuisson soit clair et que la galette soit semi-ferme.

• À l'aide d'une fourchette, percez le centre d'une boulette pour vérifier le degré de cuisson. Si la viande est encore légèrement rouge, retournez la galette sur le barbecue et faites-la cuire quelques minutes de plus.

Hamburgers à la dinde à la californienne

4-6 portions

1 lb 454 g	**dinde hachée**
½ tasse 125 ml	**oignon rouge haché finement**
1	**œuf battu**
2 c. à soupe 30 ml	**chapelure**
2 c. à soupe 30 ml	**coriandre fraîche, hachée**
	Poivre
	Sauce Tabasco
	Sauce Worcestershire
4-6	**pains à hamburger**
	Tranches de fromage gruyère
	Tranches de tomates
	Tranches de cornichons à l'aneth

SAUCE AU YOGOURT ET À LA CORIANDRE

½ tasse 125 ml	**yogourt nature**
2 c. à soupe 30 ml	**tomate hachée finement**
1	**petite gousse d'ail hachée finement**
1 c. à soupe 15 ml	**coriandre fraîche, hachée**
1 c. à thé 5 ml	**raifort préparé**
1 c. à thé 5 ml	**moutarde de Dijon**
	Sel et poivre

1 Dans un grand bol, bien mélanger la dinde hachée, l'oignon, l'œuf, la chapelure et la coriandre. Assaisonner au goût de poivre, de sauce Tabasco et de sauce Worcestershire. Bien mélanger.

2 Façonner 4-6 boulettes avec le mélange, puis les griller 6-8 minutes de chaque côté à feu moyen-élevé. Deux minutes avant la fin de la cuisson, garnir chaque boulette d'une tranche de gruyère et griller les pains. Couvrir, puis continuer la cuisson. Une fois la cuisson terminée, garnir chaque hamburger de tranches de tomate et de cornichons, puis napper de sauce au yogourt et à la coriandre. Servir avec une salade verte ou des frites maison.

SAUCE AU YOGOURT ET À LA CORIANDRE

3 Dans un petit bol, bien mélanger tous les ingrédients. Assaisonner au goût avec le sel et le poivre. Réserver au réfrigérateur.

Conseil de chef

Pour redonner de la fraîcheur à des feuilles de laitue fanées, trempez-les dans un bain d'eau chaude pendant 10 minutes, puis rincez-les à l'eau froide.

Sandwich moules-frites

2 portions

2	**pommes de terre moyennes (de préférence blanches et longues), cuites très « al dente », puis refroidies**
2 c. à soupe 30 ml	**gras de canard ou huile d'olive**
	Sel
4	**pains hot-dog**
2	**boîtes de moules fumées (de qualité) dans l'huile**

SAUCE POUR MOULES FUMÉES

½ tasse 125 ml	**mayonnaise**
1 c. à thé 5 ml	**paprika**
1 c. à thé 5 ml	**jus de citron**
½ c. à thé 2,5 ml	**moutarde en poudre**
2 c. à thé 10 ml	**flocons d'oignon déshydratés**
¼ c. à thé 1 ml	**ail en poudre**
1 c. à thé 5 ml	**sucre granulé**
	Pincée de piment de Cayenne

1 Trancher les pommes de terre en bâtonnets. Dans une poêle antiadhésive préchauffée à feu moyen, faire revenir les pommes de terre dans le gras de canard jusqu'à ce qu'elles soient bien dorées de tous les côtés. Les égoutter sur du papier essuie-tout, puis les saler au goût. Les recouvrir de papier ou d'un linge propre pour les garder au chaud.

2 Dans la même poêle, faire griller à feu moyen-doux les pains hot-dog. Badigeonner généreusement l'intérieur des pains de sauce pour moules fumées. Bien égoutter les moules fumées, puis les répartir dans les pains. Garnir de bâtonnets de pommes de terre, puis servir immédiatement. Accompagner d'une salade de chou crémeuse.

SAUCE POUR MOULES FUMÉES

3 Mettre tous les ingrédients dans un bol, puis bien mélanger à l'aide d'un fouet. Réserver au réfrigérateur. Cette sauce est aussi excellente pour garnir des canapés de moules fumées ou tout autre canapé.

Conseil de chef

Pour faire des frites maison très croustillantes, suivez les conseils suivants : pelez les pommes de terre, coupez-les en bâtonnets, puis laissez-les tremper pendant 30 minutes dans de l'eau glacée. Égouttez-les et asséchez-les avec du papier essuie-tout. Faites-les frire immédiatement.

Croque-monsieur classique

4 portions

1½ tasse 375 ml	sauce blanche ou béchamel au choix
½ tasse 125 ml	fromage cheddar râpé
	Poivre du moulin
8	tranches de pain au choix
½ lb 227 g	fromage gruyère suisse coupé en tranches minces
¾ lb 350 g	jambon Forêt-Noire, tranché
	Beurre mou
3 c. à soupe 45 ml	fromage parmesan râpé
	Persil frais, haché

1 Mettre le fromage cheddar dans la casserole contenant la sauce blanche, puis réchauffer à feu doux en mélangeant. Poivrer au goût, puis brasser jusqu'à ce que la sauce soit lisse et homogène. Réserver au chaud.

2 Déposer la moitié des tranches de pain sur une surface de travail. Recouvrir chacune d'elles du quart des tranches de fromage, puis du quart des tranches de jambon. Replier vers l'intérieur l'excédent de jambon ou de fromage. Mettre le reste des tranches de pain sur le jambon. Beurrer le dessus des sandwichs, puis les déposer, côté beurré, dans une grande poêle antiadhésive préchauffée à feu moyen-doux. Griller 3-4 minutes, ou jusqu'à ce que le pain soit bien doré. Beurrer le dessus des sandwichs, les retourner, puis les griller de nouveau.

3 Retirer les sandwichs de la poêle, puis les déposer sur une plaque allant au four. Verser la sauce sur les sandwichs. Garnir de fromage parmesan, puis gratiner au four préchauffé à « broil » 1-2 minutes ou jusqu'à ce que la sauce bouillonne et soit bien dorée. Retirer du four. Garnir de persil haché, puis servir immédiatement. Accompagner d'une salade au choix.

Conseil de chef

Voici une recette de sauce blanche ou béchamel express. Dans une casserole moyenne, faites pétiller 3 c. à soupe (45 ml) de beurre avec 1 c. à thé (5 ml) d'huile végétale à feu moyen. Saupoudrez 3 c. à soupe (45 ml) de farine, puis faites cuire 1 minute en mélangeant. Retirez la casserole du feu, puis versez graduellement 1 ½ tasse (375 ml) de bouillon de poulet (sauce blanche) chaud ou de lait chaud (sauce béchamel) en mélangeant à l'aide d'un fouet. Remettez la casserole sur le feu et faites cuire en mélangeant jusqu'à ce que la sauce épaississe et bouille. Baissez le feu à moyen-doux, puis laissez mijoter pendant 2 minutes. Retirez la casserole du feu, puis ajoutez un peu de noix de muscade râpée au goût. Servez immédiatement.

**Conseil
de chef**

L'important dans
cette recette est de bien
dégraisser et dénerver
les steaks d'agneau pour que
la viande soit bien tendre et
agréable à mâcher.
Vous pouvez aussi utiliser
des tortillas plus grandes
(9-10 po (23-25 cm)) pour
faciliter leur manipulation
et leur consommation.
Pour un goût légèrement
différent, pourquoi ne pas
essayer des tortillas
de blé entier?

Fajitas d'agneau aux oignons caramélisés

4 portions

1 lb 454 g	**steak d'agneau tranché en languettes**
2 c. à soupe 30 ml	**jus de citron**
1 c. à soupe 15 ml	**huile**
1 c. à thé 5 ml	**cumin moulu**
½ c. à thé 2,5 ml	**marjolaine sèche**
½ c. à thé 2,5 ml	**thym sec**
	Pincée de piment de Cayenne
1	**gousse d'ail écrasée**
1	**gros oignon blanc**
1 c. à soupe 15 ml	**beurre**
	Sel et poivre du moulin
8	**tortillas de 6 po (15 cm) de diamètre**
1	**tomate tranchée**
1	**avocat moyen, pelé et tranché**
	Salsa aux haricots noirs et crème sure

1 Mettre les huit premiers ingrédients dans un bol en verre. Mélanger, puis laisser mariner 20-25 minutes. Pendant ce temps, trancher l'oignon en deux, puis l'émincer. Dans une poêle antiadhésive, le faire revenir dans le beurre, à feu moyen, 5 minutes ou jusqu'à ce qu'il commence à colorer. Saler au goût, puis baisser le feu à moyen-doux. Cuire 15-20 minutes de plus en brassant à l'occasion, ou jusqu'à ce que l'oignon soit caramélisé. Le transvider dans un bol, couvrir, puis réserver.

2 Préchauffer une grande poêle à feu moyen-élevé. Y verser le mélange de viande avec la marinade. Faire cuire jusqu'à ce que la viande soit grillée mais encore légèrement rosée. Saler et poivrer au goût, puis retirer du feu.

3 Répartir le mélange de viande au centre des tortillas préalablement chauffées au four dans une feuille de papier d'aluminium. Garnir des oignons caramélisés, puis recouvrir de tranches de tomate et d'avocat ainsi que de salsa et de crème sure. Replier les côtés des tortillas par-dessus la garniture afin de former des fajitas. Servir immédiatement et accompagner de nachos et de salsa aux haricots noirs.

Hamburgers de veau aux petites crevettes

4-6 portions

1 ⅔ lb 750 g	veau de grain maigre haché
2 c. à soupe 30 ml	raifort préparé
⅔ tasse 160 ml	fromage ricotta
1 c. à thé 5 ml	sel de céleri
½ c. à thé 2,5 ml	poivre au choix, moulu finement
2	œufs
4 c. à soupe 60 ml	chapelure au choix
	Jus et zeste râpé d'un citron
2	petites boîtes de crevettes de 6,5 oz (184 ml) chacune, bien égouttées
	Huile d'olive
8	pains à hamburger
	Mayonnaise ou sauce crémeuse au choix
	Condiments au choix (relish, tranches de tomates, etc.)

1 Mettre les huit premiers ingrédients dans un grand bol, puis bien mélanger le tout avec les mains. Ajouter les petites crevettes, puis mélanger délicatement et juste assez pour bien les incorporer. Avec ce mélange, façonner 8 galettes assez plates en vous trempant fréquemment les mains dans l'eau chaude pour faciliter l'opération.

2 Déposer les galettes sur une grande assiette de service bien huilée, puis les retourner pour les enrober d'huile.

3 Préchauffer le barbecue à feu moyen. Bien gratter la grille, puis la huiler légèrement. Y déposer délicatement les galettes de veau. Les cuire environ 5 minutes de chaque côté, ou jusqu'à ce que la chair ne soit plus rosée. Quelques minutes avant la fin de la cuisson, ajouter les pains sur le gril pour les dorer.

4 Retirer les galettes du barbecue, puis en insérer une à l'intérieur de chaque pain. Garnir chaque hamburger de mayonnaise et de vos condiments favoris tels que de la relish sucrée, des tranches de tomates ou de fromage doux, de la laitue et de la sauce chili (style ketchup). Servir immédiatement 1-2 hamburgers par personne. Accompagner de croustilles et d'une salade de pommes de terre aux cornichons à l'aneth et à l'ail.

Conseil de chef

Pour préserver la fraîcheur et la saveur des œufs, conservez-les au réfrigérateur, de préférence dans leur emballage d'origine. Si vous les déposez dans le bac conçu à cet effet, assurez-vous de placer le gros bout de l'œuf vers le haut; ainsi, le jaune y restera bien centré.

Conseil de chef

Pour rendre vos hamburgers plus juteux, ajoutez ⅓ tasse (80 ml) de compote de pommes à chaque livre (454 g) de viande hachée.

Beignets-burgers inoubliables

4-6 portions

2 lb 900 g	**bœuf haché maigre**
2	**grosses gousses d'ail écrasées**
1	**oignon jaune moyen, râpé**
2 c. à soupe 30 ml	**sauce Worcestershire**
1 c. à thé 5 ml	**sel de mer**
1 c. à thé 5 ml	**poivre noir moulu**
1 c. à soupe 15 ml	**épices à steak, style Montréal**
4 c. à soupe 60 ml	**gelée de fruits au choix ou compote de pommes**
8	**gros pains à hamburger**
½-⅔ lb 227-300 g	**fromage crémeux aromatisé au choix (de type Boursin)**

Condiments au choix (tomates, ketchup, moutarde, etc.)

1 Mettre tous les ingrédients, sauf les pains, le fromage et les condiments, dans un grand bol, puis bien mélanger le tout avec vos mains. Façonner 8 galettes avec le mélange de viande en vous trempant fréquemment les mains dans l'eau chaude pour faciliter l'opération.

2 Avec vos mains (surtout vos pouces), repousser le centre de chaque galette vers l'extérieur dans le but de créer un trou d'environ 1 ½ po (3,5 cm) de diamètre, et, conséquemment, une forme de beignet. Déposer les beignets de viande sur une grande assiette de service huilée généreusement. Les retourner délicatement pour les enrober d'huile.

3 Préchauffer le barbecue à feu moyen-élevé. Bien gratter la grille, puis y déposer les beignets. Les cuire 4-5 minutes de chaque côté. Quelques minutes avant la fin de la cuisson, ajouter les pains sur le barbecue pour les dorer.

4 Retirer les galettes du barbecue, puis en insérer une à l'intérieur de chaque pain. Remplir le trou de chaque beignet de fromage crémeux, puis garnir de vos condiments favoris. Servir immédiatement les beignets-burgers avec des croustilles et une salade verte.

Sous-marin au gruyère, aux olives noires et au poivron rouge

4 portions

4	**pains à sous-marin d'environ 10 po (25 cm) de long**
⅔ tasse 160 ml	**olives noires au choix, dénoyautées et coupées en deux**
2 tasses 500 ml	**fromage gruyère suisse râpé**
2 c. à soupe 30 ml	**huile d'olive**
1	**gros poivron rouge paré et coupé en fine julienne**
⅔	**gros oignon blanc tranché finement**

Origan sec
Poivre
Laitue iceberg ciselée
Tranches de tomates

1 Préchauffer le four à « broil ». Ouvrir les pains à sous-marin en portefeuille, puis les déposer sur une grande plaque allant au four. Garnir l'intérieur des pains d'olives noires, puis recouvrir de fromage gruyère. Réserver.

2 Dans une grande poêle, faire chauffer l'huile à feu moyen-élevé. Y ajouter le poivron et l'oignon, puis assaisonner au goût d'origan et de poivre. Faire sauter 3-4 minutes, en mélangeant à plusieurs reprises. Retirer immédiatement la poêle du feu, puis vider son contenu dans un bol. Réserver.

3 Déposer la plaque contenant les pains sur l'étage central du four, puis les gratiner jusqu'à ce que le fromage soit bien fondu et qu'il commence tout juste à bouillir. Retirer la plaque du four, puis déposer chaque sous-marin dans une grande assiette. Les garnir généreusement du mélange de poivron et d'oignon. Recouvrir de laitue ciselée, puis de quelques tranches de tomates. Accompagner de frites. Servir immédiatement.

« Cheeseburgers » de tofu aux amandes et au miel

6 portions

1 lb 454 g	**tofu ferme** **ou semi-ferme**
3	**gros œufs battus**
1	**petit oignon jaune râpé**
2	**gousses d'ail écrasées**
⅓ tasse 80 ml	**amandes moulues**
⅓ tasse 80 ml	**amandes** **hachées grossièrement**
6 c. à soupe 90 ml	**farine non blanchie**
4 c. à soupe 60 ml	**miel liquide**
⅓ tasse 80 ml	**herbes fraîches** **au choix, ciselées**
	Sel et poivre
	Tranches de fromage **havarti et gruyère**
6	**pains à hamburger**
	Miel liquide
	Condiments au choix

1 Mettre le tofu dans un bol de grandeur moyenne, puis l'écraser jusqu'à l'obtention de minuscules morceaux. Ajouter les huit autres ingrédients, puis saler et poivrer au goût. Bien mélanger, puis façonner six galettes de grosseur similaire. Déposer les galettes sur une grande assiette huilée. Badigeonner le dessus d'huile, puis les réfrigérer 1 heure.

2 Préchauffer le barbecue à feu moyen-doux. Bien gratter la grille, puis la huiler généreusement. Déposer délicatement les galettes de tofu sur le barbecue (vous pouvez aussi utiliser une plaque trouée pour barbecue pour faciliter le grillage), puis couvrir partiellement. Les griller 5-6 minutes de chaque côté, ou jusqu'à ce qu'elles soient bien dorées.

3 Quatre minutes avant la fin de la cuisson, déposer sur le dessus de chaque galette une tranche de chaque fromage. Couvrir partiellement, puis continuer la cuisson jusqu'à ce que le fromage soit fondu. Les retirer du barbecue avec une grande spatule, puis les servir entre des pains à hamburger grillés. Garnir d'un peu de miel liquide et de vos condiments favoris, puis servir immédiatement. Accompagner de croustilles et d'une salade de tomates et d'oignon.

Conseil de chef

Voici quelques conseils pour bien réussir vos galettes végétariennes sur le barbecue. D'abord, manipulez-les délicatement car elles sont plus friables que celles faites avec de la viande. Puis, huilez beaucoup à la fois les galettes et la grille du barbecue. Enfin, ne les faites cuire que six minutes et ne les retournez qu'une seule fois.

Fajitas au guacamole

4 portions

1 ⅓ lb	**poitrine de poulet,**
600 g	**sans peau, désossée**
	Cumin moulu
	Coriandre moulue
	Huile végétale
1	**poivron rouge paré et coupé en lanières**
1	**poivron vert paré et coupé en lanières**
½	**gros oignon espagnol tranché**
8	**grandes tortillas**
2	**tomates coupées en deux, puis tranchées**
	Crème sure

GUACAMOLE RAPIDE À LA SALSA

	Chair de deux petits avocats mûrs, coupée en petits cubes
	Jus d'une lime
¼ tasse	**coriandre fraîche, ciselée**
60 ml	

6	**échalotes vertes hachées**
	Salsa ou sauce à tacos au choix

1 Assaisonner le poulet de cumin et de coriandre au goût. Dans une grande poêle antiadhésive, faire chauffer un peu d'huile à feu moyen-élevé. Ajouter le poulet et cuire 5-6 minutes de chaque côté, ou jusqu'à ce que la chair ne soit plus rosée. Retirer le poulet de la poêle et le réserver. Ajouter les deux poivrons et l'oignon dans la même poêle et les sauter 3-4 minutes. Ils doivent être encore légèrement croustillants.

2 Vider le contenu de la poêle dans une grande assiette. Trancher le poulet en languettes, puis les déposer dans la grande assiette. Réchauffer les tortillas au four ou au micro-ondes selon les goûts. Déposer l'assiette de légumes et de poulet, les tortillas, les tomates, la crème sure et le guacamole rapide à la salsa directement sur la table pour permettre à chaque personne de monter ses propres fajitas, c'est-à-dire les garnir des condiments, puis les rouler. Accompagner de riz tomaté et d'une salade verte.

GUACAMOLE RAPIDE À LA SALSA

3 Mettre les cubes d'avocats dans un bol, puis mouiller avec le jus de lime. Ajouter la coriandre et les échalotes ainsi que la quantité désirée de salsa ou de sauce à tacos, selon la consistance et le goût désirés. Mélanger délicatement, puis couvrir. Réserver au frais jusqu'au moment d'utiliser.

Hot-dog français
à la moutarde forte

4 portions

1	**grande baguette coupée en quatre morceaux**
4	**longues saucisses de qualité, au choix**
	Moutarde américaine
	Moutarde forte

1 Préchauffer le four à 350 °F (180 °C). Mettre les quatre morceaux de baguette sur une plaque, puis la mettre au four. Réchauffer le pain jusqu'à ce qu'il soit croustillant et doré, mais pas bruni.

2 Entre-temps, faire bouillir les saucisses dans une grande casserole remplie d'eau bouillante jusqu'à ce qu'elles soient cuites. Les égoutter, puis les réserver.

3 Retirer les morceaux de pain du four, puis, par une extrémité, faire un trou dans la mie avec un couteau afin de pouvoir insérer une saucisse sur toute sa longueur. Avec un long couteau, badigeonner au goût l'intérieur des pains des deux moutardes, puis y insérer les saucisses. Servir immédiatement un sandwich par personne. Accompagner de petits cornichons sucrés, d'une salade verte et de croustilles au choix.

Taco-burgers végétariens

4-6 portions

2 tasses 500 ml	**haricots rouges bien cuits et égouttés**
1	**oignon jaune haché**
1	**piment Jalapeño mariné, paré et haché finement**
⅓ tasse 80 ml	**nachos écrasés finement**
2 c. à soupe 30 ml	**sauce à tacos**
2	**œufs battus**
1 c. à soupe 15 ml	**poudre de chili**
½ c. à thé 2,5 ml	**poivre noir du moulin**
⅓ tasse 80 ml	**couscous**
4-6	**pains à hamburger ou kaiser**

1 Préchauffer le barbecue à feu moyen. Huiler une plaque à barbecue trouée, puis la déposer sur le barbecue. Mettre tous les ingrédients, sauf les pains et le couscous, dans un bol en verre, puis piler le tout. Ajouter le couscous et réchauffer le mélange 90 secondes au micro-ondes. Avec vos mains mouillées, façonner 4-6 galettes (il est normal que le mélange soit un peu liquide, il se solidifiera à mesure qu'il cuira) et les déposer immédiatement sur la plaque à barbecue chaude.

2 Cuire les galettes 10-12 minutes de chaque côté ou jusqu'à ce qu'elles soient bien grillées et fermes. Avec une grande spatule, les retourner délicatement une fois. Retirer du feu, puis servir sur les pains préalablement grillés au barbecue. Accompagner de fromage cheddar, de laitue hachée, de tranches de tomates et de concombre ainsi que de salsa.

Conseil de chef

Voici une façon simple et efficace pour bien cuire vos légumineuses. Déposez les légumineuses sèches dans une casserole contenant trois fois leur volume en eau. Portez le tout à ébullition et faites cuire 1 minute. Fermez le feu et laissez reposer un minimum de 2 heures. Changez l'eau (ceci diminue les probabilités de flatulences) et faites mijoter les légumineuses jusqu'à ce qu'elles atteignent la cuisson voulue. Cuire à la pression est aussi possible et très rapide; le temps de cuisson sera réduit de moitié. Ne faites pas cuire les lentilles sous pression, car elles cuiront trop rapidement.

Foccacia à l'antipasti de légumes grillés

4 portions

½	**aubergine coupée en tranches**
½	**courgette coupée en tranches**
½	**gros oignon rouge coupé en tranches**
1	**petit poivron rouge paré et coupé en gros quartiers**
1	**petit poivron vert paré et coupé en gros quartiers**
2 c. à thé 10 ml	**assaisonnement à l'italienne**
¼ c. à thé 1 ml	**piment rouge broyé**
	Huile d'olive
	Sel et poivre
4	**pains foccacia**
2	**tomates parées et tranchées**
	Vinaigre balsamique
	Fromage parmesan en copeaux
	Olives noires dans l'huile, dénoyautées
	Basilic frais

1 Couper chaque tranche d'aubergine en trois ou quatre morceaux. Mettre les morceaux d'aubergine ainsi que les six autres premiers ingrédients dans un bol, puis mouiller avec un peu d'huile d'olive. Saler et poivrer au goût, puis mélanger délicatement.

2 Préchauffer le barbecue à feu moyen-élevé. Y déposer une grille ou un panier troué à barbecue, puis le laisser se réchauffer quelques minutes. Verser le mélange de légumes sur la grille, puis cuire, en brassant, 12-15 minutes ou jusqu'à ce que les légumes soient tendres mais encore croustillants.

3 Trois à quatre minutes avant la fin de la cuisson, griller les pains foccacia de chaque côté. Retirer la grille contenant les légumes et les pains foccacia du barbecue, puis réserver le tout sur une surface de travail.

4 Pour monter chaque sandwich, ouvrir un pain foccacia en deux, puis garnir de tranches de tomates. Recouvrir du mélange de légumes grillés, puis mouiller avec un peu de vinaigre balsamique. Saler et poivrer au goût, puis recouvrir de quelques copeaux de fromage parmesan frais. Garnir d'olives noires tranchées et de feuilles de basilic frais. Servir immédiatement chaque foccacia ouverte.

Conseil de chef

Afin d'empêcher le beurre de brûler dans une poêle, ajoutez un peu d'huile. Ainsi, il brûlera moins vite.

Hot-dogs d'agneau au pesto et au germe de blé grillé, sauce au yogourt et au concombre

8-12 portions

2 lb 900 g	**agneau haché**
½ tasse 125 ml	**sauce pesto**
½ tasse 125 ml	**germe de blé grillé**
2	**œufs battus**
	Huile d'olive
8-12	**pains à hot-dog grillés**

SAUCE AU YOGOURT ET AU CONCOMBRE

½	**concombre pelé et épépiné**
	Sel
1 tasse 250 ml	**yogourt nature**
6 c. à soupe 90 ml	**fromage de chèvre crémeux**

1 Préchauffer le barbecue à feu moyen-élevé. Bien nettoyer la grille, puis la huiler. Mettre les quatre premiers ingrédients dans un grand bol, puis bien mélanger avec vos mains. Séparer le mélange en 8-12 portions égales. En façonner des cylindres ovales autour de brochettes de bambou. Bien compacter le mélange autour des brochettes, puis les badigeonner d'huile d'olive.

2 Déposer les saucisses d'agneau sur la grille du barbecue et les cuire 15-20 minutes, ou jusqu'à ce que la chair ne soit plus rosée. Retirer les saucisses du gril, puis en déposer une à l'intérieur de chaque pain à hot-dog préalablement grillé. Garnir chaque hot-dog d'agneau d'un peu de sauce au yogourt et au concombre. Laisser les convives enlever eux-mêmes la viande sur les brochettes. Accompagner du reste de la sauce au yogourt et au concombre.

SAUCE AU YOGOURT ET AU CONCOMBRE

3 Couper le concombre en tranches, puis le saupoudrer de sel pour le dégorger. Laisser reposer 30 minutes, puis rincer et éponger avec du papier essuie-tout.

4 Mettre les tranches de concombre avec le yogourt dans un robot culinaire. Réduire en une sauce lisse, puis transvider dans un bol. Ajouter le fromage de chèvre, puis saler au goût. Bien intégrer le fromage à la sauce en vous aidant du dos d'une fourchette. Couvrir et réserver au frais.

Les champignons portobello font d'excellents sandwichs et burgers. Brossez-les bien pour les nettoyer, puis retirez leur pied. Vous pouvez aussi les mariner quelques heures dans un mélange de vinaigre balsamique, d'huile, d'ail haché et de fines herbes sèches. La recette que nous vous suggérons ici peut aussi se cuire au barbecue en prenant soin de bien badigeonner les champignons d'huile avant de les griller.

Sandwichs suisses aux champignons portobello grillés

4 portions

4	*pains kaiser de blé entier, grillés*
	Mayonnaise
4	*feuilles de roquette*
4	*tranches d'oignon rouge*
1 c. à soupe 15 ml	*huile d'olive*
4	*grosses têtes de champignons portobello*
	Poivre du moulin
8	*tranches minces de pomme Spartan, parée et non pelée*
8	*tranches minces de fromage emmental ou gruyère*

1 Badigeonner la moitié inférieure de chaque pain kaiser de mayonnaise, puis y déposer un peu de roquette et une tranche d'oignon. Réserver.

2 Dans une grande poêle, faire chauffer l'huile à feu moyen-élevé. Ajouter les têtes de champignons (procéder en deux opérations si nécessaire), puis poivrer généreusement. Griller 2 minutes, puis les retourner. Poivrer et griller 2 minutes de plus. Les retirer de la poêle immédiatement, puis déposer une tête de champignon, à l'envers, sur chaque demi-pain kaiser non garni.

3 Déposer deux tranches de pomme et deux tranches de fromage sur chaque tête de champignon, puis les griller au four quelques minutes à « broil ». Déposer les sandwichs ouverts sur quatre assiettes, puis servir immédiatement. Accompagner d'une soupe au choix.

Serpentins de porc et d'abricots à l'orientale

4 portions

1 ⅔ lb 750 g	**porc au choix, désossé, dégraissé et coupé en lamelles**
	Huile
	Abricots frais, parés et coupés en quartiers

MARINADE AIGRE-DOUCE À L'ABRICOT

⅓ tasse 80 ml	**sauce soya**
¼ tasse 60 ml	**gelée ou confiture d'abricots, réchauffée**
2 c. à soupe 30 ml	**vinaigre blanc**
1	**gousse d'ail écrasée**
1 c. à soupe 15 ml	**gingembre frais, haché**
⅓ tasse 80 ml	**huile végétale**

1 Mettre les lamelles de porc dans un bol creux, puis mouiller avec la marinade aigre-douce à l'abricot. Réfrigérer 2-4 heures.

2 Préchauffer le barbecue à feu moyen-élevé. Bien nettoyer la grille, puis la huiler légèrement. Enfiler les lamelles de porc en serpentin sur des brochettes et les alterner avec des quartiers d'abricots. Déposer les brochettes de porc sur la grille du barbecue, puis les cuire 15-20 minutes ou jusqu'à ce que la chair ne soit plus rosée. Tourner les brochettes et les badigeonner de marinade aigre-douce à l'abricot quelques fois durant la cuisson. Les retirer du gril, puis les mettre dans une grande assiette de service. Accompagner de poivrons et de courgettes grillés ainsi que de pain frais.

MARINADE AIGRE-DOUCE À L'ABRICOT

3 Dans un bol, bien fouetter tous les ingrédients. Réserver.

Feuilles de pommes de terre et de poulet en brochettes au curry

4 portions

1 ⅓ lb 600 g	**poitrines de poulet, désossées, sans peau**
2-3	**grosses pommes de terre pelées**
	Huile de canola
	Paprika

MARINADE AU CURRY

1 c. à soupe 15 ml	**poudre de curry**
	Jus d'une lime
2 c. à soupe 30 ml	**huile de sésame**
1	**gousse d'ail écrasée**
½ c. à thé 2,5 ml	**gingembre moulu**
	Huile de canola

1 Découper le poulet en en morceaux de 1 po x 2 po (2,5 cm x 5 cm) de long. Les déposer dans un bol creux, puis mouiller avec la marinade au curry. Laisser mariner quelques heures au réfrigérateur selon le goût désiré et le temps disponible.

2 Couper les pommes de terre sur la longueur, en tranches minces, puis les faire tremper 10 minutes dans un grand bol contenant de l'eau chaude salée.

3 Pour monter chaque bouchée, déposer, sur une surface de travail, une tranche de pomme de terre, puis un morceau de poulet. Rouler, puis enfiler la bouchée sur une brochette. Répéter l'opération jusqu'à ce qu'il ne reste plus de poulet. Huiler légèrement les brochettes, puis les saupoudrer d'un peu de paprika.

4 Préchauffer le barbecue à feu moyen. Bien nettoyer la grille, puis la huiler. Déposer les brochettes sur le barbecue, puis couvrir partiellement. Cuire les brochettes 15-20 minutes, ou jusqu'à ce que la chair du poulet ne soit plus rosée. Retourner fréquemment les brochettes durant la cuisson. Servir 1-2 brochettes par personne et accompagner d'une salade grecque et de pain croûté chaud.

MARINADE AU CURRY

5 Mettre tous les ingrédients dans un bol, puis bien mélanger. Incorporer juste assez d'huile (environ ½ tasse (125 ml)) pour permettre à la marinade de bien imbiber et d'enrober les aliments.

Conseil de chef

Une fois votre volaille sur le barbecue, nettoyez ou changez l'assiette ou la planche ayant servi au transport de l'aliment. Sinon, vous pourriez être victime d'un empoisonnement causé par la salmonelle.

Sans peau, le poulet sera moins gras et s'enflammera beaucoup moins durant la cuisson. À vous de choisir!

Brochettes indiennes de tofu au curcuma

4 portions

1 lb 454 g	tofu ferme
⅓ lb 150 g	champignons (pleurotes ou shiitake) coupés en gros morceaux
1	courgette bien lavée et coupée en gros morceaux

MARINADE INDIENNE AU CURCUMA

1 c. à soupe 15 ml	curcuma moulu
2 c. à thé 10 ml	poudre ou pâte de curry
	Jus et zeste haché finement d'une lime
1	gousse d'ail écrasée
2 c. à soupe 30 ml	sauce aux huîtres ou de poisson
	Poivre noir moulu grossièrement
½ tasse 125 ml	bouillon de poulet

1 Couper le tofu en cubes d'environ 1 po (2,5 cm), puis les mettre dans un bol. Recouvrir de la marinade indienne au curcuma. Couvrir et laisser mariner 12-48 heures au réfrigérateur selon les goûts et le temps disponible.

2 Préchauffer le barbecue à feu moyen-élevé. Bien gratter la grille, puis la huiler généreusement. Enfiler les cubes de tofu sur des brochettes en les alternant avec des morceaux de champignons et de courgette. Réserver les brochettes sur une grande assiette de service. Mouiller les brochettes avec le reste de la marinade.

3 Déposer les brochettes sur la grille du barbecue, puis baisser le feu à moyen. Couvrir partiellement, puis griller les brochettes 15-20 minutes au total. Les tourner à plusieurs reprises et les badigeonner de marinade durant la cuisson. Les brochettes de tofu sont prêtes lorsqu'elles sont bien colorées et croustillantes. Les retirer du barbecue, puis en servir immédiatement 1-2 par personne accompagnées de riz blanc au beurre et aux asperges.

MARINADE INDIENNE AU CURCUMA

4 Mettre tous les ingrédients dans un bol, sauf le bouillon, puis poivrer généreusement. Bien mélanger jusqu'à ce que la préparation soit homogène. Incorporer le bouillon graduellement tout en mélangeant. Réserver.

Conseil de chef

Pour accélérer le marinage des cubes de tofu, piquez délicatement chacun d'eux à plusieurs endroits à l'aide d'une petite brochette de bambou. N'hésitez pas à les mariner quelques jours, voire une semaine. Le tofu est un aliment qui absorbe assez lentement la marinade.

Brochettes de requin aux arômes de sésame et de gingembre

4-6 portions

2,2 lb 900 g	steaks de requin
	Tranches de gingembre
1	gros poivron vert, paré et coupé en carrés
4-6	tranches de bacon fumé, coupées en carrés
	Graines de sésame grillées

MARINADE SUCRÉE AU SÉSAME ET AU GINGEMBRE

⅓ tasse 80 ml	jus d'orange ou d'ananas
3 c. à soupe 45 ml	sirop de maïs
2	grosses gousses d'ail écrasées
3-4 c. à soupe 45-60 ml	gingembre frais, haché finement
5 c. à soupe 75 ml	huile de sésame grillé
¼ c. à thé 1 ml	piment fort broyé
	Sel et poivre

1 Parer les steaks de requin, puis les couper en gros morceaux. Les déposer dans un grand bol, puis les mouiller avec la marinade sucrée au sésame et au gingembre. Bien mélanger, puis laisser mariner 3-6 heures au réfrigérateur.

2 Préchauffer le barbecue à feu moyen-élevé. Bien gratter la grille, puis la huiler légèrement. Retirer le bol du réfrigérateur, puis enfiler les cubes de poisson sur des brochettes en alternant avec des tranches de gingembre, des carrés de poivron et de bacon fumé. Déposer les brochettes sur le barbecue, puis baisser le feu à moyen. Cuire les brochettes 5-6 minutes au total, le couvercle partiellement ouvert. Mouiller deux fois les brochettes avec la marinade. Tourner les brochettes à quelques reprises. Retirer les brochettes du barbecue, puis en servir 1-2 par portion. Les saupoudrer de graines de sésame grillées. Accompagner de courgettes grillées et de pommes de terre sur le barbecue.

MARINADE SUCRÉE AU SÉSAME ET AU GINGEMBRE

3 Mettre tous les ingrédients dans un bol, puis saler et poivrer au goût. Bien mélanger, puis couvrir et réserver au frais.

Conseil de chef

Lorsque vous marinez de la viande pour quelques heures (un maximum de 4 heures), il n'est pas nécessaire de la réfrigérer. Il est même préférable de la laisser mariner à la température de la pièce, car le processus sera plus rapide et efficace. Cependant, si vous marinez de la volaille, des fruits de mer ou du poisson, réfrigérez-les immédiatement.

Brochettes de homard et de bocconcini au pain grillé

4-6 portions

⅔ lb 300 g	fromage bocconcini
3	homards cuits de 1 ½ lb (675 g) chacun
12	tranches de baguette
	Grandes feuilles de basilic
	Beurre fondu
	Romarin moulu
	Sel et poivre
	Quartiers de citron

1 Couper les boules de bocconcini de la grosseur équivalente à une tomate cerise (normalement en deux). Les déposer sur une assiette en les espaçant, puis les congeler 1 heure. Retirer la chair des homards, puis la couper en grosses bouchées. Réserver.

2 Préchauffer le barbecue à feu moyen. Bien gratter la grille, puis la huiler légèrement. Enfiler la chair de homard sur des brochettes en alternant avec des morceaux de fromage semi-congelés, des tranches de baguette et des feuilles de basilic. Déposer les brochettes sur une grande assiette de service, puis les badigeonner généreusement de beurre fondu. Les assaisonner au goût de romarin, de sel et de poivre.

3 Déposer immédiatement les brochettes sur le barbecue, puis les griller 3-4 minutes ou jusqu'à ce que le fromage commence tout juste à fondre et que le pain soit coloré. Ne pas couvrir et tourner fréquemment les brochettes.

4 Retirer les brochettes du barbecue, puis en servir immédiatement 1-2 par personne. Asperger chaque portion de jus de citron. Accompagner de riz blanc et de tomates tranchées.

Conseil de chef

Si vous cuissez insuffisamment le homard sur le barbecue, la chair sera difficile à retirer. Au contraire, si vous le faites trop cuire, cela diminuera considérablement le volume de la chair et la rendra élastique. Vérifiez bien la cuisson en examinant une articulation. La meilleure technique pour cuire un homard entier sur le barbecue consiste à le blanchir préalablement peandant 4 minutes dans l'eau bouillante, puis à le sectionner en deux sur la longueur avec un grand couteau bien effilé. Badigeonnez ensuite chaque demi-homard de beurre fondu, puis grillez-les au barbecue à feu moyen, une dizaine de minutes au total, en les tournant une seule fois.

Brochettes de roulades de merguez, sauce crémeuse aux deux moutardes

4 portions

6	**saucisses merguez**
6	**escalopes de poulet de 4 po x 4 po (10 cm x 10 cm)**
	Moutarde douce (américaine, au miel, à la bière, etc.) au choix
	Sel et poivre
12-16	**olives farcies aux anchois (en boîte)**

SAUCE CRÉMEUSE AUX DEUX MOUTARDES

1 c. à soupe 15 ml	**moutarde de Dijon**
2 c. à soupe 30 ml	**moutarde de Meaux ou à l'ancienne**
½ c. à thé 2,5 ml	**thym moulu**
⅔ tasse 160 ml	**crème 15 %**

1 Préchauffer le barbecue à feu moyen, puis bien gratter la grille. Y déposer les saucisses et les cuire environ 8 minutes, en les tournant à plusieurs reprises. Elles doivent être presque entièrement cuites, mais pas tout à fait. Les retirer du barbecue, puis les laisser refroidir un peu. Les réserver.

2 Vous pouvez aplatir les escalopes avec un maillet plat pour obtenir les dimensions voulues. Badigeonner le dessus des escalopes de poulet de moutarde douce, puis les saler et les poivrer au goût. Déposer une saucisse à l'extrémité de chaque escalope, puis rouler le tout très serré. Trancher chaque roulade en 3-4 morceaux, puis les enfiler sur des brochettes en alternant avec des olives farcies.

3 Déposer les brochettes sur le barbecue et les cuire partiellement, à couvert, à feu moyen, 8-10 minutes ou jusqu'à ce que la chair du poulet ne soit plus rosée.

4 Retirer les brochettes du barbecue, puis en servir 1-2 par personne sur un lit de sauce crémeuse aux deux moutardes. Accompagner d'artichauts grillés et de pâtes fraîches au choix.

SAUCE CRÉMEUSE AUX DEUX MOUTARDES

5 Mettre tous les ingrédients dans un bol, puis bien fouetter jusqu'à l'obtention d'une sauce lisse. Incorporer un peu plus de crème si désiré. Réchauffer 45 secondes au micro-ondes avant de servir.

Conseil de chef

Pour éviter le rétrécissement et l'éclatement des saucisses lors du grillage, faites-les bouillir de 3 à 5 minutes dans l'eau, puis grillez-les. Le fait de pratiquer quelques minuscules incisions sur la surface peut aussi aider, mais elles seront moins juteuses.

Brochettes de roulades de veau sucrées au gruyère

4-6 portions

1 ⅔ lb 750 g	escalopes de veau de grain
	Tranches minces de gruyère suisse
5 c. à soupe 75 ml	farine non blanchie
2 c. à thé 10 ml	herbes de Provence
2 c. à thé 10 ml	sel assaisonné
1 c. à thé 5 ml	poivre noir fraîchement moulu
	Tartinade aux abricots ou aux pêches
	Tranches de bacon coupées en trois morceaux

Légumes au choix
coupés en gros morceaux
(poivron, oignon,
courgette, etc.)

1 Couper les escalopes et les tranches de fromage en languettes d'environ 5 po x 1 ½ po (12,5 cm x 3,5 cm). Réserver les deux aliments. Mélanger la farine avec les herbes de Provence, le sel et le poivre, puis en enrober les languettes de veau.

2 Les déposer sur une surface de travail, puis les tartiner d'une mince couche de tartinade aux abricots ou aux pêches. Recouvrir chacune des languettes d'une languette de fromage. Les rouler, puis entourer la moitié d'entre elles de bacon. Enfiler les roulades sur des brochettes (alterner les roulades ordinaires et celles bardées) avec des morceaux de légumes de votre choix. Réserver les brochettes sur une grande assiette de service.

3 Préchauffer le barbecue à feu moyen. Bien gratter la grille, puis la huiler légèrement. Y déposer les brochettes et les cuire une douzaine de minutes au total, en les tournant régulièrement pour éviter de brûler le bacon. Baisser légèrement le feu au besoin.

4 Les retirer du gril, puis en servir immédiatement 1-2 par personne. Accompagner de pommes de terre nouvelles et de carottes cuites en papillote. Servir avec de la crème sure additionnée d'un peu de sel de céleri, de jus et de zeste râpé de citron ou de lime.

Conseil de chef

Les brochettes de métal à lame plate ou en bois permettent aux morceaux de viande de rester bien en place lorsqu'on les retourne sur le barbecue; quant aux brochettes de métal à forme arrondie, elles ne sont pas aussi efficaces.

Crevettes indonésiennes aux arachides

4 portions

1½ lb 675 g	**crevettes fraîches moyennes, avec les queues, parées**
2 c. à soupe 30 ml	**huile végétale**
2 c. à soupe 30 ml	**saké ou xérès**
1 c. à soupe 15 ml	**jus de citron**
1 c. à thé 5 ml	**miel liquide**
½ c. à thé 2,5 ml	**sauce forte**
2	**gousses d'ail écrasées**
	Sel et poivre
	Arachides entières grillées

SAUCE AUX ARACHIDES

½ tasse 125 ml	**beurre d'arachide**
½ tasse 125 ml	**eau**
1 c. à soupe 15 ml	**cassonade**
	Jus d'une lime

½ c. à thé 2,5 ml	**sel**
1	**petit piment fort haché très finement**
1	**gousse d'ail écrasée**
1 c. à thé 5 ml	**menthe fraîche, hachée**
¼ tasse 60 ml	**arachides écrasées grossièrement**

1 Rincer les crevettes à l'eau froide et bien les éponger. Les mettre dans un bol avec le reste des ingrédients, sauf les arachides entières. Saler et poivrer au goût, puis mélanger. Laisser mariner au réfrigérateur un maximum de 2 heures car au-delà de ce temps, les crevettes commenceront à cuire et leur texture deviendra élastique.

2 Préchauffer le barbecue à feu moyen-élevé. Nettoyer la grille, puis la huiler. Enfiler les crevettes sur des brochettes, puis les déposer sur le barbecue. Les cuire 7-8 minutes au total. Les tourner à quelques occasions et les badigeonner de la marinade contenue dans le bol.

3 Retirer les brochettes du barbecue, puis en servir 1-2 par personne. Décorer d'arachides entières. Accompagner de riz blanc aux noix ainsi que de haricots verts et jaunes étuvés. Napper partiellement chaque brochette de sauce aux arachides.

SAUCE AUX ARACHIDES

4 Mettre tous les ingrédients dans un bol. Bien mélanger et intégrer le tout en vous aidant du dos d'une fourchette. Couvrir, puis réserver au réfrigérateur.

Brochettes de thon rouge au curry et à la coriandre

4 portions

1⅓-1½ lb 600-675 g	**thon rouge coupé en cubes**
	Quartiers d'oignon
	Quartiers de citron ou de lime

MARINADE AU CURRY ET À LA CORIANDRE

2 c. à thé 10 ml	**poudre de curry**
2 c. à soupe 30 ml	**coriandre fraîche, hachée finement**
½ c. à thé 2,5 ml	**graines de céleri**
½ c. à thé 2,5 ml	**poivre noir du moulin**
3 c. à soupe 45 ml	**vinaigre de cidre**
1 c. à thé 5 ml	**flocons d'oignon déshydratés**
2 c. à soupe 30 ml	**huile d'olive**
1	**gousse d'ail hachée finement**
2	**échalotes vertes hachées finement**
	Jus d'une demi-lime

1 Déposer les cubes de thon rouge dans un plat en verre creux et assez étroit. Mouiller avec la marinade au curry et à la coriandre. Mélanger, puis couvrir. Réfrigérer au maximum 2-3 heures pour éviter que le thon absorbe trop de la marinade et perde ainsi son goût particulier. Retirer les cubes de thon du réfrigérateur. Alterner le poisson ainsi que les quartiers d'oignon et d'agrume sur 4-8 brochettes.

2 Préchauffer le barbecue à feu moyen-élevé. Bien nettoyer la grille, puis la huiler généreusement pour éviter que le poisson y colle. Déposer les brochettes sur le barbecue et les cuire une dizaine de minutes au total (pas plus!), car ce type de poisson se consomme saignant, sinon à point-saignant. Les retourner une fois. Retirer les brochettes du barbecue et servir immédiatement. Accompagner de tranches d'aubergine grillées et d'un risotto aux tomates.

MARINADE AU CURRY ET À LA CORIANDRE

3 Mettre tous les ingrédients dans un petit bol, puis bien mélanger. Réserver au frais dans un contenant hermétique.

Conseil de chef

La puissance des barbecues au gaz est mesurée en BTU (British Thermal Unit), une mesure anglaise qui équivaut à la chaleur nécessaire pour élever 1 livre (454 g) d'eau d'un degré.

Lors de l'achat des trois ustensiles de base pour le barbecue, soit la fourchette, la spatule et la pince à bouts plats, faites en sorte qu'ils aient de longs manches afin de faciliter la manipulation des aliments. Évaluez bien la solidité de la pince, qui est de loin le plus utile des trois ustensiles.

**Conseil
de chef**

Ne remettez pas la viande
cuite dans une marinade.
Si vous désirez la servir en
sauce, faites bouillir
la marinade de 2 à 3 minutes
à gros bouillons.

Brochettes
de canard à l'orange

4-6 portions

2-3 lb 0,9-1,36 kg	**morceaux de canard**
6	**tranches de bacon coupées en 4 morceaux**
2	**oranges coupées en quartiers**
1	**gros oignon blanc coupé en gros cubes**
	Jus d'orange

MARINADE À L'ORANGE

	Jus et zeste haché d'une grosse orange
3 c. à soupe 45 ml	**huile d'olive**
2 c. à soupe 30 ml	**liqueur d'orange**
2	**gousses d'ail écrasées**
¼ c. à thé 1 ml	**clous de girofle moulus**
1	**feuille de laurier écrasée grossièrement Sel et poivre**

1 Déposer les morceaux de canard sur une surface de travail. Enlever la peau, puis les désosser. Ne conserver que la chair que vous couperez en gros cubes. Déposer les cubes de canard dans un bol. Mouiller avec la marinade à l'orange. Couvrir et laisser mariner au réfrigérateur 12 heures. Tourner la viande une fois durant le marinage.

2 Sortir la viande du réfrigérateur 1 heure avant de la griller. Préchauffer le barbecue à feu moyen-élevé. Bien nettoyer la grille, puis la huiler. Alterner les cubes de canard avec des morceaux de bacon, des quartiers d'oranges et des cubes d'oignon sur des brochettes.

3 Déposer les brochettes sur le barbecue et les cuire 10-12 minutes au total, en les badigeonnant fréquemment de la marinade à l'orange durant la cuisson. Les tourner à quelques reprises durant le grillage. Les retirer du barbecue et servir immédiatement. Asperger chaque brochette d'un peu de jus d'orange. Accompagner de brocoli étuvé au beurre et de riz sauvage aux herbes.

MARINADE À L'ORANGE

4 Mettre tous les ingrédients dans un bol. Assaisonner de sel et de poivre au goût. Mélanger et réserver au frais.

Brochettes d'agneau mariné (shish kebab)

4 portions

1⅔-2 lb 750-900 g	**agneau au choix, désossé**
1 c. à thé 5 ml	**moutarde en poudre**
½ tasse 125 ml	**huile d'olive**
2-3	**gousses d'ail écrasées**
1	**feuille de laurier**
1½ c. à soupe 22,5 ml	**herbes sèches au choix (origan, romarin, basilic, persil, etc.)**
4 c. à soupe 60 ml	**vinaigre au choix**
	Pincée de poivre de Cayenne
	Sel et poivre

Quartiers de tomate
Quartiers d'oignon
Quartiers de poivron vert

1 Si vous choisissez une coupe d'agneau tendre, la faire mariner un peu moins longtemps. Dégraisser le plus possible la pièce d'agneau, puis la couper en gros cubes. Les déposer dans un bol en verre, puis saupoudrer également la moutarde en poudre.

2 Ajouter le reste des ingrédients, sauf les trois légumes, puis assaisonner au goût de sel et de poivre. Bien mélanger et laisser mariner au réfrigérateur 12-36 heures selon la coupe de viande choisie et le temps disponible.

3 Sortir la viande du réfrigérateur 2 heures avant de la griller et la laisser reposer à la température ambiante.

4 Enfiler les cubes d'agneau sur des brochettes en alternant avec des quartiers de tomate, d'oignon et de poivron. Les cuire au barbecue une dizaine de minutes au total, à feu élevé, ou encore au four, à « broil », à environ 2 po (5 cm) du gril. Retirer du feu et servir immédiatement. Accompagner de riz, de morceaux de pommes de terre grillés et d'une salade au choix.

Brochettes de bœuf au poivre et aux pommes

8 portions

3 lb 1,36 kg	bœuf tendre, dégraissé et coupé en gros cubes
	Poivre noir moulu grossièrement
	Cubes de légumes au choix
4	pommes bien nettoyées et coupées en deux
	Jus de citron
	Gelée de pommes
	Vin blanc

1 Préchauffer le four à 450 °F (230 °C). Mettre les cubes de bœuf dans un grand plat rectangulaire creux allant au four. Les assaisonner généreusement de tous les côtés de poivre noir. Taper la viande des mains pour bien imprégner le poivre dans la chair. Monter une douzaine de petites brochettes, en alternant deux morceaux de bœuf avec un morceau de légume. Réserver les brochettes sur une assiette de service.

2 Parer les demi-pommes, puis les trancher. Déposer les tranches de pommes également et uniformément dans le plat rectangulaire allant au four. Les asperger de jus de citron, puis déposer les brochettes de bœuf par-dessus les tranches de pommes. Badigeonner légèrement les brochettes de gelée de pommes préalablement réchauffée au micro-ondes. Mouiller le tout avec un peu de vin blanc. Cuire 20 minutes au four, ou jusqu'à l'obtention du degré de cuisson désiré. Retirer du four. Servir dans le plat de cuisson.

Duo de crevettes et de pétoncles, beurre crémeux à la ciboulette

4 portions

24	**grosses crevettes fraîches décortiquées, la queue intacte**
12	**gros pétoncles coupés en deux**
	Jus et zeste râpé d'une lime bien lavée
	Huile d'olive
	Ciboulette fraîche, ciselée
	Sel et poivre

BEURRE CRÉMEUX À LA CIBOULETTE

4 c. à soupe 60 ml	**ciboulette fraîche, hachée très finement**
2 c. à soupe 30 ml	**jus de lime**
⅓ tasse 80 ml	**beurre mou**
2	**pincées de piment de Cayenne**
	Sel et poivre
4 c. à soupe 60 ml	**crème 35 %**

1 Mettre les deux fruits de mer dans un bol, puis ajouter le jus et le zeste de lime. Mouiller avec un peu d'huile d'olive, puis assaisonner généreusement de ciboulette, de poivre et d'un peu de sel. Mélanger, puis laisser reposer 2 heures au réfrigérateur.

2 Préchauffer le barbecue à feu moyen. Bien gratter la grille, puis la huiler. Pour monter chaque brochette, piquer le bas d'une crevette avec une brochette, enfiler un demi-pétoncle, puis sceller le tout en enfilant le haut de la même crevette sur la brochette. En d'autres mots, cela signifie que chaque demi-pétoncle est enfilé entre chaque crevette. Répéter l'opération avec le reste des fruits de mer. Réserver les brochettes sur une assiette de service, puis les mouiller avec le reste de la marinade.

3 Déposer les brochettes sur le gril, puis les cuire, sans couvrir, 3-4 minutes ou jusqu'à ce que les crevettes soient tout juste rosées. Les retirer du barbecue, puis servir immédiatement 1-2 brochettes par personne déposées sur un fond de beurre crémeux à la ciboulette. Accompagner de pâtes à l'huile et à l'ail ainsi que de courgettes grillées.

BEURRE CRÉMEUX À LA CIBOULETTE

4 Mettre les quatre premiers ingrédients dans un petit bol, puis faire fondre par intervalles de 20 secondes au micro-ondes. Brasser entre chaque intervalle.

5 Saler et poivrer au goût, puis incorporer la crème en mélangeant. Réchauffer un autre 20 secondes. Servir chaud.

Roulades de pétoncles au bacon, sauce crémeuse au concombre

4-6 portions

20	**gros pétoncles**
	Poivre
	Poudre d'ail
	Paprika moulu
10	**tranches de bacon coupées en deux morceaux**
20	**grandes feuilles de basilic**
12-16	**tomates cerises**

SAUCE CRÉMEUSE AU CONCOMBRE

½	**concombre anglais moyen, pelé, épépiné et râpé grossièrement**
1 c. à thé 5 ml	**moutarde sèche**
1 tasse 250 ml	**yogourt nature ou à 10 % M.G. (pour une sauce plus épaisse)**
½	**gousse d'ail écrasée**

2-3 c. à soupe 30-45 ml	**coriandre ou basilic frais, ciselé**

1 Déposer les pétoncles sur une grande assiette, puis les assaisonner généreusement de poivre, de poudre d'ail et de paprika.

2 Déposer une feuille de basilic à l'extrémité de chaque demi-tranche de bacon, puis la recouvrir d'un pétoncle. Rouler chaque demi-tranche de bacon par-dessus les pétoncles, puis les enfiler immédiatement sur des brochettes en alternant avec des tomates cerises. Réserver les brochettes sur l'assiette initiale.

3 Préchauffer le barbecue à feu moyen-doux, puis bien gratter la grille. Déposer les brochettes sur le barbecue, puis les cuire 4-6 minutes en les tournant régulièrement. Baisser le feu au besoin et déplacer les brochettes si le bacon crée des montées de flammes. Les brochettes sont prêtes aussitôt que le bacon est légèrement croustillant.

4 Retirer immédiatement les brochettes du barbecue, puis en servir 1-2 par personne. Accompagner de sauce crémeuse au concombre, d'une salade grecque et d'un riz aromatisé au choix.

SAUCE CRÉMEUSE AU CONCOMBRE

5 Mettre le concombre anglais râpé dans un bol tapissé de trois épaisseurs d'essuie-tout, puis laisser reposer 15 minutes. Recouvrir de trois autres épaisseurs d'essuie-tout, puis assécher les filaments de concombre le mieux possible.

6 Remettre le concombre râpé dans le bol, puis ajouter le reste des ingrédients. Mélanger, puis laisser reposer 1 heure au frais avant de servir. Excellent comme vinaigrette, trempette ou sauce d'accompagnement.

Brochettes de filet d'agneau aux baies de genièvre et aux raisins

4 portions

6 c. à soupe 90 ml	**gelée de raisins au choix**
1 ⅓-1 ½ lb 600-675 g	**filets d'agneau**
	Poivre noir du moulin
1 c. à soupe 15 ml	**baies de genièvre**
⅓ tasse 80 ml	**vin blanc de Bourgogne**
	Raisins sans pépins bien fermes

1 Pour vous procurer des filets d'agneau, vous devrez sans doute demander à votre boucher ou vous rendre dans une boucherie spécialisée. Mettre la gelée de raisins dans un bol en verre, puis la liquéfier quelques secondes au micro-ondes. Réserver. Bien poivrer les filets, puis les couper en grosses bouchées. Les ajouter à la gelée de raisins, puis mélanger. Réserver.

2 Mettre les baies de genièvre dans un mortier, puis les écraser grossièrement avec un pilon. Vous pouvez aussi utiliser un moulin à café bien nettoyé. Ajouter les baies de genièvre ainsi que le vin blanc dans le bol contenant la viande. Bien mélanger, puis couvrir. Laisser mariner 6-12 heures selon les goûts et le temps disponible, en brassant à quelques reprises. Mariner la première moitié du temps au réfrigérateur et la seconde à la température ambiante.

3 Préchauffer le barbecue à feu moyen-élevé. Bien gratter la grille, puis la huiler. Enfiler les bouchées d'agneau sur huit brochettes en les alternant avec des raisins. Déposer les brochettes sur la grille du barbecue, puis les badigeonner immédiatement du reste de la marinade. Les griller 7-8 minutes au total ou un peu plus selon les goûts, en les tournant une seule fois. Ne pas trop cuire. Retirer les brochettes du barbecue, puis en servir deux par personne. Accompagner de pommes de terre grillées et d'une salade au choix. Napper du reste de la marinade réduite.

Conseil de chef

Lorsque vous cuisinez sur le barbecue, lavez toujours vos mains, les ustensiles et les assiettes utilisées pour le transport des aliments crus (en particulier la volaille) pour éviter toute contamination bactérienne.

Ne laissez jamais d'aliments au soleil, tout spécialement les viandes qui seront cuites sur le barbecue. D'ailleurs, si vous mangez à l'extérieur, ne sortez les aliments qu'à la toute dernière minute, surtout les produits laitiers et les mayonnaises.

Parfait au caramel au beurre

6-8 portions

⅔ tasse 160 ml	**sirop de maïs**
⅔ tasse 160 ml	**eau**
8	**jaunes d'œufs**
½ tasse 125 ml	**capuchons de caramel au beurre (« butterscotch »)**
	Lait
2 tasses 500 ml	**crème 35 %**
1 tasse 250 ml	**bonbons Werther's au chocolat, hachés**

1 Dans une petite casserole, bien mélanger le sirop de maïs et l'eau. Porter à ébullition à feu moyen, puis laisser mijoter 3 minutes.

2 Pendant ce temps, dans un grand bol, battre les jaunes d'œufs au batteur électrique jusqu'à ce qu'ils soient légers et mousseux. Verser le sirop bouillant en filet sur les jaunes d'œufs tout en continuant de battre. Battre 5 minutes. Réserver. Dans une petite casserole, faire fondre les capuchons de caramel avec un peu de lait. À l'aide d'un fouet, incorporer délicatement le mélange de caramel fondu dans le mélange de jaunes d'œufs. Réserver.

3 Dans un bol, fouetter la crème jusqu'à ce qu'elle soit ferme, puis l'incorporer au mélange de jaunes d'œufs. Ajouter les bonbons hachés, puis les plier délicatement dans la préparation. Répartir dans des coupes ou des bols individuels, couvrir, puis congeler au moins 12 heures. Garnir chaque portion d'un peu de bonbons hachés.

Conseil de chef

Afin d'éviter que le lait colle à la casserole lorsque vous le réchauffez, rincez préalablement le fond de la casserole et ne l'essuyez pas avant d'y verser le lait.

Banane royale

4 portions

4	**grosses bananes mûres**
	Vermicelles ou décorations de chocolat

SAUCE ROYALE AUX PISTACHES

6 c. à soupe 90 ml	**beurre**
⅔ tasse 160 ml	**pistaches grillées**
¾ tasse 180 ml	**cassonade**
2 c. à soupe 30 ml	**jus de citron**

1 Peler les bananes. Les enrober de vermicelles de chocolat en les pressant dans la chair avec vos doigts, puis les déposer dans une assiette. Les congeler quelques heures.

2 Retirer les bananes du congélateur, puis les déposer dans quatre assiettes recouvertes d'un fond de sauce royale aux pistaches.

3 Attendre 10 minutes avant de servir pour que les bananes ramollissent un peu. Servir avec un couteau et une fourchette. La banane congelée a une consistance similaire à celle de la crème glacée à la banane.

SAUCE ROYALE AUX PISTACHES

4 Dans une casserole, faire fondre le beurre à feu moyen-élevé. Ajouter les pistaches, porter à ébullition, puis cuire 1 minute en brassant.

5 Ajouter la cassonade et le jus de citron, puis porter à ébullition. Laisser mijoter 1 ½-2 minutes en brassant, ou jusqu'à ce que la sauce ait la consistance d'un sirop. Retirer la casserole du feu. Couvrir et réserver. Servir chaud.

Conseil de chef

Plus les bananes vieillissent, plus elles deviennent molles et sucrées. Alors, si elles sont légèrement trop mûres, utilisez-les pour vos recettes qui nécessitent une cuisson, ou congelez-les (avec la peau). Elles se conserveront ainsi quelques mois, ou jusqu'à ce que vous vous en serviez pour faire des muffins, des gâteaux, des tartes, etc.

Croissants de melon à la crème fruitée

4 portions

3	**jaunes d'œufs**
½ tasse 125 ml	**crème 35 %**
⅓ tasse 80 ml	**jus d'ananas**
½ tasse 125 ml	**jus (ou cocktail) de mangue**
3 c. à soupe 45 ml	**sirop de petits fruits**
1	**melon miel pelé, épépiné et tranché en huit croissants**
	Petits fruits parés, fleurs comestibles et petits biscuits sucrés

1 Dans un bol, battre les jaunes d'œufs. Réserver. Dans un autre bol, fouetter la crème jusqu'à ce qu'elle soit ferme. Réserver. Dans une petite casserole, porter à ébullition les jus d'ananas et de mangue avec le sirop de petits fruits, à feu moyen, tout en mélangeant. Verser graduellement le jus bouillant sur les jaunes d'œufs tout en mélangeant vigoureusement à l'aide d'un fouet. Retourner le mélange sur le feu et cuire 1 minute, ou jusqu'à ce que le mélange épaississe et nappe le dos d'une cuillère. Ne pas faire bouillir.

2 Retirer la casserole du feu et la déposer dans un bol rempli à moitié d'eau froide. Mélanger jusqu'à ce que la préparation soit refroidie. Transvider le mélange dans un bol, puis incorporer la crème fouettée.

3 Disposer deux croissants de melon dans chaque assiette. Les napper esthétiquement de crème fruitée. Décorer de petits fruits au choix, d'une fleur comestible et de petits biscuits sucrés. Servir.

Conseil de chef

Des fleurs fraîches pour décorer vos desserts, pourquoi pas? Pour un effet hors de l'ordinaire, choisissez des fleurs comestibles telles que des pensées, des violettes, des roses, des capucines, etc. N'oubliez pas d'acheter des fleurs cultivées sans pesticides. Battez légèrement un blanc d'œuf, puis badigeonnez-en une fine couche sur les deux côtés des fleurs. Tout en les tenant par leur tige, recouvrez-les d'une fine couche de sucre à fruits. Secouez l'excédent, puis laissez-les sécher sur un papier essuie-tout.

Bombe glacée au chocolat

8 portions

16 oz 454 g	**chocolat mi-amer, haché**
⅓ tasse 200 ml	**lait**
¾ tasse 180 ml	**sucre à fruits (granulé très fin)**
⅔ tasse 160 ml	**beurre mou**
3 ½ tasses 875 ml	**crème glacée aux brisures de chocolat**
¾ tasse 180 ml	**tartinade aux noisettes (de type Nutella)**
	Crème 15 % ou 35 %

1 Dans une casserole, faire fondre le chocolat avec le lait et la moitié du sucre à feu moyen-doux. Brasser jusqu'à ce que le mélange soit homogène. Retirer la casserole du feu, puis laisser refroidir.

2 Dans un bol, battre le beurre avec le reste du sucre jusqu'à ce que le mélange soit bien crémeux. Ajouter le chocolat refroidi en trois opérations. Bien battre après chaque addition. Réserver 1 tasse (250 ml) du mélange dans un bol, puis congeler le reste 1 heure.

3 Huiler légèrement un bol d'une capacité de 8 tasses (2 L), puis le foncer d'une pellicule de plastique. Congeler. Mettre la crème glacée au réfrigérateur 20-30 minutes.

4 Compacter la crème glacée dans le fond du bol congelé, puis bien lisser la surface. Brasser le mélange de chocolat légèrement congelé, puis l'étendre sur la crème glacée. Bien lisser. Congeler jusqu'à ce que le mélange de chocolat soit ferme.

5 Ajouter la tartinade de noisettes au mélange de chocolat réservé, puis bien mélanger. Étendre le mélange de noisettes sur le mélange de chocolat congelé, puis bien lisser la surface. Couvrir, puis congeler jusqu'au moment de servir.

6 Mettre la bombe au chocolat au réfrigérateur 30 minutes avant de servir. Démouler la bombe sur une grande assiette de service. La trancher en pointes, puis déposer chaque portion sur un fond de crème 15 % ou 35 %. Servir immédiatement.

Conseil de chef

Le sucre à fruits, aussi appelé sucre fin, est légèrement plus fin que le sucre granulé. Il se dissout rapidement et s'utilise beaucoup en pâtisserie. Ne le confondez pas avec le sucre à glacer (en poudre) qui est plus fin et qui contient de la fécule de maïs.

Iglous aux pistaches et aux deux chocolats

6 portions

5 oz 140 g	**chocolat blanc, haché**
1 tasse 250 ml	**crème 35 %**
¾ tasse 180 ml	**pistaches écalées, grillées, puis hachées finement**
9 oz 250 g	**chocolat mi-sucré, haché**
6	**tranches de gâteau au chocolat au choix de 4 po x 4 po x ½ po (10 cm x 10 cm x 1 cm)**
	Framboises fraîches

1 Huiler légèrement six cavités d'un moule à muffins ou six ramequins d'une capacité d'environ ½ tasse (125 ml), puis foncer chacune d'elles d'une petite pellicule de plastique. Réserver. Faire fondre au bain-marie le chocolat blanc avec ¼ tasse (60 ml) de crème. Brasser jusqu'à l'obtention d'un mélange homogène. Transvider dans un bol, puis laisser refroidir complètement.

2 Dans un autre bol, fouetter le reste de la crème jusqu'à ce qu'elle soit ferme. Ajouter graduellement la crème fouettée au mélange de chocolat blanc, puis incorporer les pistaches hachées. Verser le mélange dans les cavités foncées du moule à muffins. Couvrir d'une pellicule de plastique, puis congeler 4 heures.

3 Transférer le moule à muffins ou les ramequins au réfrigérateur 20 minutes avant de servir. Dix minutes avant de consommer, faire fondre le chocolat mi-sucré au bain-marie. Réserver.

4 Déposer une tranche de gâteau dans chaque assiette. Démouler les iglous au centre de chaque tranche de gâteau, puis retirer la pellicule de plastique. Napper généreusement chaque portion d'un filet de chocolat fondu. Décorer de quelques framboises fraîches, puis servir immédiatement.

Conseil de chef

Il existe maintenant plusieurs types de crème 35 % sur le marché destinées à des usages spécifiques : sauces, crème fouettée, etc. Voyez à choisir celle qui convient le mieux à la préparation de votre recette pour obtenir un succès garanti.

Jardinière givrée

Conseil de chef

Sortez le sorbet du congélateur 15 minutes avant de l'utiliser afin de pouvoir l'étendre plus facilement sur les tranches de gâteau. Procédez avec délicatesse au montage de cette jardinière et, une fois celle-ci terminée, pressez légèrement sur le dessus pour bien répartir les ingrédients et éliminer les espaces vides.

8 portions

1	**quatre-quarts (gâteau) du commerce, congelé**
	Sorbet au choix (framboises, fruits tropicaux, orange, etc.)

COULIS CHAUD AU CHOCOLAT BLANC

5 oz 140 g	**chocolat blanc**
½ tasse 125 ml	**crème 35 %**

1 Vous pouvez choisir une seule saveur de sorbet ou trois saveurs différentes pour ajouter de la couleur au dessert. Retirer le gâteau du congélateur et transférer le ou les sorbets du congélateur au réfrigérateur. Les laisser reposer 20 minutes.

2 Retirer le gâteau de son moule. Réserver le moule. Couper le gâteau en quatre tranches égales dans l'épaisseur. Déposer le fond du gâteau dans le moule d'origine, puis le recouvrir également d'une couche de sorbet d'environ la même épaisseur que les tranches de gâteau.

3 Répéter l'opération deux fois, puis recouvrir avec la tranche du dessus du gâteau. Si vous utilisez différentes saveurs de sorbets, changez de saveur à chaque étage. Couvrir, puis mettre au congélateur jusqu'au moment de servir.

4 Environ 20 minutes avant de servir, retirer la jardinière du congélateur, puis la démouler sur une grande assiette de service. Lisser les côtés, si désiré, puis réfrigérer 15 minutes. Servir en tranches individuelles sur un fond de coulis chaud au chocolat blanc. Accompagner de fruits frais.

COULIS CHAUD AU CHOCOLAT BLANC

5 Faire fondre le chocolat avec la crème au bain-marie. Servir immédiatement.

Oranges surprises

4 portions

½ tasse 125 ml	**fromage mascarpone**
5 c. à soupe 75 ml	**crème 35 %**
3 c. à soupe 45 ml	**sucre granulé**
½ c. à thé 2,5 ml	**extrait de vanille**
4	**belles grosses oranges au choix**
	Sorbet à l'orange
	Quelques pincées de sel
4	**bâtonnets en chocolat**
	Feuilles de menthe fraîches

1 Dans un bol, bien mélanger les quatre premiers ingrédients. Congeler 1 heure. Couper la base des oranges pour qu'elles se tiennent bien droit, en s'assurant de ne pas percer la membrane blanche. Trancher une calotte sur le dessus de chaque orange, puis retirer délicatement la pulpe à l'intérieur de chacune d'elles à l'aide d'une petite cuillère. Congeler les oranges évidées 1 heure.

2 Retirer les oranges du congélateur, puis les remplir à moitié de sorbet à l'orange. Saupoudrer chaque portion d'une pincée de sel. À l'aide d'une petite cuillère, former une cavité dans le sorbet. Répartir également le mélange de fromage refroidi dans les cavités, puis recouvrir complètement de sorbet à l'orange. Bien compacter. Emballer chaque orange d'une pellicule de plastique, puis congeler.

3 Environ 30 minutes avant de servir, mettre les oranges au réfrigérateur. Juste avant de servir, déballer les oranges, puis les déposer dans des assiettes. Ajouter un peu plus de sorbet sur le dessus des oranges, puis saupoudrer chacune d'elles d'une pincée de sel. Piquer esthétiquement un bâtonnet de chocolat dans chaque portion, puis décorer d'une feuille de menthe. Si désiré, mouiller avec un sirop à l'orange. Servir immédiatement.

Conseil de chef

L'ajout de feuilles de menthe fraîche à vos desserts présente plusieurs avantages. Elles donnent de la couleur et du goût à vos salades de fruits, desserts congelés, mousses, glaçages, etc. Vous pouvez aussi les utiliser pour décorer vos gâteaux ou autres desserts. Elles sont également idéales pour infuser vos sauces sucrées, crèmes pâtissières et coulis.

Profiteroles aux bleuets

4 portions

2 tasses 500 ml	**bleuets**
2 c. à soupe 30 ml	**farine non blanchie**
½ tasse 125 ml	**sucre granulé**
¼ tasse 60 ml	**eau**
4	**brioches au beurre (de type français)**
	Crème glacée à la vanille
	Chocolat râpé

1 Préchauffer le four à 350 °F (180 °C). Si vous ne pouvez trouver des brioches au beurre, achetez de petits pains sucrés au choix. Dans une casserole, déposer les bleuets, la farine et le sucre. Bien mélanger. Ajouter l'eau, puis mélanger. Porter à ébullition et cuire à feu moyen, 1-2 minutes, en brassant jusqu'à ce que la préparation nappe bien le dos d'une cuillère. Retirer la casserole du feu. Réserver.

2 Réchauffer les brioches au four 5 minutes, ou jusqu'à ce que l'extérieur soit légèrement croustillant et l'intérieur chaud. Retirer les brioches du four, puis les trancher en deux dans le sens de l'épaisseur. Avec les doigts, retirer un peu de mie des demi-brioches.

3 Remplir chaque fond de brioche d'une boule de crème glacée. Remettre délicatement en place les dessus de brioches. Déposer les profiteroles sur un fond de sauce aux bleuets. Napper chaque portion d'un petit filet de sauce aux bleuets. Garnir au goût de chocolat râpé. Servir immédiatement.

Pommes exquises en papillotes

4 portions

4	**grosses pommes (ou 8 petites) Spartan, pelées ou non, le cœur enlevé avec un vide-pomme**
4 c. à soupe 60 ml	**concentré de jus de pomme congelé, décongelé**
	Pacanes entières, grillées

GARNITURE AU CHEDDAR ET AUX PACANES

½ tasse 125 ml	**cheddar moyen râpé finement**
¼ tasse 60 ml	**beurre fondu**
¼ tasse 60 ml	**farine non blanchie**
2 c. à soupe 30 ml	**sucre granulé**
2 c. à soupe 30 ml	**concentré de jus de pomme congelé, décongelé**
¼ tasse 60 ml	**pacanes moulues au robot culinaire**

SAUCE AU CARAMEL

3 c. à soupe 45 ml	**tartinade de caramel du commerce**
⅓ tasse 80 ml	**crème sure**

1 Préchauffer le four à 350 °F (180 °C). Farcir les pommes évidées avec la garniture au cheddar et aux pacanes, puis ajouter une généreuse cuillère à soupe (15 ml) de garniture sur le dessus de chaque pomme.

2 Déposer une pomme sur un carré de papier parchemin d'environ 12 po (30 cm). Soulever légèrement les côtés du papier, puis verser 1 c. à soupe (15 ml) de concentré de jus de pomme au pied de la pomme farcie. Ficeler le papier par-dessus la pomme pour former un baluchon. Répéter l'opération avec les trois autres pommes, puis les déposer sur une plaque allant au four. Cuire les petites pommes environ 15 minutes et les grosses environ 22 minutes. Ces pommes se consomment tendres, mais elles doivent encore se tenir debout.

3 Retirer les pommes du four, puis les déposer dans des assiettes creuses. Détacher les baluchons, puis les tailler esthétiquement à l'aide d'un ciseau de façon à former des coupes de papier ondulées. Verser la sauce au caramel sur les pommes, puis les garnir de pacanes grillées. Servir immédiatement.

GARNITURE AU CHEDDAR ET AUX PACANES

4 Mettre tous les ingrédients dans un bol, puis bien mélanger. Réserver à la température de la pièce jusqu'au moment de s'en servir. Utiliser dans les heures qui suivent.

SAUCE AU CARAMEL

5 Mettre le caramel dans un petit bol, puis verser graduellement la crème sure en mélangeant à l'aide d'un fouet. Mélanger jusqu'à ce que ce soit lisse et homogène. Réserver au frais jusqu'au moment de servir.

Coupes de bleuets
au mascarpone citronné

4 portions

1 tasse 250 ml	yogourt nature
⅔ tasse 160 ml	tartinade de citron du commerce (« lemon curd »)
3 c. à soupe 45 ml	sucre granulé
1 tasse 250 ml	fromage mascarpone, à la température de la pièce
4 tasses 1 L	bleuets
	Biscuits roulés fins Copeaux de chocolat blanc

1 Dans un bol, bien fouetter les trois premiers ingrédients jusqu'à l'obtention d'un mélange homogène. Réserver. Mettre le fromage mascarpone dans un bol, puis le crémer. Ajouter graduellement la préparation citronnée en mélangeant avec une cuillère (ne pas fouetter). Brasser jusqu'à l'obtention d'un mélange lisse.

2 Répartir également le tiers des bleuets dans quatre coupes à dessert, puis les recouvrir de la moitié du mascarpone citronné. Répéter ces deux opérations, puis recouvrir avec le reste des bleuets. Réfrigérer quelques heures.

3 Juste avant de servir, retirer les coupes du réfrigérateur, puis garnir chacune d'elles d'un biscuit roulé fin et de quelques copeaux de chocolat blanc. Servir immédiatement.

Conseil de chef

Si vous avez de la difficulté à dénicher du fromage mascarpone ou si vous trouvez qu'il est trop cher, vous pouvez toujours le remplacer par du fromage à la crème que vous laisserez revenir à la température ambiante. La texture sera semblable, mais le fromage mascarpone est légèrement plus crémeux et possède un goût plus riche.

Tiramisu fresco

Conseil de chef

Ce dessert, fort simple à préparer, est un dérivé du tiramisu italien. Si vous désirez un goût plus frais, congelez-le de 30 à 40 minutes, puis sortez-le de 5 à 10 minutes avant de le servir afin qu'il ramollisse légèrement. Sinon, cette recette se prépare à la dernière minute et se sert immédiatement.

4 portions

⅔ tasse 160 ml	**fromage mascarpone**
5 c. à soupe 75 ml	**crème 15 %**
2 c. à soupe 30 ml	**café instantané ordinaire ou espresso**
4 c. à soupe 60 ml	**sucre granulé**
1 ½ c. à thé 7,5 ml	**extrait de vanille**
	Crème glacée au caramel
16	**doigts de dame**

Copeaux de chocolat noir

1 Mettre le fromage mascarpone dans un bol moyen, puis réserver. Verser la crème et le café dans un petit bol en verre, puis réchauffer 20 secondes au micro-ondes. Mélanger, puis verser cette crème dans le bol contenant le fromage. Ajouter le sucre et l'extrait de vanille, puis incorporer le tout avec une fourchette jusqu'à l'obtention d'une pâte homogène.

2 Remplir à moitié des coupes ou des bols à dessert de crème glacée au caramel. Bien compacter. Insérer quatre doigts de dame par portion, placés debout autour de la crème glacée, et les enfoncer un peu dans celle-ci.

3 Avec une petite cuillère, répartir également le mélange de mascarpone sur la crème glacée, puis lisser bien le dessus. Garnir de copeaux de chocolat, puis servir immédiatement. Vous pouvez aussi congeler les coupes 30-40 minutes avant de servir pour un dessert plus rafraîchissant.

La vanille est originaire du sud du Mexique. Ce sont les Aztèques qui ont mis au point la technique qui consiste à tremper les gousses dans l'eau bouillante, puis à les faire sécher, et ce, à plusieurs reprises, afin que les cristaux blancs de vanilline, la substance qui leur donne leur goût, remontent à la surface. Il existe deux types d'extrait de vanille sur le marché : la pure et la synthétique. La seconde, beaucoup moins chère, est une imitation ayant une saveur moins subtile et un arrière-goût peu agréable.

Puits d'amour au chocolat et aux cerises noires

6 portions

6	**vol-au-vent du commerce de 3 po (7,5 cm) de diamètre**
1 ¼ tasse 310 ml	**lait**
2 c. à soupe 30 ml	**fécule de maïs**
2	**jaunes d'œufs**
¼ tasse 60 ml	**sucre**
2 c. à thé 10 ml	**extrait de vanille**
	Quartiers de fraises fraîches

SAUCE AU CHOCOLAT ET AUX CERISES NOIRES

9/10 tasse 225 ml	**tartinade aux cerises noires**
2 c. à soupe 30 ml	**sucre granulé**
5,5 oz 150 g	**chocolat mi-sucré haché**

1 Retirer le centre des vol-au-vent à l'aide d'un petit couteau pointu. Les réserver. Dans un bol, délayer la fécule de maïs avec 2 c. à soupe (30 ml) du lait. Ajouter les jaunes d'œufs et le sucre en mélangeant à l'aide d'un fouet. Réserver. Dans une petite casserole, faire chauffer le reste du lait juste avant le point d'ébullition. Verser le lait chaud en filet sur le mélange d'œufs en fouettant.

2 Verser la préparation dans la petite casserole, puis chauffer à feu moyen-doux jusqu'à ce que la préparation épaississe et commence à bouillir. Brasser constamment durant l'opération. Retirer immédiatement la casserole du feu. Ajouter la vanille, puis bien mélanger.

3 Laisser refroidir la crème pâtissière 15 minutes et la fouetter à quelques reprises pendant ce temps. La répartir également dans les six vol-au-vent. Emballer chacun d'eux dans une pellicule de plastique, puis les réfrigérer jusqu'au moment de servir.

4 Retirer les vol-au-vent du réfrigérateur environ 10 minutes avant de les servir, puis les déballer. En déposer un au centre de chaque assiette sur un fond de sauce au chocolat et aux cerises noires tiède. Napper chaque portion d'un léger filet de sauce. Servir immédiatement et décorer de quelques quartiers de fraises.

SAUCE AU CHOCOLAT ET AUX CERISES NOIRES

5 Dans une casserole, bien mélanger la tartinade aux cerises noires et le sucre. Porter à ébullition, à feu moyen, en brassant régulièrement. Retirer la casserole du feu, puis ajouter le chocolat haché. Mélanger jusqu'à ce que le chocolat soit fondu et intégré à la sauce. Laisser la sauce tiédir 10 minutes, puis servir ou réfrigérer jusqu'au moment de servir. La réchauffer au micro-ondes juste avant de servir.

Jardinière somptueuse aux fruits

8-10 portions

1 ½ tasse 375 ml	**chapelure de biscuits Graham**
⅓ tasse 80 ml	**beurre fondu**
4	**gros œufs**
2	**jaunes d'œufs**
⅔ tasse 160 ml	**sucre granulé**
3 tasses 750 ml	**crème 15 %**
1 ½ c. à thé 7,5 ml	**extrait de vanille**
2 c. à soupe 30 ml	**pineau des Charentes**
3 tasses 750 ml	**fruits parés au choix, coupés en morceaux si nécessaire**
	Sirop de petits fruits

1 Préchauffer le four à 325 °F (165 °C). Dans un bol, bien mélanger la chapelure de biscuits et le beurre. Dans un moule rond de 9 po (22,5 cm) à fond amovible, presser le mélange dans le fond et sur une hauteur d'environ 1 ½ po (3,75 cm) sur la paroi. Mettre le moule au four et cuire la croûte 12 minutes. Retirer du four et réserver au réfrigérateur.

2 Dans un grand bol, battre légèrement les œufs, les jaunes d'œufs et le sucre. Réserver. Dans une casserole, chauffer la crème presque au point d'ébullition. Verser la crème chaude sur le mélange d'œufs en fouettant vigoureusement. Ajouter l'extrait de vanille et le pineau des Charentes, puis mélanger.

3 Retirer le moule du réfrigérateur, puis verser la préparation à base d'œufs sur la croûte de biscuits. Cuire immédiatement sur l'étage central du four 30-40 minutes, ou jusqu'à ce que le centre de la crème pâtissière soit pris et que le dessus soit légèrement gonflé et d'un beau brun doré. Retirer le moule du four, puis laisser refroidir complètement.

4 Disposer esthétiquement les fruits sur le dessus de la jardinière. Réfrigérer au moins 3 heures, ou jusqu'au moment de servir. Retirer du réfrigérateur 20 minutes avant de servir. Trancher la jardinière en pointes. Napper chaque portion d'un filet de sirop de petits fruits. Servir immédiatement.

Conseil de chef

Le lait de noix de coco en boîte ne ressemble en rien à l'eau sucrée de noix de coco se trouvant à l'intérieur de la noix fraîche. Le lait de noix de coco est un mélange de pulpe de noix de coco additionnée de lait ou de crème, de sucre ainsi que d'autres ingrédients et saveurs selon le producteur. Il est généralement assez gras et calorifique. Il faut bien mélanger le lait de noix de coco avant de l'utiliser, car les ingrédients ont tendance à se séparer.

Terrine glacée à la mangue, sauce crémeuse à la noix de coco

8 portions

6 tasses 1,5 L	**chair de mangues bien mûres, tranchée en dés**
	Jus d'un citron
¾ tasse 180 ml	**sucre granulé**
3 c. à soupe 45 ml	**rhum brun (facultatif)**

SAUCE CRÉMEUSE À LA NOIX DE COCO

18 oz 500 g	**fromage frais**
⅓-½ tasse 80-125 ml	**lait de noix de coco**
6 c. à soupe 90 ml	**sucre granulé**

1 Mettre tous les ingrédients dans un robot culinaire, puis réduire jusqu'à l'obtention d'une purée lisse et homogène. Transvider la purée dans un grand plat peu profond allant au congélateur. Couvrir, puis congeler 4 heures.

2 Tapisser un moule à pain de 9 po x 5 po (22,5 cm x 12 cm) d'une pellicule de plastique. Réserver. Retirer le plat du congélateur. Briser la glace en gros morceaux et la déposer dans un robot culinaire. Réduire jusqu'à l'obtention d'une texture homogène. Transvider le mélange dans le moule. Couvrir, puis remettre au congélateur au moins 6-8 heures.

3 Environ 20 minutes avant de servir, retirer le moule du congélateur. Démouler la terrine sur une assiette de service, puis la mettre au réfrigérateur 15 minutes. Couper la terrine en tranches et les déposer dans des assiettes recouvertes d'un léger fond de sauce crémeuse à la noix de coco. Napper esthétiquement chaque portion d'un léger filet de sauce crémeuse à la noix de coco. Garnir chaque portion de quelques petits fruits et de flocons de noix de coco sucrés. Servir immédiatement.

SAUCE CRÉMEUSE À LA NOIX DE COCO

4 Dans un bol, crémer le fromage, puis ajouter graduellement le lait de noix de coco et le sucre en mélangeant à l'aide d'un fouet. Mélanger jusqu'à l'obtention d'une sauce homogène et onctueuse. Réserver au frais.

« Clam chowder » au maïs sucré

4-6 portions

4	tranches de bacon coupées en six
1	petit oignon haché
1	gros blanc de poireau nettoyé et tranché finement
2	grosses pommes de terre pelées et cuites
3-4 lb 1,36-1,8 kg	clams bien nettoyés
½ tasse 125 ml	vin blanc
3 tasses 750 ml	lait
1 tasse 250 ml	crème 35 %
1 tasse 250 ml	maïs sucré en grains, en boîte, égoutté
	Sel et poivre
	Ciboulette fraîche, ciselée

1 Les clams sont similaires aux palourdes, sauf qu'ils sont plus gros. Ceux-ci peuvent être remplacés par des palourdes.

2 Dans une poêle contenant le bacon, faire revenir l'oignon et le poireau, à feu moyen-élevé, quelques minutes en brassant. Verser le contenu de la poêle dans un bol, puis y ajouter les deux pommes de terre cuites. Piler le tout, puis réserver.

3 Dans une grande casserole, faire bouillir les clams avec le vin blanc, à feu moyen-élevé, jusqu'à ce qu'ils soient ouverts. Ôter les clams de la casserole, puis en retirer la chair (garder quelques clams intacts pour la décoration) que vous remettrez ensuite dans la casserole. Jeter les coquilles et les clams non ouverts.

4 Ajouter le lait, la crème et la purée à base de pommes de terre à la casserole contenant la chair des clams et le jus de cuisson. Mélanger, puis porter à ébullition. Ajouter le maïs en grains, puis assaisonner au goût de sel et de poivre. Mélanger, puis couvrir. Éteindre le feu, puis laisser reposer 10 minutes avant de servir dans des bols individuels. Garnir chaque portion de ciboulette ciselée et de quelques clams entiers. Accompagner de pain croûté.

Conseil de chef

La meilleure façon de nettoyer un poireau paré est de le couper en deux dans le sens de la longueur, puis de passer sous l'eau courante chaque moitié en détachant légèrement chaque couche pour bien laver l'intérieur. Si ces tâches vous découragent, on trouve maintenant en supermarché des poireaux prêts à servir qui sont vendus parés, lavés et tranchés en format de 250 g (9 oz). Vous n'avez qu'à les ajouter directement à vos recettes.

Conseil de chef

Pour confectionner des boulettes de viande bien rondes et lisses, mouillez-vous les mains avec de l'eau après avoir roulé chaque boulette, puis réservez-les sur de grandes assiettes bien huilées. Cuisez-les au four à 375 °F (190 °C) sur une grande plaque, en les tournant à la mi-cuisson.

Soupe chinoise aux boulettes épicées

4-6 portions

7 tasses 1,75 L	**bouillon de poulet**
2 ½ tasses 625 ml	**chou chinois tranché**
⅓ tasse 80 ml	**ciboulette fraîche, ciselée**
1 ½ tasse 375 ml	**vermicelles chinois**
1 tasse 250 ml	**pousses de bambou en boîte, tranchées**
2 c. à soupe 30 ml	**gingembre frais, tranché très finement**
	Sel et poivre
	Coriandre fraîche, hachée

BOULETTES ÉPICÉES

1 lb 454 g	**porc haché**
3 c. à soupe 45 ml	**chapelure**
2	**gousses d'ail écrasées**
1	**œuf battu**
⅓ tasse 80 ml	**sauce teriyaki**
2 c. à soupe 30 ml	**miel liquide**
½ c. à thé 2,5 ml	**cinq-épices chinoises en poudre**
	Huile

1 Mettre le bouillon dans une grande casserole, puis porter à ébullition. Lorsque le liquide bout, ajouter les boulettes épicées, puis laisser mijoter 2-3 minutes. Ajouter le reste des ingrédients, sauf la coriandre, et laisser mijoter 7-8 minutes. Saler et poivrer au goût, puis servir immédiatement dans de grands bols individuels. Garnir chaque portion de coriandre fraîche.

BOULETTES ÉPICÉES

2 Mettre tous les ingrédients dans un bol, sauf huile, puis bien mélanger avec vos mains. Façonner de petites boulettes en vous trempant les mains dans l'eau pour éviter que le mélange colle.

3 Dans une grande poêle, faire chauffer un léger fond d'huile végétale à feu moyen. Y déposer les boulettes et les cuire 12-15 minutes, en les tournant fréquemment. Les retirer de la poêle et les laisser égoutter sur du papier essuie-tout. Réserver au frais. Servir chaud, avec une sauce chinoise sucrée.

Soupe aux gnocchi et au fromage

4-6 portions

½	**gros oignon rouge haché grossièrement**
1	**gousse d'ail hachée**
3 c. à soupe 45 ml	**beurre**
2 c. à soupe 30 ml	**farine non blanchie**
3 c. à thé 15 ml	**moutarde sèche**
4 tasses 1 L	**bouillon de bœuf chaud**
1 tasse 250 ml	**lait**
¼ c. à thé 1 ml	**muscade moulue**
1 c. à soupe 15 ml	**sauce Worcestershire**
	Pincée de poivre de Cayenne
	Sel et poivre
2 ½ tasses 625 ml	**gnocchi**
1 ½ tasse 375 ml	**fromage cheddar moyen râpé**
	Paprika

1 Dans une grande casserole, faire revenir l'oignon et l'ail dans le beurre, à feu moyen, 5 minutes. Ajouter la farine et la moutarde sèche, puis cuire, en brassant, 1 minute.

2 Verser le bouillon de bœuf tout en brassant. Ajouter le lait, la muscade, la sauce Worcestershire et le poivre de Cayenne. Saler et poivrer au goût. Porter à ébullition, puis ajouter les gnocchi. Laisser mijoter jusqu'à ce que les pâtes reviennent à la surface.

3 Ajouter le fromage râpé, puis bien mélanger. Retirer du feu et laisser refroidir 10 minutes. Servir chaque portion dans des bols individuels, puis poivrer généreusement et décorer d'un peu de paprika. Garnir chaque portion d'un peu de fromage râpé.

Conseil de chef

Les gnocchi sont de petites boules de pâte faites le plus souvent à partir de pommes de terre et de semoule de blé. Vous pouvez les préparer vous-même, mais ils sont très abordables et assez faciles à trouver dans les supermarchés et tous les marchés italiens. Ils sont vendus frais ou scellés sous vide, prêts à cuire.

Conseil de chef

La cuisson fait tomber l'acidité de la tomate tout en conservant ses arômes. Lorsque vous faites cuire des tomates entières au four, incisez d'abord la peau à quelques endroits au centre de celles-ci. Cette précaution évite qu'elles éclatent en cours de cuisson. Avant de farcir les tomates, assaisonnez l'intérieur, puis retournez-les pour les égoutter pendant 30 minutes. Ainsi, les tomates ne rendent pas trop d'eau en cuisant. Si vous ne procédez pas de cette façon, ajoutez 1 c. à thé (5 ml) de riz dans la tomate avant de la farcir. Le riz absorbera le liquide excédentaire.

Chaudrée de pétoncles aux tomates et au fromage provolone

4-6 portions

1	*petit oignon tranché*
1	*carotte tranchée*
1 tasse 250 ml	*maïs en grains en boîte, égoutté*
3 tasses 750 ml	*eau*
1 tasse 250 ml	*petites palourdes en boîte, non égouttées (facultatif)*
1 c. à thé 5 ml	*concentré de bouillon de poisson*
1 c. à thé 5 ml	*concentré de bouillon de légumes*
	Poivre noir du moulin
	Thym séché
	Romarin séché
1 tasse 250 ml	*lait*
½ lb 227 g	*pétoncles moyens*
2	*tomates évidées, la chair coupée en cubes*
½ lb 227 g	*fromage provolone coupé en petits dés*

1 Mettre les sept premiers ingrédients dans une casserole de grandeur moyenne, puis assaisonner au goût de poivre, de thym et de romarin. Porter à ébullition. Baisser le feu à moyen-doux et couvrir.

2 Laisser mijoter 10 minutes. Ajouter le lait, les pétoncles et les cubes de tomates, puis éteindre le feu immédiatement. Couvrir et laisser reposer 15 minutes. Juste avant de servir dans des bols individuels, ajouter les cubes de fromage provolone, puis mélanger délicatement. Accompagner de pain croûté.

Soupe aux tortellini et au cresson

6-8 portions

2 c. à soupe 30 ml	**beurre**
1	**poireau moyen tranché**
1	**oignon rouge haché finement**
1	**gousse d'ail hachée**
6 tasses 1,5 L	**bouillon de poulet**
1	**gros poivron vert coupé en petits dés**
2 c. à soupe 30 ml	**persil haché**
2	**pommes de terre pelées et coupées en dés**
2 tasses 500 ml	**tortellini à la viande, cuits « al dente »**
1	**botte de cresson nettoyée, essorée et tranchée**
1 tasse 250 ml	**crème sure**
	Sel et poivre

1 Dans une poêle, faire revenir le poireau, l'oignon rouge et l'ail dans le beurre, à feu moyen-doux, jusqu'à ce qu'ils commencent à caraméliser. Retirer du feu et réserver.

2 Pendant ce temps, dans une grande casserole, porter le bouillon de poulet à ébullition. Ajouter les légumes sautés réservés, le poivron vert, le persil, les pommes de terre et les tortellini. Mijoter 10-15 minutes, ou jusqu'à ce que les pommes de terre et les tortellini soient tendres.

3 Ajouter le cresson, puis laisser mijoter 2-3 minutes. Retirer du feu, puis incorporer la crème sure. Assaisonner au goût de sel et de poivre, puis mélanger. Servir immédiatement dans des bols individuels. Garnir chaque bol de quelques feuilles de cresson frais, puis accompagner de pain à l'ail.

Conseil de chef

Le poireau et l'oignon font partie de la même famille : les liliacées. Toutefois, le poireau présente un goût moins prononcé, plus subtil et une couleur plus contrastée que son cousin. De plus, le poireau possède bon nombre de propriétés bénéfiques pour la santé, tout comme l'ail, « la plante vertueuse des centenaires », qui fait aussi partie de la famille des liliacées. La partie verte du poireau est de plus en plus consommée, apportant un goût plus tonique et aussi... la chlorophylle. Alors, pourquoi ne pas gâter vos papilles gustatives - et votre santé - en remplaçant l'oignon par du poireau dans vos recettes?

Stracciatella au fromage
romano et aux ravioli

Soupe aux fèves de Lima
et à l'ail

Stracciatella au fromage romano et aux ravioli

4 portions

6 tasses 1,5 L	**bouillon de poulet**
3	**œufs**
⅔ tasse 160 ml	**fromage romano râpé**
3 c. à soupe 45 ml	**persil frais, ciselé**
	Jus et zeste d'un demi-citron
1 ½ tasse 375 ml	**petits ravioli frais farcis aux épinards (ou au choix)**
	Poivre noir du moulin
	Persil frais, ciselé

1 Dans une grande casserole, porter le bouillon de poulet à ébullition à feu moyen. Entre-temps, dans un bol, fouetter les œufs, le fromage, le persil, le jus et le zeste de citron. Réserver.

2 Ajouter les ravioli au bouillon de poulet, puis les cuire jusqu'à ce qu'ils soient « al dente ». Deux minutes avant que les ravioli soient cuits, verser graduellement le mélange d'œufs et de fromage en filet dans le bouillon tout en fouettant vigoureusement. Continuer à mélanger pendant 1-2 minutes après avoir ajouté le mélange d'œufs.

3 Retirer la casserole du feu et réserver 5 minutes. Servir dans des bols individuels. Assaisonner généreusement chaque portion de poivre du moulin. Garnir de persil frais.

Conseil de chef

Choisissez des limes et des citrons certifiés biologiques lorsqu'une recette demande du zeste. Frottez-les bien sous l'eau courante pour les nettoyer avant de les râper.

Soupe aux fèves de Lima et à l'ail

6 portions

8 tasses 2 L	**bouillon de poulet**
3 c. à soupe 45 ml	**beurre**
2	**grosses carottes coupées en petits dés**
1	**gros oignon haché**
2	**branches de céleri coupées en petits dés**
6	**gousses d'ail tranchées**
2 c. à thé 10 ml	**thym moulu**
2 c. à thé 10 ml	**marjolaine moulue**
1	**boîte de 19 oz (540 ml) de fèves de Lima, égouttées**
1 tasse 250 ml	**chair de poulet cuit, coupée en bouchées**
4 c. à soupe 60 ml	**pâte de tomates**
	Sel et poivre
⅔ tasse 160 ml	**petites pâtes en forme de roue**
	Herbes fraîches au choix

1 Dans une grande casserole, verser le bouillon de poulet, puis porter doucement à ébullition. Pendant ce temps, dans une grande poêle, faire revenir les carottes, l'oignon, le céleri et les gousses d'ail dans le beurre pétillant, à feu moyen-élevé, 2 minutes. Saupoudrer de thym et de marjolaine, puis continuer à cuire 2 minutes ou jusqu'à ce que les légumes soient colorés.

2 Retirer la poêle du feu, puis verser son contenu dans le bouillon de poulet chaud. Ajouter les fèves de Lima, les morceaux de poulet et la pâte de tomates. Saler et poivrer au goût, puis mélanger. Laisser mijoter 20 minutes, à feu moyen-doux.

3 Ajouter les pâtes, puis laisser mijoter 7-8 minutes ou jusqu'à ce que les pâtes soient cuites. Retirer du feu et attendre 5-10 minutes avant de servir. Garnir chaque portion d'herbes fraîches ciselées.

Conseil de chef

Pour conserver un reste de pâte de tomates, mettez-le au réfrigérateur dans son contenant d'origine, couvert d'une légère couche d'huile.

Soupe d'agneau
aux légumes d'automne

6-8 portions

1 c. à soupe 15 ml	**huile de canola**
⅔-1 lb 300-450 g	**petits cubes d'agneau dégraissés**
2	**gousses d'ail hachées**
1	**gros oignon jaune coupé en deux, puis tranché**
1 ½ tasse 375 ml	**chair de courge au choix, coupée en petits cubes**
1	**grosse pomme de terre douce, pelée et coupée en cubes**
3	**carottes tranchées**
2	**petits navets pelés et coupés en petits cubes**

1 c. à soupe 15 ml	**sauce Worcestershire**
6-8 tasses 1,5-2 L	**eau**
2	**feuilles de laurier**
	Sel et poivre
	Herbes de Provence
	Persil frais

1 Dans une grande casserole, faire brunir les morceaux d'agneau et l'ail dans l'huile, à feu moyen-élevé, 2-3 minutes en brassant. Ajouter les cinq autres légumes, puis les faire revenir 4 minutes, en brassant à quelques reprises. Mouiller avec la sauce Worcestershire et l'eau. Bien mélanger. Ajouter les feuilles de laurier et assaisonner de sel, de poivre et d'herbes de Provence. Porter à ébullition.

2 Baisser le feu à moyen-doux, puis couvrir. Laisser mijoter 25 minutes. Ajouter de l'eau et rectifier l'assaisonnement au besoin. Continuer à faire mijoter un autre 30 minutes ou plus selon les goûts.

3 Retirer du feu et laisser reposer quelque temps avant de servir. Accompagner d'une salade verte et de yogourt nature. Garnir chaque portion d'une pincée de paprika et de persil frais.

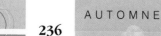

Crème de carottes et de noix de coco au gingembre

6 portions

2 c. à soupe 30 ml	**beurre**
2 c. à soupe 30 ml	**gingembre frais, haché**
1	**petit oignon jaune**
2	**clous de girofle**
4 tasses 1 L	**carottes pelées et tranchées grossièrement**
2 tasses 500 ml	**eau**
1 c. à thé 5 ml	**cardamome moulue**
2	**petites feuilles de laurier**
	Jus et zeste râpé d'un demi-citron
2 c. à thé 10 ml	**concentré de bouillon de volaille**
2 tasses 500 ml	**lait de noix de coco**
	Sel et poivre
	Flocons de noix de coco

1 Dans une petite poêle, faire pétiller le beurre à feu moyen. Ajouter le gingembre, puis le faire revenir 3 minutes en brassant. Retirer la poêle du feu, puis transvider son contenu dans un mélangeur. Réserver.

2 Peler l'oignon, puis le couper en deux. Piquer chaque moitié d'un clou de girofle, puis les mettre dans une casserole de grandeur moyenne. Ajouter les carottes, l'eau, la cardamome, les feuilles de laurier, le jus et le zeste de citron. Porter à ébullition, puis baisser le feu à moyen.

3 Couvrir et laisser mijoter 15 minutes, ou jusqu'à ce que les carottes soient tendres. Retirer la casserole du feu, puis jeter les feuilles de laurier et les clous de girofle. Transvider le contenu de la casserole dans le mélangeur contenant le gingembre. Réduire le mélange jusqu'à l'obtention d'une purée lisse et homogène. Procéder en deux opérations si nécessaire.

4 Verser la purée dans la casserole, puis saupoudrer de concentré de bouillon de volaille. Ajouter le lait de noix de coco, puis saler et poivrer au goût. Réchauffer à feu doux, en fouettant, jusqu'à ce que la crème soit lisse et chaude. La crème doit être assez consistante. Vous pouvez ajouter un peu plus de bouillon ou d'eau au goût. Servir immédiatement, puis décorer chaque portion de quelques flocons de noix de coco.

Soupe pékinoise

4 portions

½ lb 227 g	**tofu mou ou semi-ferme**
6	**champignons shiitake réhydratés ou frais**
⅓ tasse 80 ml	**pousses de bambou, égouttées**
1 c. à soupe 15 ml	**huile de canola**
1 c. à soupe 15 ml	**saké**
1 c. à soupe 15 ml	**sauce soya**
1 c. à soupe 15 ml	**vinaigre de riz**
½ c. à thé 2,5 ml	**flocons de piment fort**
	Pincée de sel
½ c. à thé 2,5 ml	**poivre blanc**
1 c. à soupe 15 ml	**fécule de maïs**

BOUILLON PÉKINOIS

4½ tasses 1,125 L	**bouillon de légumes**
⅓ tasse 80 ml	**gingembre frais, pelé et haché finement**
4	**échalotes vertes tranchées**
¼ tasse 60 ml	**saké**

1 Couper le tofu en bâtonnets et les champignons et les pousses de bambou en lanières. Dans une grande poêle creuse ou un wok, réchauffer l'huile à feu élevé. Sauter les champignons et les pousses de bambou 2 minutes, en brassant. Ajouter le reste des ingrédients, sauf le tofu réservé et la fécule de maïs. Cuire 2 minutes en brassant délicatement.

2 Ajouter environ 4 tasses (1 L) de bouillon pékinois dans le wok, puis porter à ébullition. Baisser le feu et incorporer, tout en mélangeant, la fécule de maïs préalablement diluée dans un peu d'eau. Ajouter les bâtonnets de tofu réservés. Laisser mijoter 5 minutes, puis servir immédiatement.

BOUILLON PÉKINOIS

3 Mettre tous les ingrédients dans une grande casserole. Porter à ébullition. Baisser le feu à moyen-doux, puis couvrir. Laisser mijoter 30 minutes. Réserver. Ce bouillon se conserve 4-5 jours au réfrigérateur ou peut être congelé.

Soupe à l'oignon

4 portions

4	**oignons jaunes moyens tranchés minces**
1 c. à thé 5 ml	**sucre granulé**
4 c. à soupe 60 ml	**beurre**
3 c. à soupe 45 ml	**farine non blanchie**
4 tasses 1 L	**bouillon de bœuf**
¼ tasse 60 ml	**vin rouge**
	Sel et poivre
4	**tranches de grosse baguette, grillées**
2 tasses 500 ml	**fromage emmenthal râpé**

1 Préchauffer le four à « broil ». Dans une casserole, faire revenir les oignons et le sucre dans le beurre, à feu moyen, une dizaine de minutes en brassant fréquemment. Saupoudrer les oignons de farine, puis continuer la cuisson 3 minutes de plus en brassant. Incorporer graduellement le bouillon de bœuf ainsi que le vin rouge tout en mélangeant. Saler et poivrer au goût. Porter le tout à ébullition. Baisser le feu, couvrir, puis laisser mijoter 20 minutes.

2 Remplir quatre bols individuels pouvant aller au four avec la soupe à l'oignon. Garnir chaque portion d'une tranche de pain grillée, puis saupoudrer généreusement le tout de fromage. Griller au four jusqu'à ce que le fromage soit bien gratiné. Servir comme entrée.

Conseil de chef

En général, les gros oignons (de type espagnol), surtout les blancs et les rouges, sont plus doux et sucrés. Ils sont parfaits pour être consommés crus. Les oignons moyens, particulièrement les blancs et les jaunes, aromatisent agréablement les plats cuisinés car leur goût prononcé diminue durant la cuisson.

Soupe aux tomates et légumes à l'italienne sur pain rôti

Crème d'asperges hollandaise

Crème d'asperges hollandaise

4 portions

½ lb 227 g	**asperges parées**
1½ tasse 375 ml	**eau**
3 tasses 750 ml	**bouillon de poulet ou de légumes**
½ tasse 125 ml	**oignon haché**
1	**branche de céleri tranchée**
2 c. à thé 10 ml	**estragon**
2 c. à soupe 30 ml	**beurre**
2 c. à soupe 30 ml	**farine non blanchie**
1 tasse 250 ml	**lait ou crème 15 %**
	Sel et poivre
2	**œufs durs hachés**

1 Dans une grande casserole, faire bouillir les asperges dans l'eau 5 minutes (elles doivent être légèrement croustillantes). Les égoutter tout en conservant l'eau de cuisson dans la casserole. Couper les pointes et les réserver pour la décoration finale. Réserver les tiges.

2 Ajouter le bouillon, l'oignon et le céleri à la casserole contenant l'eau de cuisson des asperges. Porter le tout à ébullition, baisser le feu, puis laisser mijoter 5 minutes. Ajouter les tiges d'asperges réservées ainsi que l'estragon, puis laisser mijoter 5 minutes de plus. Retirer la casserole du feu et laisser refroidir un peu.

3 À l'aide d'un mélangeur, réduire la soupe en crème. Remettre la crème dans la grande casserole, puis réchauffer peu à peu tout en brassant occasionnellement. Retirer du feu, couvrir, puis réserver.

4 Dans une petite poêle, faire fondre le beurre à feu moyen. Ajouter la farine, puis cuire 1 minute en brassant. Ajouter graduellement le lait ou la crème tout en brassant vigoureusement. Brasser jusqu'à ce que le mélange bouille. Incorporer 1 tasse (250 ml) de crème d'asperges à ce mélange, puis transvider le tout dans la grande casserole contenant la crème d'asperges. Bien mélanger.

5 Ajouter les pointes d'asperges réservées. Saler et poivrer généreusement. Servir dans des bols individuels. Garnir chaque portion avec des œufs durs hachés.

Conseil de chef

Comme nous l'avons fait ici, vous pouvez alléger vos soupes à base de crème en remplaçant la crème 35 % ou 15 % par du lait 2 %. Elles seront plus liquides et moins crémeuses, mais tout aussi délicieuses. Pour décorer et aromatiser les soupes et les potages, garnissez le dessus de chaque portion avec 1 c. à soupe (15 ml) de yogourt, puis étendez-le esthétiquement avec un couteau ou une fourchette dans le but de créer une forme attrayante.

Soupe aux tomates et légumes à l'italienne sur pain rôti

4 portions

¼ tasse 60 ml	**huile d'olive**
1	**gros oignon haché**
4	**gousses d'ail hachées finement**
2 tasses 500 ml	**céleri tranché**
1	**carotte tranchée mince**
1	**boîte de 19 oz (540 ml) de tomates**
2 ½ tasses 625 ml	**bouillon de bœuf**
¼ tasse 60 ml	**basilic frais, haché**
¼ tasse 60 ml	**persil frais, haché**
1 c. à soupe 30 ml	**thym frais, haché**
¼ c. à thé 1 ml	**piment fort broyé**
	Sel et poivre
8	**tranches de pain rôties**

1 Dans une grande casserole, faire sauter l'oignon et l'ail dans l'huile, tout en brassant, jusqu'à ce que l'oignon soit transparent. Ajouter le céleri et la carotte, puis continuer à cuire 5 minutes. Incorporer les tomates et le bouillon, puis bien mélanger.

2 Ajouter le basilic, la moitié du persil, le thym et le piment fort, puis assaisonner au goût de sel et de poivre. Porter à ébullition, baisser le feu, couvrir, puis laisser mijoter 40 minutes.

3 Déposer une tranche de pain rôtie dans le fond de chaque bol. Verser la soupe, puis déposer une autre tranche de pain. Garnir chaque portion avec le reste du persil et un peu de parmesan frais râpé.

Conseil de chef

La plupart des huiles du commerce sont extraites à haute température ou par solvants, puis soumises à une série de traitements de raffinage. Les huiles ainsi obtenues sont presque inodores, incolores et sans saveur, se conservent plus longtemps et résistent mieux à la chaleur. Même si, la plupart du temps, elles ont gardé l'équilibre de leurs acides gras, elles ont toutefois perdu beaucoup de leurs qualités nutritionnelles.

Soupe au veau et aux champignons

6-8 portions

⅔ lb 300 g	**veau au choix, dégraissé et coupé en petites lanières**
	Huile de canola
2 c. à thé 10 ml	**estragon séché**
2	**gousses d'ail hachées finement**
3 tasses 750 ml	**champignons portobello nettoyés et hachés**
2 tasses 500 ml	**champignons blancs nettoyés et hachés**
1 c. à soupe 15 ml	**farine non blanchie**
3 tasses 750 ml	**lait 1 %**
3 tasses 750 ml	**bouillon de légumes (faible en sel si possible)**
	Sel et poivre
3	**champignons blancs tranchés**

1 Dans une grande casserole, faire revenir le veau dans un peu d'huile, à feu moyen-élevé, 4 minutes en brassant. Baisser le feu à moyen, ajouter l'estragon, l'ail et les champignons. Mélanger, puis cuire 7-8 minutes. Brasser quelques fois durant la cuisson.

2 Saupoudrer de farine, puis cuire 1 minute en brassant. Mouiller avec les deux liquides et bien mélanger. Porter à ébullition. Baisser le feu, puis laisser mijoter 15 minutes. Assaisonner de sel et de poivre. Retirer du feu et servir. Garnir chaque portion de quelques tranches de champignons. Vous pouvez aussi retirer les morceaux de viande et réduire la soupe en crème au mélangeur. Remettre la viande dans la soupe, puis réchauffer 5 minutes avant de servir.

Conseil de chef

Pour réduire la quantité de gras animal dans votre alimentation, choisissez des produits laitiers faibles en matières grasses comme le lait 1 % et le fromage cottage 1 %. Dans certaines recettes, vous pouvez aussi remplacer une partie de la crème sure par de la mayonnaise ou du yogourt. Les exemples et les choix sont nombreux, soyez donc vigilant et imaginatif!

Risotto aux champignons sauvages et au parfum de truffe

4 portions

1,5 oz 45 g	**champignons sauvages séchés, au choix**
2 ½ tasses 625 ml	**eau bouillante**
4 tasses 1 L	**bouillon de poulet bouillant**
½ tasse 125 ml	**oignon haché finement**
3 c. à soupe 45 ml	**beurre**
1 ½ tasse 375 ml	**riz arborio**
⅓ tasse 80 ml	**vermouth ou vin blanc**
2 c. à soupe 30 ml	**persil plat frais, haché**
3 c. à soupe 45 ml	**fromage parmesan râpé**
2 c. à soupe 30 ml	**huile parfumée à la truffe**

Sel et poivre
Petits dés de truffes
(facultatif)

1 Laver les champignons séchés, puis les mettre dans un bol. Les couvrir d'eau bouillante, puis les laisser tremper 30-40 minutes. Tamiser le mélange à l'aide d'un tamis garni d'une double épaisseur de papier absorbant. Ajouter le liquide tamisé au bouillon bouillant. Couper les champignons en dés, puis les réserver.

2 Dans une grande casserole à fond épais, faire revenir l'oignon dans le beurre à feu moyen, 2-3 minutes, ou jusqu'à ce qu'il soit transparent. Ajouter le riz, puis cuire 2-3 minutes en brassant. Ajouter les champignons réservés, le vermouth et le persil, puis cuire 2 minutes en remuant.

3 Baisser un peu le feu, puis verser une louche de bouillon fumant. Cuire en brassant avec une spatule de bois jusqu'à ce que le liquide soit presque absorbé. Verser une autre louche de bouillon et répéter l'opération à quelques reprises jusqu'à ce que le riz soit cuit mais encore légèrement « al dente ». Le temps de cuisson est d'environ 20 minutes. N'utilisez que le liquide nécessaire pour cuire le riz à point. S'il ne reste plus de bouillon, compléter avec de l'eau bouillante. Baisser légèrement le feu si le riz commence à coller.

4 Retirer la casserole du feu, puis ajouter le fromage et l'huile. Saler et poivrer au goût, puis mélanger. Couvrir et laisser reposer 2 minutes. Si nécessaire, mouiller avec juste ce qu'il faut de bouillon pour que le risotto soit bien crémeux et onctueux. Servir immédiatement dans des assiettes chaudes. Garnir de quelques gouttes d'huile de truffe et de petits dés de truffes si désiré. Excellent pour accompagner les viandes rouges et les gibiers.

Risotto au filet de porc et au prosciutto, parfumé au vinaigre balsamique

4-6 portions

½ tasse 125 ml	**oignon rouge haché**
½ tasse 125 ml	**céleri haché**
3 c. à soupe 45 ml	**huile d'olive ou gras de canard**
2 tasses 500 ml	**riz carnaroli ou arborio**
⅓ tasse 80 ml	**vinaigre balsamique**
1,1 lb 500 g	**filet de porc coupé en petits dés**
4 tasses 1 L	**bouillon de poulet bouillant**
2 tasses 500 ml	**eau bouillante**
⅓ lb 150 g	**prosciutto coupé en petits carrés**
2 c. à soupe 30 ml	**fromage parmesan râpé**
¼ tasse 60 ml	**basilic frais, ciselé finement**
	Poivre

1 Dans une grande casserole à fond épais, faire revenir l'oignon et le céleri dans l'huile ou le gras de canard, à feu moyen, jusqu'à ce que l'oignon soit transparent. Ajouter le riz, puis cuire 3 minutes en brassant. Ajouter le vinaigre balsamique et la viande, puis laisser mijoter jusqu'à l'évaporation presque complète du liquide.

2 Verser une louche de bouillon fumant, puis cuire en brassant avec une spatule de bois jusqu'à ce que le liquide soit presque absorbé. Verser une autre louche de bouillon et répéter l'opération à quelques reprises jusqu'à ce qu'il ne reste plus de bouillon. Continuer avec l'eau bouillante jusqu'à ce que le riz soit onctueux et tendre, mais encore légèrement « al dente ». Le temps de cuisson est d'environ 20 minutes. N'utilisez que le liquide nécessaire pour cuire le riz à point. Baisser légèrement le feu si le riz commence à coller.

3 Retirer la casserole du feu, puis ajouter le reste des ingrédients. Poivrer au goût, puis bien mélanger. Couvrir et laisser reposer 2 minutes. Si nécessaire, mouiller avec juste ce qu'il faut d'eau bouillante pour que le risotto soit bien crémeux et onctueux. Servir immédiatement dans des assiettes chaudes et mouiller chaque portion avec un léger filet de vinaigre balsamique.

Conseil de chef

Pour réussir un bon risotto, le liquide bouillant doit être ajouté une louche à la fois et le mélange doit être brassé constamment durant la cuisson. Ajoutez juste assez de liquide pour obtenir un riz crémeux et encore légèrement « al dente » (vous n'aurez probablement pas à utiliser tout le liquide suggéré dans la recette).

Roulades de riz au saumon et au prosciutto

4 portions

2 ½ tasses 625 ml	**riz basmati**
3 ½ tasses 875 ml	**eau**
⅔-¾ tasse 160-180 ml	**pesto au choix (basilic, basilic et noix, tomates séchées, etc.)**
	Sel et poivre
8	**filets de saumon d'environ 2 ½ po x 7 po x ¼ po (6 cm x 18 cm x ½ cm)**
8	**tranches de prosciutto**

⅔ tasse 160 ml	**vin blanc, vermouth blanc ou xérès**

1 Préchauffer le four à 400 °F (205 °C). Dans une casserole, mettre le riz et l'eau. Porter à ébullition, puis baisser le feu à doux. Couvrir et cuire 12-15 minutes, ou jusqu'à ce que le liquide soit presque complètement absorbé. Retirer la casserole du feu, puis ajouter ½ tasse (125 ml) de pesto. Saler et poivrer au goût, puis bien mélanger. Réserver.

2 Mettre un filet de saumon sur une surface de travail, puis le badigeonner au goût de pesto. Y étendre une mince couche du mélange de riz, puis le rouler. Envelopper chaque rouleau d'une tranche de prosciutto. Réserver sur une assiette. Répéter ces opérations pour créer les sept autres roulades.

3 Transvider le reste du riz au pesto dans un grand plat allant au four. Déposer les roulades sur le riz. Mouiller avec le vin blanc, puis cuire au four 20 minutes ou jusqu'à ce que la chair du poisson se détache facilement avec une fourchette. Retirer du four. Servir immédiatement deux roulades par personne sur un fond de riz au pesto. Accompagner d'une salade de tomates à l'ail.

La paella, plat typique espagnol, est faite à base de riz, de safran et d'ail et garnie d'aliments variés (selon les régions) : poulet, chorizo, crevettes, moules, gibier, poisson, lapin, escargots, etc. Elle doit son nom au plat dans lequel elle est cuite, une sorte de poêle à haut rebord munie de poignées. Si vous en possédez une, servez-y la paella. Sinon, utilisez un grand plat creux de présentation.

Paella valencienne

6-8 portions

½-1 c. à thé 2,5-5 ml	**safran de qualité**
¼ tasse 60 ml	**huile d'olive vierge extra**
1,1 lb 500 g	**hauts de cuisses de poulet, désossés, sans peau**
½	**lapin (environ 1 ⅓ lb (600 g)), coupé en 4 morceaux**
½ c. à thé 2,5 ml	**sel**
1 tasse 250 ml	**grosses fèves de Lima en conserve, égouttées**
1 tasse 250 ml	**gourganes en conserve, égouttées**
2	**gousses d'ail hachées**
	Chair de 2 tomates fraîches, hachée
2 tasses 500 ml	**eau**
2 tasses 500 ml	**bouillon de poulet**
1	**gros magret de canard (ou 1 poitrine de poulet), coupé en 4 morceaux**
24	**gros escargots en boîte, égouttés**
1 tasse 250 ml	**haricots verts ou jaunes coupés en morceaux**
1	**petite branche de romarin frais**
2 tasses 500 ml	**riz espagnol à grain moyen (Calasparra, Valencia, Bomba) ou riz à risotto**
	Quartiers de citron

1 Dans un petit bol, écraser le safran avec le dos d'une petite cuillère, puis le dissoudre dans 3-4 c. à soupe (45-60 ml) d'eau bouillante. Réserver. Préchauffer le four à 350 °F (180 °C).

2 Préchauffer un plat à paella de 13 po (33 cm), un grand wok allant au four ou une grande poêle à paroi élevée allant au four à feu moyen. Ajouter l'huile, puis faire revenir les morceaux de poulet et de lapin 10 minutes ou jusqu'à ce qu'ils soient bien dorés de tous les côtés.

3 Saler, puis ajouter les fèves de Lima et les gourganes, puis les faire revenir 5 minutes. Ajouter l'ail et les tomates, puis faire revenir 5 minutes de plus. Ajouter le safran dissous, l'eau et le bouillon. Augmenter le feu à élevé, puis porter à ébullition. Ajouter les morceaux de canard, les escargots, les haricots et le romarin. Lorsque le liquide bout de nouveau, verser uniformément le riz en pluie sur le mélange. Porter à ébullition.

4 Transférer la paella sur l'étage central du four. Cuire 20 minutes, ou jusqu'à ce que le riz soit cuit mais encore légèrement « al dente » et le liquide évaporé (le riz continuera à cuire). Attention : il est essentiel de ne pas mélanger la paella une fois le riz ajouté car celui-ci deviendrait collant. De plus, vous vous priveriez du « soccarat », cette délicieuse croûte dorée qui se forme au fond de la casserole. Retirer la paella du four. Couvrir, puis laisser reposer 5 minutes. Servir sans attendre. Accompagner de quartiers de citron et de pain frais.

Fettuccine Alfredo

4 portions

1 lb 454 g	**fettuccine**
1 ½ tasse 375 ml	**crème 35 %**
4 c. à soupe 60 ml	**beurre**
	Pincée de muscade
	Sel et poivre
1 tasse 250 ml	**fromage parmesan râpé**
2-3 c. à soupe 30-45 ml	**ciboulette fraîche, ciselée**
	Persil frais

1 Dans une grande casserole, faire cuire les pâtes jusqu'à ce qu'elles soient « al dente ». Pendant ce temps, dans une grande poêle, verser la crème et le beurre. Porter à ébullition à feu moyen-élevé et laisser réduire le liquide d'un tiers en brassant fréquemment.

2 Ajouter la muscade, puis assaisonner au goût de sel et de poivre. Retirer la poêle du feu. Ajouter les pâtes égouttées, puis le fromage et la ciboulette. Mélanger jusqu'à ce que les pâtes soient bien enrobées de sauce. Rectifier l'assaisonnement au besoin. Servir immédiatement. Garnir de persil frais. Accompagner d'une salade italienne et de fromage parmesan.

Carbonara classique

**Conseil
de chef**

À moins que vos pâtes
ne soient trop cuites,
ne les passez pas sous l'eau
froide lors de l'égouttage,
car elles perdront beaucoup
de leur saveur et
de leurs nutriments.
De plus, la sauce, n'adhérera
pas bien aux pâtes
si elles sont mouillées.

4-6 portions

8-10	**tranches de bacon ou de jambon fumé en morceaux**
1 lb
454 g	**linguine**
2 c. à soupe
30 ml	**huile d'olive**
3	**gros œufs**
2	**gousses d'ail hachées très finement**
⅓ tasse
80 ml	**crème 35 %**
½ tasse
125 ml	**fromage parmesan fraîchement râpé**
	Sel et poivre
	Persil plat, ciselé

1 Dans une petite poêle, faire cuire le bacon, jusqu'à ce qu'il soit bien croustillant. Mélanger durant la cuisson. Si vous utilisez du jambon, le faire revenir 3 minutes à feu moyen. Égoutter le bacon et le réserver sur du papier essuie-tout.

2 Dans une grande casserole, faire cuire les linguine « al dente » selon le mode d'emploi sur l'emballage. Les égoutter, puis les réserver dans la casserole, sans couvrir. Les mouiller avec l'huile d'olive.

3 Entre-temps, dans un bol, fouetter les œufs avec l'ail et la crème. Ajouter ce mélange à la casserole contenant les pâtes, puis ajouter le bacon ou le jambon et le fromage parmesan.

4 Réchauffer 2 minutes à feu doux, tout en mélangeant constamment. Ne pas faire bouillir. Saler et poivrer au goût. Servir immédiatement en portions individuelles et garnir chacune d'elles de persil frais.

Linguine de fromage de chèvre au pesto d'olives noires

4-6 portions

⅔ lb 300 g	**linguine**
4	**tomates moyennes évidées et coupées en cubes**
½ lb 227 g	**fromage de chèvre au choix, en petits morceaux**

PESTO AUX OLIVES NOIRES

32-40	**olives noires en vrac, au choix, dénoyautées**
2	**gousses d'ail**
1 tasse 250 ml	**basilic frais, ciselé**
1 c. à thé 5 ml	**zeste de citron haché**
½ tasse 125 ml	**huile d'olive**

1 Dans une casserole, cuire les linguine jusqu'à ce qu'elles soient « al dente ». Les égoutter, puis les réserver dans la casserole ayant servi à les cuire. Incorporer 5-6 c. à soupe (75-90 ml) de pesto d'olives noires et la moitié des cubes de tomates, puis mélanger délicatement à la fourchette.

2 Répartir les pâtes dans 4-6 assiettes. Garnir chacune d'elles du reste des tomates en cubes et de fromage de chèvre. Garnir le centre de chaque portion de 1 c. à soupe (15 ml) de pesto aux olives noires. Servir immédiatement.

PESTO AUX OLIVES NOIRES

3 Réduire en purée tous les ingrédients au robot culinaire. Conserver au réfrigérateur dans un bocal hermétique. Ajouter aux sauces et aux mets, ou tartiner sur du pain grillé en entrée.

Conseil de chef

Voici comment obtenir des pâtes « al dente ». Dans une casserole remplie aux trois quarts d'eau bouillante salée, faites cuire vos pâtes en les mélangeant fréquemment. Goûtez les pâtes de temps à autre. Égouttez-les 1 minute avant qu'elles soient parfaites (elles continueront à cuire un peu, même une fois égouttées). L'ajout d'huile à l'eau de cuisson est déconseillé car elle couvre les pâtes d'un film qui empêche la sauce de bien les enrober.

1 c. à soupe	assaisonnement
15 ml	à l'italienne
	Flocons de piment fort
	Sel et poivre
16	cannelloni cuits très « al dente »
	Vin blanc italien
	Fromage pecorino ou romano

SAUCE PRIMAVERA

4 oz	asperges tranchées
115 g	en morceaux de ½ po (1 cm)
¼ tasse	beurre
60 ml	
4 c. à soupe	oignon haché finement
60 ml	
1	carotte coupée en petits dés
1	branche de céleri hachée finement
1	petite courgette tranchée en petits dés
1	petit poivron rouge coupé en petits dés
	Sel et poivre
1 ½ tasse	crème 15 %
375 ml	
1 tasse	crème 35 %
250 ml	
2 c. à soupe	persil plat
30 ml	haché finement

1 Préchauffer le four à 375 °F (190 °C). Dans une poêle additionnée d'huile, faire cuire les saucisses à feu moyen, 12-15 minutes, en les tournant à plusieurs reprises. Les retirer de la poêle, puis les hacher grossièrement. Les mettre dans un grand bol, puis ajouter le reste des ingrédients, sauf les cannelloni, le vin et le fromage. Assaisonner au goût de flocons de piment fort, de sel et de poivre.

2 Mélanger, puis, à l'aide d'une petite cuillère, farcir délicatement les cannelloni du mélange de saucisses. Déposer les cannelloni dans un grand plat à gratin beurré, puis les asperger d'un peu de vin. Recouvrir généreusement de sauce primavera, puis saupoudrer de fromage pecorino.

3 Mettre au four et cuire 35-45 minutes, ou jusqu'à ce que le pourtour du plat bouillonne. Retirer du feu et attendre 10 minutes avant de servir avec du pain italien et une salade César.

SAUCE PRIMAVERA

4 Dans une casserole, cuire les asperges à la vapeur jusqu'à ce qu'elles soient « al dente ». Les réserver. Dans une grande poêle, faire revenir les oignons dans le beurre, à feu moyen, jusqu'à ce qu'ils soient bien dorés.

5 Ajouter la carotte et le céleri, puis cuire, en brassant, 3 minutes de plus. Ajouter la courgette et le poivron rouge, puis cuire, en brassant, 6-7 minutes ou jusqu'à ce que les légumes soient tendres et légèrement colorés. Assaisonner au goût de sel et de poivre. Ajouter les asperges, puis cuire 1 minute de plus.

6 Incorporer les deux crèmes, puis laisser mijoter un peu, en brassant régulièrement, jusqu'à ce que la sauce épaississe. Retirer la poêle du feu, puis incorporer le persil. Réserver. Servir sur vos pâtes préférées, puis les garnir de fromage et de persil. Servir immédiatement.

Conseil de chef

Conservez les feuilles à l'extrémité des branches de céleri pour assaisonner les sauces et les soupes. Congelez-les, si nécessaire, dans des sacs hermétiques pour congélation.

Cannelloni aux saucisses italiennes, sauce primavera

4 portions

2 c. à soupe	huile d'olive
30 ml	
3	saucisses italiennes
1 tasse	fromage cottage
250 ml	
2	œufs battus

Les manicotti ressemblent
aux cannelloni, sauf qu'ils
sont plus volumineux, leurs
extrémités sont coupées en
angle et leur surface
est souvent cannelée.
Ils se cuisent de la même
façon, soit très « al dente »,
et se farcissent
délicatement par la suite.
Les cuisses de canard
confites, qu'on trouve de
plus en plus dans les
supermarchés, se conservent
au réfrigérateur plusieurs
semaines et se préparent en
un tournemain. Essayez-les
en entrée, sur un lit
de salade verte mouillée
d'une vinaigrette
aux framboises. Si la date
de préremption approche,
vous pouvez les congeler.

Manicotti sucrés
au canard confit
et aux pleurotes

4-6 portions

12	**manicotti secs**
1 c. à soupe 15 ml	**beurre**
1 c. à soupe 15 ml	**huile d'olive**
⅔ lb 300 g	**pleurotes lavés et tranchés**
5 c. à soupe 75 ml	**ciboulette fraîche, ciselée**
⅔ tasse 160 ml	**vin blanc**
2 ½ tasses 625 ml	**chair de cuisses de canard confites, hachée**
6 c. à soupe 90 ml	**compote de pommes**
4 c. à soupe 60 ml	**miel liquide**
1 ⅓ tasse 330 ml	**fromage cottage**
½ c. à thé 2,5 ml	**piment de la Jamaïque**
	Sel et poivre
3 tasses 750 ml	**sauce rosée**
1 ½ tasse 375 ml	**fromage cheddar doux ou mozzarella, râpé**

1 Préchauffer le four à 400 °F (205 °C). Dans une grande casserole remplie d'eau bouillante salée, cuire les manicotti jusqu'à ce qu'ils soient très « al dente », soit environ 8-9 minutes. Les égoutter immédiatement, puis les passer sous l'eau froide jusqu'à ce qu'ils soient refroidis. Bien les égoutter, puis les réserver sur une assiette.

2 Dans une grande poêle antiadhésive, faire chauffer le beurre et l'huile à feu moyen. Ajouter les pleurotes, puis les faire revenir, 6-7 minutes ou jusqu'à ce qu'ils soient colorés. Ajouter la ciboulette, puis continuer la cuisson 1 minute. Mouiller avec le vin blanc, puis réduire des deux tiers. Transvider le contenu de la poêle dans un bol, puis ajouter le reste des ingrédients, sauf la sauce, le fromage cheddar et les manicotti. Saler et poivrer au goût, puis bien mélanger.

3 Farcir délicatement les manicotti du mélange de canard avec une petite cuillère. Déposer les manicotti dans un plat rectangulaire allant au four de 15 po x 10 po (38 cm x 25 cm), préalablement recouvert de sauce rosée. Garnir les manicotti de fromage râpé. Recouvrir le plat d'une grande feuille de papier d'aluminium, puis cuire les manicotti 20 minutes au four. Retirer la feuille de papier d'aluminium, puis gratiner à « broil » jusqu'à ce que le fromage soit bien coloré. Servir immédiatement trois manicotti par personne sur un léger fond de sauce de cuisson. Accompagner de pain de blé entier et d'une salade verte.

Pour réussir une lasagne
bien crémeuse, il est important de cuire les pâtes
très « al dente » et
de préparer une sauce
blanche plus liquide qu'à
l'ordinaire. Une fois au four,
les pâtes à lasagne
continueront à cuire et
absorberont l'excédent de
liquide de la sauce blanche.
Lorsque celle-ci est trop
consistante et que les pâtes
sont trop cuites, la lasagne
devient sèche et pâteuse.

Lasagne crémeuse
de la mer au fenouil

8 portions

8 c. à soupe 125 ml	**beurre**
1	**gros bulbe de fenouil avec les feuilles, haché finement**
4	**échalotes françaises hachées**
2	**gousses d'ail écrasées**
1 c. à thé 5 ml	**graines de fenouil ou d'aneth**
	Sel et poivre
4 c. à soupe 60 ml	**farine non blanchie**
3 tasses 750 ml	**lait**
16-20	**pâtes à lasagne**
3 tasses 750 ml	**crevettes et pétoncles parés**
⅔ lb 300 g	**filet de poisson ferme, coupé en petits morceaux**
⅔ lb 300 g	**fromage emmental suisse râpé**

1 Dans une grande casserole, faire chauffer 3 c. à soupe (45 ml) de beurre à feu moyen-élevé. Quand le beurre pétille, ajouter les trois légumes et les graines de fenouil ou d'aneth. Cuire 3 minutes, en brassant régulièrement.

2 Baisser le feu à moyen, puis saler et poivrer généreusement. Ajouter le reste du beurre dans la poêle. Quand le beurre est fondu, saupoudrer de farine, puis cuire 1 minute en brassant. Incorporer graduellement le lait tout en mélangeant. Mélanger constamment jusqu'à ce que la sauce épaississe. Retirer la casserole du feu, puis rectifier l'assaisonnement. Réserver la sauce blanche au fenouil.

3 Préchauffer le four à 375 °F (190 °C). Cuire les pâtes à lasagne « al dente » tel qu'indiqué sur l'emballage. Les égoutter et les passer légèrement sous l'eau froide.

4 Dans un plat à lasagne rectangulaire d'environ 12 po x 8 po (30 cm x 20 cm), étendre un bon fond de sauce blanche au fenouil. Recouvrir d'une rangée de pâtes, puis de la moitié des crevettes, des pétoncles et des morceaux de poisson. Mouiller avec un peu de sauce, puis recouvrir de deux rangées de pâtes. Garnir uniformément du reste des fruits de mer et des morceaux de poisson, puis mouiller avec un peu de sauce. Recouvrir d'une autre rangée de pâtes, puis du reste de la sauce blanche. Garnir de fromage emmental râpé.

5 Cuire au four 45 minutes, ou jusqu'à ce que le fromage soit bien doré et que le pourtour de la lasagne bouille légèrement. Retirer du four, puis attendre 10 minutes avant de servir. Accompagner de quartiers de citron et de pain frais.

Tarte-pizza aux oignons et aux trois fromages

6-8 portions

¼ tasse 60 ml	**beurre**
4	**gros oignons tranchés en deux, puis émincés**
	Sel
1	**boule de pâte à pizza du commerce (vendue dans les épiceries italiennes)**
9 oz 250 g	**fromage crémeux aux herbes (tel que le Boursin)**
½ lb 227 g	**fromage bocconcini tranché**
1 tasse 250 ml	**fromage gouda fumé, râpé**
	Poivre du moulin

1 Préchauffer le four à 425 °F (220 °C). Dans une grande poêle, faire revenir les oignons dans le beurre, à feu moyen-élevé, 3-5 minutes ou jusqu'à ce qu'ils commencent à se colorer. Saler au goût. Baisser le feu à moyen. Continuer à cuire les oignons 15 minutes, ou jusqu'à ce qu'ils aient réduit et se soient caramélisés, en brassant régulièrement. Retirer du feu et réserver.

2 Abaisser la pâte à pizza en un carré d'environ ¼ po (½ cm) d'épaisseur. Étendre le fromage crémeux aux herbes sur la pâte en laissant environ 1 po (2,5 cm) libre sur le pourtour. Recouvrir des deux tiers des oignons caramélisés, puis de tranches de bocconcini et de gouda. Assaisonner généreusement de poivre du moulin, puis recouvrir du dernier tiers des oignons caramélisés. Laisser lever la pâte 20 minutes à la température ambiante.

3 Déposer la tarte-pizza sur une plaque huilée allant au four, puis la cuire au four 15-20 minutes ou jusqu'à ce que le fromage soit fondu et doré et que la croûte soit brun doré. Retirer du four et servir immédiatement en pointes. Accompagner d'une salade au choix.

Conseil de chef

Les amateurs adorent mouiller le dessus de leur pizza avec divers types d'huile d'olive : épicée, à l'ail, aux herbes, première pression (vierge extra), artisanale, etc. Les boutiques spécialisées et les épiceries fines en offrent généralement un bon choix. N'hésitez pas à en essayer plusieurs et vous découvrirez peut-être un côté jusqu'alors caché de votre pizza!

Pizza au poulet, aux oignons caramélisés et au bleu

1 pizza de 12 po (30 cm)

1	**abaisse de pâte à pizza de 12 po (30 cm)**
1 tasse 250 ml	**sauce à pizza ou béchamel**
2 c. à soupe 30 ml	**huile d'olive**
1	**poitrine de poulet désossée, sans peau, coupée en languettes**
1	**gros oignon blanc tranché**
1 c. à soupe 15 ml	**sucre granulé**
1	**poivron rouge paré et coupé en julienne**
¼-⅓ lb 115-150 g	**fromage bleu ferme au choix (danois, roquefort, etc.), en morceaux**

1 Préchauffer le four à 425 °F (220 °C). Déposer l'abaisse de pâte à pizza sur une plaque huilée pour pizza ou rectangulaire. Recouvrir de sauce à pizza ou béchamel, puis réserver.

2 Dans une poêle antiadhésive, faire chauffer la moitié de l'huile à feu moyen-élevé. Y ajouter les languettes de poulet, puis les griller de chaque côté jusqu'à ce que la chair ne soit plus rosée. Retirer le poulet de la poêle, puis recouvrir la pizza des languettes de poulet grillées. Réserver.

3 Remettre la poêle sur le feu moyen, puis y ajouter le reste de l'huile. Baisser le feu un peu, puis ajouter l'oignon. Le cuire 20-25 minutes, en brassant régulièrement. Il doit réduire considérablement et être légèrement coloré. Saupoudrer de sucre après les 10 premières minutes de cuisson.

4 Répartir également l'oignon caramélisé sur la pizza, puis garnir d'une julienne de poivron rouge et de morceaux de fromage bleu. Mettre la pizza sur l'étage inférieur du four, puis la cuire 12-15 minutes ou jusqu'à ce que les bords de la pizza soient bien dorés et que le fromage soit bien fondu. Retirer la pizza du four, la trancher, puis la servir immédiatement.

Pizza parmentière au bacon et aux poireaux

1 pizza de 12 po (30 cm)

1	**abaisse de pâte à pizza de 12 po (30 cm)**
4 c. à soupe 60 ml	**huile d'olive aromatisée au choix**
2	**blancs de poireaux moyens, bien lavés et tranchés finement**
1 lb 454 g	**petites pommes de terre nouvelles, bien lavées**
⅓ lb 150 g	**tranches de bacon coupées en carrés**
2	**grosses gousses d'ail dégermées et hachées finement**
	Sel
	Poivre noir du moulin
1 tasse 250 ml	**fromage emmental, cheddar ou mozzarella fumé, râpé**

1 Préchauffer le four à 425 °F (220 °C). Déposer l'abaisse de pâte à pizza sur une plaque huilée pour pizza ou rectangulaire. Mouiller le dessus de l'abaisse avec de l'huile d'olive, puis la recouvrir de rondelles de poireaux. Réserver.

2 Dans une grande casserole d'eau bouillante additionnée de sel, cuire les pommes de terre 6 minutes. Les égoutter, puis les rafraîchir à l'eau froide avant de les trancher finement. Réserver.

3 Dans une grande poêle antiadhésive, faire revenir le bacon à feu moyen 1 minute. Baisser le feu légèrement. Ajouter l'ail et les tranches de pommes de terre, puis saler au goût. Cuire 6-8 minutes, en retournant les tranches de pommes de terre à quelques reprises. Verser le contenu de la poêle sur la pizza (avec un peu de gras de bacon), puis bien étendre le tout également. Poivrer au goût.

4 Recouvrir la pizza de fromage au choix, puis la mettre sur l'étage central du four. La cuire 12-15 minutes, ou jusqu'à ce que les bords de la pizza soient bien dorés et que le fromage soit bien fondu. Retirer la pizza du four, la trancher, puis la servir immédiatement.

Conseil de chef

L'utilisation d'une plaque à pizza est recommandée parce qu'elle en facilite la cuisson. Cette plaque n'est pas très chère et est offerte en deux modèles : ordinaire ou perforée. Un moule perforé permet d'obtenir une croûte plus croustillante; elle le sera encore plus si vous badigeonnez le moule avec un peu d'huile d'olive.

Pizza jardinière à la suisse

1 pizza de 12 po (30 cm)

1	**abaisse de pâte à pizza au choix de 12 po (30 cm)**
1 tasse 250 ml	**sauce à pizza**
1 ½ tasse 375 ml	**courgette tranchée**
1	**grosse carotte légèrement cuite, puis émincée**
3	**tomates italiennes tranchées**
1	**poivron jaune ou orange paré et tranché**
½ tasse 125 ml	**olives noires dénoyautées**
1 ½-2 tasses 375-500 ml	**fromage emmental râpé**
	Poivre noir du moulin
	Sauce forte

1 Préchauffer le four à 425 °F (220 °C). Déposer l'abaisse de pâte à pizza sur une plaque à pizza ou rectangulaire, huilée. Recouvrir de sauce à pizza, puis étendre les deux tiers des légumes et des olives uniformément sur le dessus de la pizza. Recouvrir de fromage emmental, puis du reste des légumes et des olives. Assaisonner au goût de poivre noir du moulin, puis de sauce forte.

2 Cuire la pizza au four 10-15 minutes, ou jusqu'à ce que les bords de la pizza soient bien dorés et que le fromage soit bien fondu. Retirer la pizza du four, la trancher, puis la servir immédiatement.

Conseil de chef

Voici une recette de pâte à pizza qui vous donnera deux abaisses de 12 po (30 cm). Mettez 1 ½ c. à soupe (22,5 ml) de levure sèche active dans un bol. Mouillez avec 1 tasse (250 ml) d'eau tiède (86 °F (30 °C)), puis intégrez une pincée de sucre en mélangeant avec une fourchette. Laissez reposer de 6 à 9 minutes, ou jusqu'à ce que la levure commence à mousser. Saupoudrez avec 1 c. à thé (5 ml) de sel, puis intégrez environ 1 tasse (250 ml) de farine non blanchie tout en mélangeant avec une cuillère de bois. Ajoutez 1 tasse (250 ml) de plus de farine, en continuant à mélanger, jusqu'à ce que la pâte commence à se détacher des parois du bol. Saupoudrez une surface de travail d'un peu de farine, puis déposez-y la pâte à pizza. Travaillez-la de 8 à 10 minutes avec vos mains tout en ajoutant graduellement de ½ à 1 tasse (de 125 à 250 ml) de farine de plus. Vers la fin, la pâte doit commencer à être élastique. Beurrez un grand bol, puis déposez-y la boule de pâte. Couvrez d'une pellicule de plastique. Déposez le bol dans le four. Remplissez un grand bol d'eau chaude, puis déposez-le à côté du bol contenant la pâte pour maintenir une température tiède dans le four. Laissez reposer environ 1 heure, ou jusqu'à ce que la pâte double de volume. Pour vérifier si la pâte a suffisament levé, enfoncez-y deux doigts. Si l'empreinte des doigts reste bien marquée, c'est que la pâte est prête. Travaillez la pâte pendant 2 minutes, puis séparez-la en deux boules. Abaissez chaque boule de pâte sur une surface légèrement enfarinée jusqu'à l'obtention de cercles de 12 po (30 cm) de diamètre. Déposez la croûte sur une plaque à pizza légèrement huilée, puis repliez et pincez légèrement les bords de la croûte pour faire une bordure surélevée : la pizza est maintenant prête à être garnie.

Pizza à la mortadelle et au brocoli

1 pizza de 12 po (30 cm)

2 tasses 500 ml	**brocoli en morceaux**
1	**abaisse de pâte à pizza au choix de 12 po (30 cm)**
1 tasse 250 ml	**sauce à pizza**
½ lb 227 g	**mortadelle en cubes**
⅓ tasse 80 ml	**feuilles de basilic frais, ciselées**
½ tasse 125 ml	**olives en vrac, au choix dénoyautées**
1	**poivron vert coupé en petits cubes**
1 tasse 250 ml	**fromage pecorino râpé**

1 Mettre les morceaux de brocoli dans un petit bol, puis ajouter un peu d'eau. Couvrir et cuire 90 secondes au micro-ondes. Égoutter et réserver. Préchauffer le four à 425 °F (220 °C). Déposer l'abaisse de pâte à pizza sur une plaque à pizza ou rectangulaire, huilée. Recouvrir de sauce à pizza, puis étendre la moitié de la mortadelle, la moitié du brocoli, le basilic et la moitié des olives et du poivron vert. Recouvrir du fromage pecorino, puis du reste des ingrédients.

2 Cuire la pizza au four 10-15 minutes, ou jusqu'à ce que les bords de la pizza soient bien dorés et que le fromage soit bien fondu. Retirer la pizza du four, la trancher, puis la servir immédiatement.

Conseil de chef

Voici une recette de sauce à pizza qui vous donnera environ 2 tasses (500 ml). Mettez une boîte de 28 oz (796 ml) de tomates en dés assaisonnées, 2 c. à soupe (30 ml) de pâte de tomates, 1 petit oignon haché, deux gousses d'ail écrasées, 3 c. à thé (15 ml) d'herbes sèches et ¼ c. à thé (1 ml) de flocons de piment fort dans un robot culinaire ou un mélangeur. Assaisonnez généreusement de sel et de poivre. Réduisez quelques secondes afin d'obtenir une purée contenant encore quelques petits morceaux. Transvidez la sauce dans une petite casserole, puis portez à ébullition. Baissez le feu et laissez mijoter pendant 1 heure, ou jusqu'à l'obtention d'une sauce assez épaisse. Brassez à quelques occasions durant la cuisson. Retirez du feu et laissez refroidir avant de réfrigérer dans un contenant hermétique.

Conseil de chef

En général, il est inutile de peler les pommes de terre nouvelles car leur peau est très mince. Nettoyez-les à l'eau et frottez-les bien pour éliminer les saletés. Souvenez-vous que c'est dans la peau de la pomme de terre que l'on trouve le plus de nutriments, mais c'est aussi là que se logent les résidus de pesticides. Alors, si possible, achetez des pommes de terre certifiées biologiques (cultivées sans pesticides).

Pommes de terre nouvelles gratinées

10-12 portions

3 lb 1,35 kg	**pommes de terre nouvelles**
1 c. à soupe 15 ml	**sauge**
2 c. à thé 10 ml	**graines de carvi**
4 c. à soupe 60 ml	**beurre**
	Bouillon de poulet
½ lb 227 g	**fromage oka râpé**
½ lb 227 g	**cheddar doux râpé**
6	**échalotes vertes tranchées**

1 Dans une casserole remplie d'eau bouillante, faire cuire les pommes de terre nouvelles avec la sauge et les graines de carvi 15 minutes, ou jusqu'à ce qu'elles soient cuites mais encore croustillantes. Les égoutter à même la casserole. Ajouter le beurre et bien mélanger.

2 Préchauffer le four à « broil ». Mettre les pommes de terre dans un grand plat allant au four, puis mouiller au goût avec un peu de bouillon de poulet. Couvrir les pommes de terre des deux fromages.

3 Gratiner les pommes de terre sur l'étage inférieur du four 2-4 minutes, ou jusqu'à ce que le fromage soit fondu et légèrement doré. Vérifier fréquemment le gratin afin qu'il ne brûle pas. Retirer le plat du four. Garnir d'échalotes tranchées, puis servir immédiatement.

**Conseil
de chef**

Si vous ne trouvez pas
d'asperges fraîches,
vous pouvez toujours opter
pour des asperges en boîte
que vous égoutterez bien et
que vous assécherez
le plus possible avec du
papier essuie-tout.
Omettez la cuisson
initiale, naturellement.
Pour vous assurer de ne pas
briser les têtes lorsque
vous ouvrez la boîte,
ouvrez-la à l'envers,
puis transvidez les asperges
délicatement dans
un bol étroit.

Pointes d'asperges et carottes aux pistaches

10-12 portions

4	*carottes en julienne*
1½ lb 675 g	*pointes d'asperges*
¼ lb 115 g	*beurre*
	Jus d'une demi-lime
1 tasse 250 ml	*pistaches sans écales*
	Sel et poivre
12	*tomates cerises coupées en deux*

1 Dans une grande casserole, faire bouillir un fond d'eau. Ajouter les carottes, couvrir, puis les cuire 2 minutes. Ajouter les pointes d'asperges, couvrir, puis les cuire 3 minutes ou jusqu'à ce qu'elles soient « al dente ». Égoutter les deux légumes et les refroidir à l'eau. Les réserver.

2 Dans une grande poêle, faire pétiller le beurre à feu moyen. Ajouter les légumes, puis les faire revenir 1 minute en brassant. Incorporer le jus de lime et les pistaches. Assaisonner de sel et de poivre. Cuire 1 minute, en brassant. Verser le contenu de la poêle dans un plat de service. Garnir de tomates cerises et servir immédiatement.

Conseil de chef

Il est possible de réduire le temps de cuisson de tous les légumes en ajoutant un peu de bicarbonate de sodium à leur eau de cuisson.

Haricots verts au miel et aux trois noix

4-6 portions

1 lb 454 g	**haricots verts parés**
2 c. à soupe 30 ml	**beurre**
1 tasse 250 ml	**mélange de trois noix (amandes, noisettes et pacanes)**
1	**gros poivron rouge paré et coupé en fines lanières**
2-3 c. à soupe 30-45 ml	**miel liquide**
	Sel

1 Dans une casserole additionnée d'un léger fond d'eau, cuire les haricots à feu moyen élevé jusqu'à ce qu'ils soient « al dente ». Les égoutter immédiatement, puis les passer sous l'eau froide rapidement pour arrêter leur cuisson. Les réserver.

2 Dans une grande poêle antiadhésive, faire chauffer le beurre à feu moyen. Lorsque le beurre pétille, ajouter les noix et les dorer 3-4 minutes, ou jusqu'à ce qu'elles changent légèrement de couleur. Ajouter les lanières de poivron, les haricots réservés et le miel. Cuire 2-3 minutes, en brassant régulièrement. Saler au goût, puis retirer immédiatement du feu. Transvider dans une grande assiette de présentation. Servir immédiatement.

Cette recette de sauce à
la moutarde est polyvalente.
Elle peut être utilisée
comme vinaigrette,
trempette ou sauce
d'accompagnement avec
des légumes, du porc ou
de la volaille. Vous pouvez
aussi la modifier en ajoutant
un peu de jus de citron,
en changeant le type
de moutarde, ou encore
en remplaçant le yogourt
par de la crème sure.

Asperges en roulades
au bacon
et à la moutarde

4 portions

24	**asperges fraîches parées**
8	**tranches de bacon légèrement dégraissées**
	Huile de canola
	Sel et poivre

SAUCE À LA MOUTARDE

1 c. à soupe 15 ml	**moutarde de Dijon**
½ tasse 125 ml	**yogourt nature**

1	**jaune d'œuf battu légèrement**

1 Dans un bol rempli d'eau froide, faire tremper les asperges 30-60 minutes. Les retirer de l'eau, puis les regrouper en quatre paquets de six asperges. Enrouler deux tranches de bacon autour de chaque paquet. Les ficeler avec de petites cordes. Déposer les paquets d'asperges sur une plaque allant au four, puis les badigeonner d'huile. Assaisonner au goût de sel et de poivre.

2 Préchauffer le four à 400 °F (205 °C). Déposer la plaque sur l'étage central du four, puis cuire environ 8-10 minutes en les tournant une fois. Il est normal que les asperges soient encore croustillantes, mais le bacon doit être bien grillé. Retirer du four. Servir immédiatement un paquet d'asperges par portion, nappées de sauce à la moutarde. Servir comme plat d'accompagnement ou entrée.

SAUCE À LA MOUTARDE

3 Dans un bol, bien fouetter tous les ingrédients. Couvrir et réserver au frais.

Conseil de chef

Ne salez jamais l'eau de cuisson des légumes, car cela les durcit.

Haricots jaunes à la provençale

10-12 portions

3 lb 1,35 kg	**haricots jaunes**
4 c. à soupe 60 ml	**beurre**
1 tasse 250 ml	**olives noires dénoyautées et tranchées**
⅔ tasse 160 ml	**poivron vert paré et coupé en cubes**
½ c. à thé 2,5 ml	**origan séché**
½ c. à thé 2,5 ml	**marjolaine séchée**
½ c. à thé 2,5 ml	**basilic séché**
¼ c. à thé 1 ml	**sauge moulue**
½ tasse 125 ml	**chair de tomates, coupée en cubes**
½ tasse 125 ml	**fromage parmesan frais, râpé**

1 Dans une casserole contenant un fond d'eau bouillante, cuire les haricots jaunes jusqu'à ce qu'ils soient « al dente ». Les égoutter, puis les réserver.

2 Entre-temps, dans une autre casserole, faire fondre le beurre à feu moyen. Ajouter les olives, le poivron et les herbes. Faire revenir 2-3 minutes, en brassant. Éteindre le feu. Ajouter les haricots jaunes, la chair de tomates et le fromage parmesan. Bien mélanger. Verser le tout dans un plat de service. Garnir de fromage parmesan frais râpé, puis servir immédiatement.

Tomates gratinées

4 portions

2-3 c. à soupe **beurre** 30-45 ml	
4	**tomates fermes coupées en deux**
4	**gousses d'ail hachées finement**
	Persil frais, haché
	Chapelure à l'italienne
	Sel et poivre

1 Préchauffer le four à « broil ». Dans une grande poêle, faire fondre le beurre à feu moyen-élevé. Frire les tomates, côté coupé vers le bas, 2 minutes. Les déposer dans un plat à gratin, côté coupé vers le haut, puis les garnir d'ail, de persil et de chapelure. Saler et poivrer au goût.

2 Cuire 10-15 minutes sur l'étage inférieur du four, ou jusqu'à ce que les tomates soient bien gratinées. Vérifier à quelques occasions pour qu'elles ne brûlent pas. Retirer du four et servir deux moitiés de tomates gratinées par personne. Servir comme entrée ou légume d'accompagnement.

Conseil de chef

Si jamais vous vous brûlez en faisant la cuisson, faites couler de l'eau froide sur votre brûlure pendant 10 minutes, puis recouvrez-la d'une pommade conçue à cet effet.

Pois mange-tout à la sauce soya

4 portions

1 c. à soupe 15 ml	**huile d'olive**
½ lb 227 g	**pois mange-tout parés**
1 tasse 250 ml	**fèves germées**
½	**poivron rouge coupé en lanières**
	Sel et poivre
½	**concombre anglais nettoyé et tranché**

VINAIGRETTE AU SOYA

1½ c. à soupe 22,5 ml	**sauce soya**
2 c. à soupe 30 ml	**vin blanc sec**
2 c. à thé 10 ml	**huile de sésame**
1	**gousse d'ail écrasée**
2 c. à thé 10 ml	**miel liquide réchauffé**

1 Dans une poêle, faire chauffer l'huile d'olive à feu moyen-élevé. Ajouter les pois mange-tout, les fèves germées et le poivron rouge. Assaisonner de sel et de poivre. Faire revenir 2 minutes. Mouiller avec la vinaigrette au soya, puis continuer la cuisson 1 minute. Retirer du feu, puis servir immédiatement sur un lit de tranches de concombre.

VINAIGRETTE AU SOYA

2 Mettre tous les ingrédients dans un bol, puis bien mélanger. Couvrir et réserver.

Conseil de chef

Cette vinaigrette au soya est excellente et très goûteuse. N'hésitez pas à doubler ou à tripler la recette selon vos goûts et l'utilisation que vous en ferez. Elle accompagne très bien une salade verte garnie de quartiers de pommes et de concombre ainsi que de graines de sésame grillées.

**Conseil
de chef**

Pour que les légumes crus
restent croquants le plus
longtemps possible,
il faut les laver, les parer,
les couper et les placer
dans un contenant
hermétique sans eau.

Carottes et panais sucrés à l'orange

6 portions

⅔ tasse 160 ml	**eau**
⅓ tasse 80 ml	**jus d'orange**
1 tasse 250 ml	**sucre**
1 c. à soupe 15 ml	**beurre**
1	**oignon jaune haché**
½ lb 227 g	**carottes coupées en lanières**
½ lb 227 g	**panais coupés en lanières**
1	**jaune d'œuf**
2 c. à thé 10 ml	**zeste d'orange haché**
3 c. à soupe 45 ml	**crème 15 %**

Suprêmes d'oranges

1 Dans une casserole, faire bouillir l'eau, le jus d'orange et le sucre à feu moyen-élevé. Baisser le feu à moyen, puis laisser mijoter jusqu'à l'obtention d'un sirop caramélisé. Mélanger régulièrement durant la cuisson. Réserver au chaud.

2 Dans une poêle, faire chauffer le beurre à feu moyen. Ajouter l'oignon haché, puis le faire revenir jusqu'à ce qu'il soit légèrement doré. L'ajouter au sirop caramélisé, puis réserver le tout.

3 Dans une casserole contenant de l'eau bouillante, cuire les carottes et les panais. Retirer du feu, puis bien égoutter. Il est très important d'enlever le plus d'eau possible. Ajouter les légumes au sirop caramélisé, puis mélanger délicatement. Réserver.

4 Dans un bol, mélanger le jaune d'œuf, le zeste d'orange et la crème. Ajouter au mélange de légumes, puis mêler délicatement. Servir chaud. Garnir de quelques suprêmes d'oranges.

Pommes de terre grillées surprises

Conseil de chef

Faites cuire un peu plus longtemps le restant de chair des pommes de terre de cette recette, puis transformez-la en une purée que vous pourrez manger le lendemain. Pour qu'elle soit encore plus crémeuse, incorporez-y, juste avant de servir, des blancs d'œufs montés en neige.

4-6 portions

4	**grosses et longues pommes de terre**
½ lb 227 g	**tranches de jambon fumé, coupées en petits dés**
6	**échalotes vertes tranchées**
2	**œufs battus**
½ tasse 125 ml	**fromage ricotta**
2	**gousses d'ail écrasées**
⅓ lb 150 g	**fromage bleu ou roquefort en morceaux**
¼ c. à thé 1 ml	**poivre de Cayenne**
½ c. à thé 2,5 ml	**romarin moulu**
½ c. à thé 2,5 ml	**piment de la Jamaïque moulu**
2 c. à soupe 30 ml	**farine de blé entier**
	Sel et poivre
	Chapelure
	Huile d'olive

1 Bien laver les pommes de terre, puis les faire bouillir 10 minutes dans une casserole remplie d'eau bouillante. Les égoutter, puis les couper en deux dans le sens de la longueur afin d'obtenir deux moitiés identiques. Évider l'intérieur avec une petite cuillère en vous assurant de conserver une bonne couche de pelure. Réserver la chair pour un usage ultérieur.

2 Mettre le reste des ingrédients, sauf la chapelure et l'huile, dans un robot culinaire, puis assaisonner au goût de sel et de poivre. Réduire le tout en une pâte plus ou moins lisse et homogène. Farcir généreusement les huit demi-coquilles de pommes de terre de ce mélange. Garnir d'un peu de chapelure, puis badigeonner les demi-coquilles d'huile. Réserver.

3 Préchauffer le four à 375 °F (190 °C). Déposer délicatement les demi-coquilles de pommes de terre sur une plaque allant au four, puis les cuire 25-30 minutes ou jusqu'à ce qu'elles soient tendres et que la farce soit bien prise. Retirer les demi-coquilles, puis en servir 1-2 par portion. Accompagner d'une salade grecque et d'une macédoine de légumes.

Sur le plan nutritif, la tomate est une source intéressante de vitamine C et de bêta-carotène. Elle ne contient pas de matières grasses et est faible en calories : 3,5 oz (100 g) de tomate fournissent environ 21 calories. De plus, la tomate est le « légume » qui contient le plus de lycopène, un composé qui pourrait prévenir certains cancers et les maladies coronariennes. La transformation de la tomate en sauce, en purée ou en jus, de même que la cuisson ou l'ajout d'un peu d'huile augmentent considérablement l'absorption du lycopène par le corps humain. Les tomates bien rouges, mûries sur le plant et cultivées au champ en contiennent davantage : laissez vos papilles vous guider! D'autres fruits contiennent aussi du lycopène, mais en petites quantités : le melon d'eau, le pamplemousse rose, la papaye et la goyave.

Ratatouille provençale

6 portions

6	**tomates moyennes bien mûres, parées**
6 c. à soupe 90 ml	**huile d'olive**
1	**gros oignon blanc coupé en deux, puis tranché**
2	**poivrons orange ou jaunes parés et coupés en bouchées**
1	**grosse aubergine bien lavée et coupée en bouchées**
2	**courgettes bien lavées et tranchées**
4-6	**grosses gousses d'ail écrasées**
2	**feuilles de laurier**
3-4 c. à soupe 45-60 ml	**basilic frais, ciselé**
2 c. à thé 10 ml	**origan sec**
	Sel de mer et poivre

1 Inciser en croix la peau des tomates sur la partie opposée à la tige, puis les blanchir 1 minute dans une grande casserole remplie d'eau bouillante. Les égoutter, les passer sous l'eau froide quelques secondes, puis les peler. Les couper en bouchées, puis les réserver.

2 Dans une grande casserole à fond épais, faire chauffer 2 c. à soupe (30 ml) d'huile à feu moyen. Y ajouter l'oignon, puis le faire revenir 3 minutes. Ajouter 2 c. à soupe (30 ml) d'huile ainsi que les poivrons, l'aubergine, les courgettes et l'ail. Cuire 8 minutes, en brassant régulièrement.

3 Ajouter le reste de l'huile, les tomates réservées, les feuilles de laurier, le basilic et l'origan. Saler et poivrer au goût, puis continuer la cuisson 5 minutes. Baisser le feu à moyen-doux, puis cuire 10-12 minutes ou jusqu'à l'obtention d'une texture riche et consistante. Brasser à l'occasion.

4 Retirer la casserole du feu, puis rectifier les assaisonnements au goût. Servir chaud ou froid. Cette ratatouille accompagne l'agneau, la polenta, les pâtes, etc. Selon les goûts, vous pouvez ajouter 2 c. à soupe (30 ml) de pâte de tomates, un peu de sucre et des piments forts broyés. De cette façon, vous obtiendrez une ratatouille plus tomatée et légèrement relevée.

Croustade de légumes

8-12 portions

4 tasses 1 L	**chou-fleur en morceaux**
2 tasses 500 ml	**haricots jaunes coupés en deux**
2 tasses 500 ml	**asperges fraîches, parées et coupées en 3 morceaux**
2	**courgettes bien nettoyées et coupées en bouchées**
	Poivre noir du moulin
	Estragon sec
	Origan ou basilic

GARNITURE POUR GRATINÉ DE LÉGUMES

⅓ lb 150 g	**beurre semi-dur**
1 tasse 250 ml	**chapelure italienne**
1 c. à soupe 15 ml	**moutarde de Dijon**
3	**œufs durs écalés**
2-3	**gousses d'ail écrasées**
2 c. à thé 10 ml	**curcuma moulu**
	Sel et poivre

1 Dans une grande casserole contenant de l'eau bouillante, faire bouillir les morceaux de chou-fleur 3 minutes. Ajouter les haricots et les asperges, puis continuer la cuisson 3 minutes. Ajouter les courgettes, puis cuire 2 minutes de plus. Égoutter immédiatement les légumes et les passer sous l'eau froide s'ils semblent trop cuits. Bien les égoutter, puis les déposer dans un plat à gratin.

2 Assaisonner généreusement de poivre, d'estragon et d'origan ou de basilic. Recouvrir de la garniture pour gratiné de légumes, puis gratiner à « broil », sur l'étage central du four, 3-4 minutes ou jusqu'à ce que le dessus de la croustade soit bien coloré. Retirer la croustade du four, puis servir immédiatement. Si vous faites cette recette à l'avance, la réchauffer 15-20 minutes au four avant de la gratiner.

GARNITURE POUR GRATINÉ DE LÉGUMES

3 Mettre tous les ingrédients dans un bol, puis assaisonner au goût de sel et de poivre. Travailler le mélange avec le dos d'une fourchette jusqu'à ce qu'il soit bien homogène et granuleux. Réserver au frais. Cette garniture est idéale pour gratiner vos pâtes ou légumes cuits.

Conseil de chef

Pour permettre au chou-fleur de rester plus blanc après avoir été cuit, ajoutez un peu de lait à l'eau de cuisson.

**Conseil
de chef**

Les produits laitiers, riches
en calcium, ont toujours été
associés à des os en santé.
Cependant, les fruits et
les légumes jouent aussi
un rôle important. Selon
une étude anglaise portant
sur des femmes d'âge moyen,
certains nutriments qui
abondent dans les fruits et
les légumes tels que le potassium, le magnésium, le bêta-
carotène, la vitamine C et
les fibres sont également
associés à une bonne santé
des os. De plus, certaines
feuilles de légumes foncés
ainsi que le brocoli
contiennent des quantités
non négligeables de calcium.

Gratin de légumes
d'automne grillés
aux deux fromages

4-6 portions

3-4	**grosses tomates épépinées et coupées en 8 morceaux**
2	**courgettes bien lavées et coupées en tranches épaisses**
2	**gros poivrons orange parés en coupés en gros morceaux**
1	**gros oignon rouge coupé en tranches épaisses**
2	**gros panais parés, pelés et tranchés finement**
2	**grosses carottes parées, pelées et tranchées finement**
	Huile d'olive
	Sel et poivre
	Cumin moulu
	Coriandre moulue

	Miel liquide
	Vinaigre balsamique
1 tasse	**fromage gruyère**
250 ml	**suisse râpé**
1 tasse	**fromage bleu émietté**
250 ml	

1 Préchauffer le four à 450 °F (230 °C). Bien répartir les morceaux de légumes, sans trop les superposer, dans deux plaques allant au four. Les mouiller avec de l'huile d'olive, puis saler et poivrer généreusement. Mélanger grossièrement, puis bien les étaler de nouveau, sans trop les superposer. Mettre au four et cuire 20 minutes, ou jusqu'à ce que les panais et les carottes soient tout juste tendres et que les autres légumes soient bien colorés. Retourner les légumes à la mi-cuisson.

2 Retirer les plaques du four, puis préchauffer le four à « broil ». Transvider le contenu d'une plaque dans l'autre. Assaisonner les légumes de cumin et de coriandre au goût (pas trop!), puis mouiller avec de légers filets de miel et de vinaigre balsamique. Avec une spatule, presser légèrement les légumes.

3 Recouvrir les légumes grillés des deux fromages préala-blement mélangés, puis mettre la plaque sur l'étage central du four. Gratiner quelques minutes, ou jusqu'à ce que les fromages soient fondus et légèrement colorés. Retirer la plaque du four, puis servir immédiatement comme entrée sur un lit d'endives ciselées. Accompagner du jus de cuisson. Servir avec du pain campagnard ou belge.

**Conseil
de chef**

Le couscous n'est pas
une pâte alimentaire
mais bien un grain – il s'agit
de semoule de blé concassée,
puis roulée. Les meilleurs
couscous sont cuits
à la vapeur dans
une casserole conçue
spécialement à cet effet.

Salade de couscous du jardin

4-6 portions

2 tasses 500 ml	**patate douce pelée et coupée en dés**
1 tasse 250 ml	**couscous**
1 ¼ tasse 310 ml	**bouillon de poulet bouillant**
1 tasse 250 ml	**tomates cerises tranchées en deux**
1 tasse 250 ml	**haricots verts cuits « al dente », coupés en morceaux de 1 po (2,5 cm)**
1	**concombre pelé, tranché en 4 morceaux sur la longueur, puis en tronçons de ½ po (1,25 cm)**
7 oz 200 g	**fromage bocconcini coupé en tranches**
	Feuilles de menthe fraîche

VINAIGRETTE À LA CRÈME SURE ET À LA MENTHE

⅔ tasse 160 ml	**crème sure**
⅓ tasse 80 ml	**menthe fraîche, ciselée**
2 c. à thé 10 ml	**moutarde de Dijon**
2 c. à thé 10 ml	**cumin moulu**
1 c. à soupe 15 ml	**sirop d'érable**
	Sel et poivre

1 Préchauffer le four à 350 °F (180 °C). Répartir les dés de patate douce dans le fond d'un plat à gratin beurré. Cuire au four 25 minutes, ou jusqu'à qu'ils soient croustillants. Retirer le plat du four. Réserver.

2 Mettre le couscous dans un bol, puis mouiller avec le bouillon. Couvrir et laisser reposer 5 minutes. Réserver. Dans un grand bol, mélanger les dés de patate douce réservés avec le reste des ingrédients, sauf les feuilles de menthe et le couscous. Réserver.

3 Recouvrir le fond de quatre assiettes de couscous. Répartir le mélange de légumes sur le couscous, puis mouiller généreusement avec la vinaigrette à la crème sure et à la menthe. Garnir de quelques feuilles de menthe, puis servir.

VINAIGRETTE À LA CRÈME SURE ET À LA MENTHE

4 Dans un bol, mélanger tous les ingrédients. Assaisonner de sel et de poivre au goût, puis bien mélanger. Conserver au réfrigérateur jusqu'au moment de servir.

Tomates farcies
à la purée d'hiver

6 portions

6	**grosses tomates de serre encore fermes**
	Chapelure nature ou italienne
	Persil frais

PURÉE D'HIVER

2 tasses 500 ml	**navet ou rutabaga pelé et coupé en morceaux**
3	**pommes de terre pelées et coupées en morceaux**
2	**carottes pelées et coupées en trois morceaux**
2	**panais pelés et coupés en trois morceaux**
1	**petit oignon jaune haché finement**
4 c. à soupe 60 ml	**beurre**
4 c. à soupe 60 ml	**yogourt nature**
	Lait
	Sel et poivre

1 Préchauffer le four à 375 °F (190 °C). Couper la calotte sur le dessus de chaque tomate, puis les évider délicatement avec une petite cuillère. Les remplir généreusement de purée d'hiver encore chaude, puis les garnir d'un peu de chapelure.

2 Déposer les tomates sur une lèchefrite, puis les cuire 15 minutes au four ou jusqu'à ce qu'elles soient cuites mais encore légèrement fermes. Retirer du four, puis servir une tomate farcie par personne. Garnir de persil frais. Servir comme légume d'accompagnement.

PURÉE D'HIVER

3 Mettre les premiers légumes dans une grande casserole, puis les recouvrir généreusement d'eau. Porter à ébullition, puis baisser le feu à moyen. Couvrir et cuire les légumes jusqu'à ce qu'ils soient bien tendres. Les égoutter à même la casserole, en y laissant un peu d'eau.

4 Piler vigoureusement les légumes dans la casserole, puis ajouter l'oignon, le beurre et le yogourt. Bien mélanger le tout. Incorporer, en mélangeant, juste assez de lait pour obtenir la consistance voulue. Saler et poivrer au goût. Réserver au chaud.

Poulet méditerranéen aux noix de pin

Conseil de chef

La noix de pin provient de différents types de pins qui poussent un peu partout dans le monde. La noix se développe dans un cône qui est ensuite récolté, séché, puis craqué pour la libérer. Ce processus fastidieux explique son prix élevé. La noix de pin est l'une des moins caloriques et la plus élevée en termes de protéines (avec l'arachide). Elle est aussi une bonne source de fer, de magnésium et de thiamine.

4-6 portions

4	**hauts de cuisses de poulet, avec peau**
4	**cuisses de poulet, avec peau**
	Sel et poivre
	Paprika
6 c. à soupe 90 ml	**huile d'olive**
2 c. à soupe 30 ml	**beurre**
¼ lb 115 g	**jambon de Bayonne tranché et coupé en petits bâtonnets fins**
1	**oignon tranché**
2	**poivrons verts parés et coupés en fine julienne**
4	**gousses d'ail dégermées et hachées finement**
4	**tomates fermes coupées en dés**
1 c. à thé 5 ml	**origan sec**
2	**feuilles de laurier**
1 c. à thé 5 ml	**thym moulu**
½ tasse 125 ml	**vin blanc ou bouillon de poulet**
⅓ tasse 80 ml	**olives noires grecques dénoyautées et tranchées**
½ tasse 125 ml	**noix de pin grillées**

1 Assaisonner généreusement les morceaux de poulet de sel, de poivre et de paprika. Dans une grande casserole ou une cocotte, faire dorer le poulet 3-4 minutes de chaque côté dans la moitié de l'huile et le beurre. Environ 2 minutes avant la fin, ajouter le jambon.

2 Entre-temps, dans une poêle, faire revenir l'oignon, les poivrons, l'ail et les tomates contenant le reste de l'huile d'olive 4 minutes, en brassant. Ajouter les herbes, puis mélanger. Retirer du feu et réserver.

3 Incorporer le vin blanc (ou le bouillon au poulet) au jambon et au poulet, puis mélanger délicatement. Ajouter les légumes sautés réservés et les olives, puis cuire à feu moyen. Mélanger légèrement. Rectifier l'assaisonnement (sel, poivre et paprika). Porter à ébullition. Baisser le feu, couvrir, puis laisser mijoter à feu doux 30 minutes. Retirer du feu, puis servir immédiatement. Accompagner de pâtes fraîches. Garnir chaque portion de quelques noix de pin grillées.

Le lapin est une viande
maigre qui s'assèche
rapidement si elle est
trop cuite. C'est pour
cette raison que le lapin
est souvent cuit dans
une préparation liquide
sous forme de mijoté ou
de casserole. Si vous
le cuisez au barbecue ou
à sec au four, ou encore sur
la cuisinière, veillez à
ne pas trop le cuire.
Vous pouvez même le cuire
quelques minutes de moins
qu'indiqué dans la recette,
l'envelopper dans une feuille
de papier d'aluminium,
puis le réserver
pendant 5 minutes.

Lapin crémeux au vin blanc et aux champignons

4 portions

1	**lapin d'environ 3 lb (1,36 kg) , coupé en morceaux**
	Sel et poivre
	Moutarde forte
2 c. à soupe 30 ml	**huile végétale**
1 tasse 250 ml	**petits oignons perlés**
2	**carottes pelées et coupées en fines rondelles**
2 tasses 500 ml	**champignons mélangés au choix, nettoyés et coupés en morceaux**
2 tasses 500 ml	**vin blanc sec**
1 tasse 250 ml	**bouillon de légumes**
1 c. à thé 5 ml	**marjolaine moulue**
1 c. à thé 5 ml	**estragon sec**
1 c. à thé 5 ml	**thym moulu**
1	**feuille de laurier Poivre noir du moulin**
1 tasse 250 ml	**crème 35 %**

1 Bien saler et poivrer les morceaux de lapin, puis les badigeonner de moutarde. Dans une grande poêle additionnée d'huile végétale, les faire revenir 3-4 minutes de chaque côté, à feu moyen-élevé. Lorsque les morceaux de lapin sont bien dorés, ajouter les petits oignons et les carottes. Baisser le feu à moyen, puis cuire 3 minutes, en brassant à quelques reprises et en tournant la viande une fois. Ajouter les champignons, puis cuire 1 minute. Brasser les légumes délicatement durant la cuisson.

2 Ajouter les deux liquides, les herbes et la feuille de laurier, puis mélanger tout en déglaçant le mieux possible le fond de la poêle. Assaisonner généreusement de poivre du moulin. Porter à ébullition. Baisser le feu à moyen doux, puis couvrir. Laisser mijoter 30-45 minutes, en brassant régulièrement. Éteindre le feu, puis retirer la feuille de laurier. Incorporer la crème, puis bien mélanger. Couvrir et laisser reposer 10 minutes sur l'élément éteint, en brassant une fois. Servir immédiatement. Accompagner de pâtes au choix.

Casserole italienne aux petites boulettes et aux poivrons

6 portions

1	**poivron rouge paré et coupé en julienne**
1	**poivron vert paré et coupé en julienne**
1	**gros oignon coupé en deux morceaux et tranché**
1 ½ tasse 375 ml	**pepperoni coupé en rondelles**
2 c. à soupe 30 ml	**huile d'olive**
1	**boîte de 28 oz (796 ml) de tomates**
3 tasses 750 ml	**eau**
2 c. à soupe 30 ml	**pâtes de tomates**
2 tasses 500 ml	**rigatoni secs**

BOULETTES ITALIENNES

1 lb 454 g	**porc haché**
1 c. à soupe 15 ml	**concentré liquide de bouillon de bœuf**
1 c. à soupe 15 ml	**assaisonnement à l'italienne**
¼ c. à thé 1 ml	**piment fort broyé**
	Sel et poivre
½ tasse 125 ml	**fromage parmesan râpé**
3	**gousses d'ail hachées finement**
⅓ tasse 80 ml	**chapelure au choix**
2	**œufs moyens battus**
	Farine non blanchie
3 c. à soupe 45 ml	**huile végétale**

1 Dans une grande casserole contenant l'huile d'olive, faire revenir, à feu moyen-élevé, les deux poivrons, l'oignon et le pepperoni 2 minutes. Ajouter le reste des ingrédients, puis bien mélanger. Porter à ébullition, couvrir, puis baisser le feu à moyen-doux.

2 Laisser mijoter 20 minutes; après 10 minutes, ajouter les boulettes italiennes, puis continuer la cuisson. Retirer du feu et attendre 10 minutes avant de servir. Accompagner de polenta et d'une salade César.

BOULETTES ITALIENNES

3 Dans un grand bol, bien mélanger tous les ingrédients, sauf la farine et l'huile végétale. À l'aide de vos mains, façonner de petites boulettes avec le mélange. Tremper fréquemment vos mains dans l'eau afin que le mélange n'y colle pas. Déposer les boulettes sur une grande assiette et les saupoudrer de farine.

4 Dans une grande poêle additionnée d'huile végétale, faire revenir les boulettes à feu moyen-élevé. Cuire une dizaine de minutes au total, en les tournant à 2-3 reprises. Les retirer de la poêle et les égoutter sur du papier essuie-tout. Utiliser comme canapés avec une sauce ou en accompagnement avec des pâtes.

Plante originaire
d'Asie centrale, le poireau
est très apprécié
des Européens pour
son goût sucré et
ses vertus diététiques
et médicinales : diurétique,
laxative, antiseptique,
antiarthritique et tonique.
Le poireau joue aussi un rôle
majeur dans le nettoyage
du système digestif. De plus,
il est une excellente source
d'acide folique et est riche
en potassium, en fer,
en magnésium, en cuivre,
en calcium et en soufre.
Il renferme également
de bonnes quantités
de vitamines A, B₆ et C.

Ratatouille crémeuse du jardin

6 portions

2 c. à soupe 30 ml	**beurre**
2 c. à soupe 30 ml	**huile d'olive**
2 tasses 500 ml	**blancs de poireaux hachés**
1 ½ tasse 375 ml	**carottes tranchées finement**
¾ tasse 180 ml	**radis tranchés finement**
⅓ tasse 80 ml	**persil plat, haché**
2 c. à thé 10 ml	**herbes de Provence**
3 tasses 750 ml	**chair de tomates, hachée**
2 tasses 500 ml	**courgettes tranchées finement**
1 ½ tasse 375 ml	**chair d'aubergine non pelée, tranchée en cubes**
1	**concombre pelé, puis tranché en rondelles**
1	**poivron vert paré et coupé en dés**
1	**poivron jaune paré et coupé en dés**
¼ tasse 60 ml	**ciboulette ciselée**
1 c. à soupe 15 ml	**cassonade dorée**
1 ½ tasse 375 ml	**bouillon de poulet en conserve**
½ tasse 125 ml	**pineau des Charentes**
	Piment de Cayenne **Sel et poivre du moulin**
⅓ lb 150 g	**fromage crémeux à l'ail et aux fines herbes (tel que Boursin)**
½ tasse 125 ml	**pâte de tomates**
1 ½ tasse 375 ml	**lait**

1 Dans une grande casserole à fond épais, faire fondre le beurre avec l'huile à feu moyen. Ajouter les blancs de poireaux, les carottes, le radis, le persil et les herbes de Provence, puis faire revenir 5 minutes. Baisser le feu à moyen-doux, puis cuire 12-15 minutes ou jusqu'à ce que les légumes soient bien colorés. Les légumes doivent caraméliser sans brûler. Baisser le feu au besoin. Brasser régulièrement durant la cuisson. Couvrir, puis cuire 5 minutes de plus. Brasser quelques fois.

2 Ajouter les tomates, les courgettes, l'aubergine, le concombre, les poivrons, la ciboulette et la cassonade. Mouiller avec le bouillon de poulet et le pineau des Charentes, puis assaisonner au goût de piment de Cayenne, de sel et de poivre. Porter à ébullition, puis baisser le feu à doux. Laisser mijoter 30 minutes.

3 Dans un bol, crémer le fromage avec la pâte de tomates. Fouetter jusqu'à l'obtention d'un mélange lisse et homogène. Ajouter graduellement le lait tout en fouettant. Verser le mélange dans la casserole contenant la ratatouille. Brasser, puis laisser mijoter 30-45 minutes ou jusqu'à ce que la ratatouille ait la consistance désirée. Servir immédiatement en accompagnement ou sur un lit de grosses pâtes telles que des nœuds papillon.

Cassoulet

4-6 portions

1,1 lb 500 g	haricots blancs secs
1	gros oignon tranché en quartiers
3	gousses d'ail pelées
	Bouquet garni
½ lb 227 g	bacon entier ou en tranches, coupé en morceaux
3 c. à soupe 45 ml	pâtes de tomates
1 lb 454 g	porc au choix (épaule, jarrets), désossé, dégraissé et coupé en cubes
4	cuisses de canard confites
4	grosses saucisses fraîches, coupées en deux
	Sel et poivre

1 Ce plat se prépare le matin pour le soir ou la veille pour le lendemain. Déposer les haricots dans une grande casserole, puis les recouvrir d'eau froide. Porter à ébullition, puis cuire 5 minutes. Égoutter les haricots, puis les recouvrir cette fois d'eau tiède. Ajouter l'oignon, l'ail, le bouquet garni et la moitié du bacon. Porter à ébullition, couvrir et laisser mijoter, à feu doux, 1 heure ou jusqu'à ce que les haricots soient cuits mais encore un peu fermes. Retirer du feu, intégrer le pâtes de tomates, puis saler et poivrer au goût. Réserver.

2 Préchauffer le four à 325 °F (165 °C). Dans une grande poêle, faire revenir le reste du bacon 2 minutes, à feu moyen-élevé, en brassant. Ajouter les cubes de porc, les cuisses de canard confites et les saucisses. Sauter 7-8 minutes, en tournant la viande quelques fois. Procéder en deux opérations si nécessaire. Retirer du feu et réserver.

3 Dans une grande cocotte ou un grand plat en pyrex, verser la moitié du mélange de haricots, puis recouvrir du mélange de viandes. Recouvrir du reste des haricots. Rectifier l'assaisonnement au besoin, puis mettre au four jusqu'à ce qu'une croûte dorée se forme sur le dessus, soit environ 1 heure. Briser la croûte à l'aide d'une cuillère de bois, puis remettre au four jusqu'à ce qu'une autre croûte se forme. Répéter l'opération quelques fois jusqu'à un maximum de 2 heures de cuisson au four. Retirer du four et servir très chaud. Accompagner d'un légume vert et de pain frais.

Conseil de chef

Le cassoulet est un plat originaire de Castelnaudary (au sud de la France, à proximité de Carcassonne). Il sera réussi si vous suivez ces deux règles : cuisez lentement les haricots et brisez plusieurs fois la croûte qui se forme sur la surface (entre 5 et 8 fois). Ce mets consistant, typique des jours froids, s'accompagne très bien d'une salade verte et de pain frais. À titre d'indication, 3 tasses (750 ml) de haricots secs pèsent environ 1,1 lb (500 g).

Fricassée Péloponnèse

4-6 portions

	Huile d'olive
2 lb	**filets de rouget**
900 g	**ou de thon**
1	**oignon blanc tranché**
2	**gousses d'ail écrasées**
1	**courgette bien nettoyée et tranchée**
1	**poivron vert paré et tranché**
1 tasse	**vin blanc**
250 ml	
1	**boîte de 19 oz (540 ml) de tomates étuvées**
3 c. à soupe	**pâte de tomates**
45 ml	
2 tasses	**eau**
500 ml	
1	**feuille de laurier**
	Jus et zeste râpé d'un citron
	Persil frais, ciselé
	Feuilles d'aneth fraîches
	Sel et poivre

1 Dans une grande casserole, faire chauffer un peu d'huile à feu moyen. Ajouter le poisson préalablement coupé en gros morceaux. Les dorer 3-4 minutes de chaque côté. Ajouter l'oignon, l'ail, la courgette et le poivron. Faire sauter 3-4 minutes de plus, en brassant délicatement. Ajouter un peu d'huile au besoin.

2 Mouiller avec le vin blanc et laisser réduire de moitié. Ajouter le reste des ingrédients, puis assaisonner généreusement de persil et d'aneth frais. Saler et poivrer au goût. Mélanger délicatement et porter à ébullition. Baisser le feu à moyen-doux, puis couvrir. Laisser mijoter 30-40 minutes. Retirer du feu et laisser reposer quelques minutes avant de servir sur un lit de riz ou de pâtes. Accompagner de pain frais.

Conseil de chef

Pour attendrir un ragoût, un mijoté ou un bouilli, incorporez, durant la cuisson, de ½ à 1 tasse (de 125 à 250 ml) de bière. Faites-le cuire un peu plus longtemps pour le réduire jusqu'à ce que vous obteniez la consistance désirée.

Bœuf aux olives et aux poivrons rouges

4-6 portions

1 c. à soupe 15 ml	huile de canola
2	gousses d'ail hachées finement
1	petit oignon blanc tranché
1	feuille de laurier
1 c. à thé 5 ml	graines de céleri
2 lb 900 g	steak de palette désossé, dégraissé et coupé en gros cubes
1½ tasse 375 ml	bouillon de bœuf
⅔ tasse 160 ml	vin rouge sec
½ c. à thé 2,5 ml	paprika

	Sel et poivre
1 tasse 250 ml	olives noires au choix
2	poivrons rouges parés et coupés en cubes
	Olives vertes tranchées

1 Dans une grande poêle, faire chauffer l'huile à feu moyen-élevé. Ajouter l'ail, l'oignon, la feuille de laurier et les graines de céleri. Cuire 2 minutes, en brassant. Ajouter les cubes de steak de palette et continuer la cuisson 4 minutes, en remuant à quelques reprises.

2 Mouiller avec le bouillon de bœuf et le vin rouge. Bien mélanger et gratter les sucs de cuisson dans le fond de la poêle. Porter à ébullition. Ajouter le paprika, puis assaisonner selon les goûts de sel et de poivre. Baisser le feu à moyen-doux et couvrir. Laisser mijoter 45-60 minutes, en brassant à quelques reprises. Ajouter un peu de liquide au besoin et selon la consistance désirée. Vingt minutes avant la fin de la cuisson, ajouter les olives préalablement dénoyautées et tranchées, puis continuer la cuisson. Retirer du feu et ajouter les morceaux de poivrons. Mélanger et laisser reposer 5 minutes. Retirer la feuille de laurier. Servir immédiatement. Décorer chaque portion de tranches d'olives vertes. Accompagner de pommes de terre étuvées et de choux de Bruxelles.

Chili aux trois viandes en croûte

Conseil de chef

Pour diminuer la teneur en gras dans la viande hachée cuite, suivez les directives suivantes : après avoir bruni la viande hachée, égouttez-la à même la poêle, déposez-la sur des essuie-tout, puis épongez-la. Pour aller encore plus loin, mettez la viande dans une passoire, passez-la sous l'eau chaude, puis asséchez-la de nouveau avec des essuie-tout.

4-6 portions

5	**grosses tomates mûres**
8	**échalotes vertes tranchées**
2	**grosses gousses d'ail hachées finement**
2	**poivrons rouges parés et coupés en cubes**
2 c. à soupe 30 ml	**huile végétale**
⅔ lb 300 g	**porc haché**
⅔ lb 300 g	**bœuf haché**
⅔ lb 300 g	**veau haché**
2	**boîtes de 19 oz (540 ml) de gros haricots rouges, égoutés**
2 c. à soupe 30 ml	**pâte de tomates**
2 c. à soupe 30 ml	**poudre de chili**
2 c. à thé 10 ml	**poudre de cumin**
1 c. à thé 5 ml	**sauce forte**
2 c. à soupe 30 ml	**sauce Worcestershire**
1 c. à soupe 15 ml	**sucre granulé**
2 c. à thé 10 ml	**assaisonnement à l'italienne**
	Sel et poivre
	Jus de tomate
4-6	**petits pains ronds de style kaiser**

1 Blanchir les tomates 2 minutes dans l'eau bouillante, puis les égoutter. Avec un petit couteau et vos doigts, enlever la peau des tomates, puis retirer le pédoncule. Les trancher grossièrement, puis les mettre dans un bol. Réserver.

2 Dans une grande casserole, faire chauffer l'huile à feu moyen-élevé. Ajouter les échalotes, l'ail et les poivrons, puis les sauter 2 minutes en brassant. Ajouter les trois viandes hachées, puis les cuire une dizaine de minutes en remuant à quelques reprises. Égoutter le gras à même la casserole, puis ajouter le reste des ingrédients ainsi que les tomates tranchées avec leur jus. Réserver les petits pains pour la présentation. Assaisonner au goût de sel et de poivre, puis recouvrir partiellement de jus de tomate. Porter à ébullition, puis baisser le feu à moyen-doux.

3 Laisser mijoter 40-60 minutes, ou jusqu'à ce que le chili soit bien consistant. Brasser régulièrement. Retirer du feu et laisser reposer 10 minutes avant de servir. Servir le chili dans les pains kaiser préalablement évidés et grillés au four quelques minutes. Garnir de fromage râpé. Accompagner de croustilles de tortillas.

Chili au tofu
et aux trois fromages

6 portions

2 c. à soupe 30 ml	**beurre**
2	**grosses gousses d'ail hachées finement**
2	**poivrons rouges parés et coupés en petits dés**
½	**gros oignon blanc haché grossièrement**
1	**petit piment fort épépiné et haché**
3 tasses 750 ml	**haricots rouges en boîte, bien égouttés**
1	**boîte de 28 oz (796 ml) de tomates en dés**
3 c. à soupe 45 ml	**pâte de tomates**
1 lb 454 g	**tofu très ferme coupé en petits dés**
2 c. à soupe 30 ml	**poudre de chili**
	Jus et zeste haché d'une lime
	Bouillon ou jus de légumes
	Sel et poivre
¼ lb 115 g	**fromage Monterey Jack râpé**
¼ lb 115 g	**fromage cheddar orange râpé**
¼ lb 115 g	**fromage suisse au choix, râpé**
	Coriandre fraîche, ciselée

1 Dans une grande casserole, faire chauffer le beurre à feu moyen-élevé. Quand le beurre pétille fortement, ajouter les quatre légumes, puis les saisir 2-3 minutes en brassant. Ajouter le reste des ingrédients, sauf les trois fromages et la coriandre, puis mélanger.

2 Recouvrir le chili avec du bouillon ou du jus de légumes, puis assaisonner au goût de sel et de poivre. Porter à ébullition, puis baisser le feu à moyen-doux. Laisser mijoter 30-45 minutes, ou jusqu'à ce que le chili ait épaissi.

3 Rectifier les assaisonnements (sel, poivre, poudre de chili et poivre de Cayenne) selon les goûts. Mouiller avec un peu plus de bouillon ou de jus de légumes au besoin. Retirer la casserole du feu, puis laisser reposer 15 minutes avant de servir.

4 Au moment de servir, remplir à moitié chaque bol, puis garnir de fromage Monterey Jack. Recouvrir de chili, puis garnir un côté de chaque bol de fromage cheddar et l'autre de fromage suisse. Décorer de coriandre fraîche. Accompagner de crème sure et de croustilles de tortillas.

Osso buco

Conseil de chef

Si vous n'avez plus de vin blanc pour faire une sauce, remplacez-le par du vinaigre (de vin blanc, préférablement) dilué dans un peu d'eau auquel vous aurez ajouté un peu de sucre.

4-6 portions

½ tasse 125 ml	**farine non blanchie**
1 c. à thé 5 ml	**sel**
½ c. à thé 2,5 ml	**poivre**
3 lb 1,36 kg	**jarrets de veau de 7,5 cm (3 po) d'épaisseur**
3 c. à soupe 45 ml	**huile d'olive**
½ tasse 125 ml	**oignon haché finement**
½ tasse 125 ml	**carottes hachées finement**
½ tasse 125 ml	**céleri haché**
2	**gousses d'ail hachées**
¼ tasse 60 ml	**beurre**
1 c. à thé 5 ml	**basilic**
2	**feuilles de laurier**
1 tasse 250 ml	**vin blanc**
½	**petite boîte de pâte de tomates**
¾ tasse 180 ml	**bouillon de poulet**

GREMOLATA

2	**gousses d'ail hachées**
½ tasse 125 ml	**persil plat finement ciselé**
	Zeste râpé et haché de 2 citrons bien nettoyés

1 Dans un bol, mélanger la farine, le sel et le poivre, puis y déposer les jarrets de veau pour les enfariner. Réserver. Dans une grande poêle contenant l'huile d'olive, faire revenir les jarrets de veau, à feu moyen, 10 minutes ou jusqu'à ce qu'ils soient bien dorés de tous les côtés. Retirer les jarrets de la poêle et les réserver.

2 Dans la même poêle, ajouter le beurre, puis faire revenir l'oignon, les carottes, le céleri et l'ail, à feu moyen, 5 minutes ou jusqu'à ce que les oignons soient transparents. Remettre les jarrets de veau (le gros bout de l'os vers le haut) dans la poêle, sur le dessus des légumes, puis ajouter le reste des ingrédients. Couvrir et laisser mijoter, à feu doux, 1 h 45 ou jusqu'à ce que la chair se détache facilement des os.

3 Étendre un peu de gremolata sur les jarrets 5 minutes avant la fin de la cuisson. Au moment de servir, déposer les jarrets de veau dans des assiettes chaudes. Napper de la sauce de cuisson avec les légumes, puis garnir de gremolata. Accompagner de pâtes fraîches à l'huile et d'une salade verte.

GREMOLATA

4 Dans un bol, mélanger tous les ingrédients. Réserver.

Afin de vous débarrasser
du gras qui se forme à
la surface des soupes,
sauces, mijotés et bouillis,
réfrigérez-les une fois
leur cuisson terminée.
Le gras s'accumulera sur
le dessus du mets, et vous
n'aurez qu'à le retirer avec
une cuillère. Vous pouvez
aussi tremper un papier
essuie-tout sur le dessus du
mets refroidi et éponger
ainsi le gras en surface.

Canard braisé
au porto et aux légumes

4-6 portions

1	**canard domestique d'environ 4,4 lb (2 kg) préparé et coupé en morceaux**
1	**carotte tranchée**
1	**gros oignon blanc coupé en quartiers**
1 tasse 250 ml	**navet préparé et coupé en cubes**
6	**tranches de bacon hachées grossièrement**
1 c. à soupe 15 ml	**huile d'olive**
1 c. à soupe 15 ml	**herbes de Provence**
	Eau
	Poivre du moulin
4	**pommes de terre pelées et coupées en quartiers**
	Morceaux de pommes grenadines

MARINADE AU PORTO

2	**gousses d'ail hachées finement**
1½ tasse 375 ml	**porto**
1	**feuille de laurier**
⅓ tasse 80 ml	**whisky**
½ tasse 125 ml	**bouillon de bœuf**
	Sel et poivre

1 Mettre les morceaux de canard dans un grand plat creux en vitre ou en terre. Couvrir des trois légumes coupés en morceaux et mouiller avec la marinade au porto. Mélanger délicatement. Couvrir et laisser mariner au frais 3-6 heures.

2 Dans une grande casserole ou une cocotte contenant l'huile d'olive, faire revenir les morceaux de bacon jusqu'à ce qu'ils soient semi-croustillants. Retirer les morceaux de bacon et les réserver. Dans la même casserole, faire dorer les morceaux de canard, préalablement égouttés et épongés, de tous les côtés, une dizaine de minutes au total. Remettre les morceaux de bacon et baisser le feu à moyen-doux. Ajouter les herbes de Provence, couvrir et cuire 15 minutes.

3 Ajouter la marinade avec les légumes, un peu d'eau et les quartiers de pommes de terre. Assaisonner généreusement de poivre du moulin. Mélanger délicatement. Couvrir et cuire 1 heure. Retirer du feu et déposer les légumes et les morceaux de canard sur une assiette de service. Dégraisser le plus possible le jus de cuisson. Accompagner de sauce et servir avec des champignons sautés au beurre et au citron. Garnir de morceaux de pommes grenadines.

MARINADE AU PORTO

4 Dans un bol, mélanger tous les ingrédients.

Estouffade de poulet aux lentilles

4 portions

4	**cuisses de poulet entières**
2 c. à soupe 30 ml	**beurre**
6	**tranches de bacon coupées en morceaux**
⅔ tasse 160 ml	**vin blanc**
½ tasse 125 ml	**bouillon de volaille**
1 c. à soupe 15 ml	**herbes de Provence**
	Sel et poivre
1 ⅓ tasse 330 ml	**lentilles vertes sèches**
3	**carottes tranchées**
1	**grosse branche de céleri tranchée**
1	**oignon moyen haché**
1	**tranche de saucisson à l'ail de ½ lb (227 g), coupée en gros morceaux**

1 Dégraisser l'excédent de peau sur les cuisses de poulet. Dans une grande casserole ou une grande poêle creuse, faire pétiller le beurre et les morceaux de bacon à feu moyen-élevé. Y ajouter les cuisses (deux à la fois au besoin), puis les saisir une quinzaine de minutes au total, en les tournant quelques fois.

2 Mouiller avec le vin et le bouillon, puis ajouter les herbes de Provence. Saler et poivrer au goût, puis bien mélanger. Couvrir, baisser le feu à moyen-doux, puis laisser mijoter environ 1 heure.

3 Mettre le reste des ingrédients dans une casserole de grandeur moyenne, puis recouvrir d'eau (la laisser dépasser de 1 po (2,5 cm)). Porter le mélange à ébullition, puis baisser le feu à moyen-doux. Laisser mijoter une vingtaine de minutes, ou jusqu'à ce que les lentilles soient tendres mais pas trop molles.

4 Égoutter le mélange de lentilles, puis le répartir également dans le fond de quatre assiettes. Déposer une cuisse de poulet dans chaque assiette, sur le mélange de lentilles, puis napper du jus de cuisson du poulet. Servir immédiatement.

**Conseil
de chef**

En incorporant du vin lorsque
vous faites cuire des ragoûts
ou des casseroles, vous
attendrirez la viande tout en
accentuant le goût du mets.
Dans cette recette de civet,
vous pouvez facilement
remplacer une partie de l'eau
par du vin blanc. Utilisez une
bouteille de vin déjà entamée
que vous avez bien scellée et
réservée au frais pour
cet usage spécifique.

Civet de lapin

4-6 portions

6	**tranches de bacon**
1	**lapin prêt à cuire d'environ 3 lb (1,36 kg)**
	Sel et poivre
3 tasses 750 ml	**mie de pain en morceaux**
2 tasses 500 ml	**petits oignons perlés**
1	**feuille de laurier**
½ c. à thé 2,5 ml	**muscade ou clou de girofle moulu**

1 Déposer les tranches de bacon dans le fond d'une grande marmite ou d'une casserole. Y déposer le lapin préalablement découpé en morceaux. Saler et poivrer au goût, puis ajouter la mie de pain et les oignons perlés. Ajouter la feuille de laurier et saupoudrer de muscade ou de clou de girofle. Recouvrir d'eau froide, puis porter à ébullition.

2 Baisser le feu à moyen-doux, puis couvrir. Cuire 90 minutes, ou jusqu'à ce que la chair de lapin soit bien tendre. Vérifier la quantité de liquide à quelques occasions et en ajouter au besoin.

3 Retirer le civet du feu et le laisser reposer quelques minutes avant de le servir. Accompagner de pommes de terre en purée et de haricots verts.

Estouffade
à la provençale

8 portions

3 lb 1,36 kg	**bœuf à braiser, désossé (palette, surlonge, cubes, etc.)**
1	**gros oignon espagnol haché grossièrement**
4	**branches de céleri tranchées**
2	**grosses carottes pelées et tranchées**
1	**boîte de 28 oz (796 ml) de tomates assaisonnées**
2 tasses 500 ml	**vin rouge corsé**
1	**boîte de 10 oz (284 ml) de consommé de bœuf**
2	**grosses feuilles de laurier**
	Sel et poivre
	Branches de thym frais
	Branches de romarin frais

1 Dégraisser le bœuf de votre mieux, puis le couper en grosses bouchées. Les mettre dans une grande cocotte en fonte ou dans une grande casserole à fond épais. Ajouter le reste des ingrédients, puis saler et poivrer au goût. Ajouter quelques branches de thym et de romarin frais. Mélanger, puis couvrir et réfrigérer 24-48 heures selon vos goûts et le temps disponible.

2 Retirer la casserole du réfrigérateur, puis la déposer sur un élément à feu moyen. Lorsque l'estouffade bout, baisser le feu à doux, puis laisser mijoter doucement 3-4 heures ou jusqu'à ce que la viande soit bien tendre. Brasser à quelques reprises durant la cuisson.

3 Éteindre le feu, puis laisser reposer 30 minutes avant de servir sur un lit de pommes de terre étuvées. Retirer les feuilles de laurier et les branches d'herbes fraîches avant de servir. Accompagner d'une salade verte à l'huile de noix.

Conseil
de chef

Lorsque vous préparez
des artichauts, ne coupez
pas les queues, mais
cassez-les manuellement.
En procédant de cette façon,
vous vous débarrasserez
de la partie fibreuse et
amère qui se trouve à la fois
dans le cœur et la queue.

	Sel et poivre	
24-32	**moules bien lavées**	
½ tasse 125 ml	**persil ciselé**	
1 c. à thé 5 ml	**filaments de safran**	
1 lb 454 g	**pommes de terre nouvelles cuites, puis coupées en 4 morceaux**	
	Tranches de baguette grillées	

ROUILLE

6-7	**grosses gousses d'ail dégermées**	
½ c. à thé 2,5 ml	**sel de mer**	
3	**jaunes d'œufs**	
½ c. à thé 2,5 ml	**filaments de safran**	
	Piment de Cayenne	
1 tasse 250 ml	**huile d'olive**	

1 Choisir un poisson différent comme le rouget (entier) ou des steaks (ou filets) de daurade, d'espadon, de congre, de lotte, de merlan, etc. (opter surtout pour des poissons de roche). Parer ou fileter le poisson, puis couper la chair en gros cubes. Réserver les parures et les arêtes pour le bouillon. Réserver la chair et les parures séparément au réfrigérateur.

2 Dans une très grande casserole, faire chauffer l'huile à feu moyen. Quand elle est bien chaude, ajouter les cinq légumes, les herbes de Provence et la pâte de tomates, puis les faire revenir 6 minutes en brassant. Ajouter les parures de poisson réservées au réfrigérateur, puis recouvrir le tout d'eau bouillante. Saler et poivrer généreusement, puis porter à ébullition. Baisser le feu légèrement, puis laisser mijoter 40 minutes.

3 Passer la préparation au tamis, puis remettre le liquide dans la grande casserole. Jeter le contenu du tamis. Ajouter la chair de poisson réservée au réfrigérateur. Cuire le poisson quelques minutes jusqu'à ce qu'il soit tout juste cuit. Trois minutes après avoir ajouté le poisson dans la casserole, mettre les moules, le persil et le safran. Couvrir, puis continuer la cuisson. Ne pas trop cuire. Aussitôt le poisson cuit et les moules ouvertes, retirer la casserole du feu, puis rectifier les assaisonnements au besoin. Réserver.

4 Déposer quelques quartiers de pommes de terre dans le fond de grands bols. Les recouvrir généreusement de bouillabaisse, puis garnir chaque portion d'une petite tranche de baguette recouverte de rouille. Servir immédiatement et accompagner de pain et de rouille.

ROUILLE

5 Mettre les gousses d'ail dans un mortier assez grand, puis les écraser vigoureusement avec le sel en utilisant un pilon. Pour faciliter cette opération, vous pouvez remplir préalablement le mortier d'eau bouillante, puis le vider et l'assécher.

6 Incorporer les jaunes d'œufs un à un, en continuant d'écraser le tout. Ajouter le safran et quelques pincées de piment de Cayenne au goût. Travailler le mélange de nouveau avec le pilon. Verser l'huile très doucement et travailler le mélange jusqu'à l'obtention d'une consistance de mayonnaise. Rectifier les assaisonnements au besoin, puis réfrigérer jusqu'au moment d'utiliser. Excellent pour accompagner les soupes de poisson et même la paella.

Conseil de chef

La bouillabaisse est une soupe de poisson typiquement marseillaise. Traditionnellement faite à base de poisson de roche (daurade, rascasse, lotte, congre, merlan, etc.), elle constitue un plat relativement complet et faible en gras (à condition de ne pas trop abuser de la rouille!). Accompagnez-la de pain frais tranché.

Bouillabaisse et rouille

8 portions

5-6 lb 2,3-2,7 kg	**poisson au choix (en steaks ou entier)**	
6 c. à soupe 90 ml	**huile d'olive**	
5	**grosses tomates parées, épépinées et coupées en quartiers**	
1	**gros oignon espagnol haché**	
1	**gros poivron vert paré et coupé en julienne**	
6	**grosses gousses d'ail dégermées, puis écrasées**	
2	**bulbes de fenouil (avec les feuilles) tranchés**	
1 c. à soupe 15 ml	**herbes de Provence**	
2 c. à soupe 30 ml	**pâte de tomates**	
	Eau bouillante	

Tourte aux trois fruits

6-8 portions

2 ½ tasses 625 ml	**nectarines pelées, parées, puis tranchées**
9 c. à soupe 135 ml	**sucre granulé**
7 c. à soupe 105 ml	**farine non blanchie**
2 ½ tasses 625 ml	**bleuets congelés**
2 ½ tasses 625 ml	**framboises congelées**

PÂTE BRISÉE AU BEURRE (2 GRANDES ABAISSES)

1 ¾ tasse 430 ml	**farine non blanchie**
¼ c. à thé 1 ml	**sel**
1 tasse 250 ml	**beurre froid coupé en petits cubes**
½ tasse 125 ml	**eau glacée**

1 Préchauffer le four à 350 °F (180 °C). Foncer un moule rond à fond amovible de 9 po (23 cm) de la grande abaisse de pâte brisée au beurre. Laisser dépasser environ 1 po (2,5 cm) de pâte à l'extérieur du moule. Réserver.

2 Mettre les tranches de nectarines dans un bol avec 3 c. à soupe (45 ml) du sucre et 2 c. à soupe (30 ml) de la farine. Bien mélanger, puis verser le mélange de fruits dans l'abaisse. Lisser la surface, puis réserver. Verser les bleuets, puis les framboises (retirer les fruits du congélateur juste avant de les utiliser) dans le moule, puis saupoudrer du reste du sucre et de la farine.

3 Mouiller le pourtour de la pâte avec un peu d'eau, puis recouvrir la tourte de la petite abaisse. Retourner les bords de la grande abaisse par-dessus la petite et presser pour sceller. Tailler une ouverture décorative au centre de la tourte, puis, si désiré, la décorer de feuilles ou de formes décoratives découpées dans les retailles de pâte.

4 Cuire la tourte au four 55-60 minutes, ou jusqu'à ce que le dessus soit bien doré et que le liquide bouillonne par l'ouverture. Retirer du four. Laisser refroidir 1 heure avant de servir en pointes.

PÂTE BRISÉE AU BEURRE

5 Dans un bol, mélanger la farine et le sel. Ajouter les cubes de beurre. À l'aide d'un coupe-pâte, de deux couteaux ou de vos doigts, incorporer le beurre dans la farine jusqu'à ce que le mélange forme des grumeaux de la grosseur d'un pois.

6 Ajouter l'eau glacée d'un seul trait, puis mélanger avec une fourchette jusqu'à ce que la pâte forme une boule. Diviser la pâte en deux boules, puis emballer chaque portion dans une pellicule de plastique. Réfrigérer 30 minutes.

7 Retirer une portion de pâte du réfrigérateur. Abaisser la pâte sur une surface enfarinée. Ajouter un peu de farine sous la pâte et sur le rouleau pour éviter qu'elle colle. Répéter avec l'autre boule de pâte. Utiliser les abaisses immédiatement.

8 Si vous utilisez la pâte brisée pour la tourte aux trois fruits, diviser la pâte en deux boules dont l'une contiendra les trois quarts de la pâte et l'autre le quart. Abaisser la grande boule de pâte juste ce qu'il faut pour foncer la tourte et pour que la croûte soit la plus épaisse possible. Abaisser la petite boule de pâte en un cercle d'environ 7 po (17,5 cm). Utiliser immédiatement.

Conseil de chef

**Afin de réussir une bonne pâte brisée,
il est essentiel de mélanger les ingrédients
très rapidement et d'utiliser de l'eau glacée.**

Tarte aux pêches et
aux bleuets, croûte au beurre

Tarte brûlée au citron

Tarte aux pêches et aux bleuets

8 portions

3 ½ tasses 875 ml	**pêches mûres, dénoyautées, puis tranchées**
1 ½ tasse 375 ml	**bleuets**
⅓ tasse 80 ml	**sucre**
2 ½ c. à soupe 37,5 ml	**farine non blanchie**
	Lait

PÂTE BRISÉE

1 ¾ tasse 430 ml	**farine non blanchie**
¼ c. à thé 1 ml	**sel**
½ tasse 125 ml	**beurre froid coupé en petits cubes**
½ tasse 125 ml	**graisse végétale**
½ tasse 125 ml	**eau froide**

1 Préchauffer le four à 400 °F (205 °C). Foncer une assiette à tarte de 9 po (23 cm) de diamètre d'une abaisse de pâte brisée. À l'aide d'un couteau, enlever l'excédent de pâte sur le pourtour de l'assiette, puis réserver.

2 Dans un grand bol, mélanger les pêches, les bleuets, le sucre et la farine. Transvider le mélange dans l'abaisse.

3 Mouiller le pourtour de l'abaisse avec un peu de lait, puis la recouvrir d'une autre abaisse de pâte brisée (légèrement plus grande) sur laquelle vous aurez préalablement fait quatre petites ouvertures décoratives. Vous pouvez découper l'abaisse du dessus en carreaux. Tailler l'excédent de l'abaisse du dessus afin qu'elle dépasse d'environ ¾ po (2 cm) le pourtour de la tarte. Replier l'excédent de l'abaisse du dessus sous l'abaisse du dessous. Bien presser la pâte entre les doigts afin de la sceller et de créer une ondulation esthétique.

4 Badigeonner la croûte et le dessus de la tarte de lait, puis cuire au four 40-45 minutes ou jusqu'à ce que le dessus soit bien doré et que le liquide bouillonne par les ouvertures. Retirer du four. Laisser refroidir 20 minutes, puis servir immédiatement.

PÂTE BRISÉE

5 Dans un bol, mélanger la farine et le sel. Ajouter les cubes de beurre et la graisse végétale, puis, à l'aide d'un coupe-pâte, de deux couteaux ou de vos doigts, les incorporer dans la farine jusqu'à ce que le mélange forme des grumeaux de la grosseur d'un pois.

6 Ajouter l'eau glacée d'un seul trait, puis mélanger avec une fourchette jusqu'à ce que la pâte forme une boule. Ne pas trop mélanger. Diviser la pâte en deux boules, puis emballer chaque portion dans une pellicule de plastique. Réfrigérer au moins 30 minutes.

7 Retirer une boule de pâte du réfrigérateur. Abaisser la pâte sur une surface enfarinée. Ajouter au besoin un peu de farine sous la pâte et sur le rouleau pour éviter qu'elle colle. Répéter avec l'autre boule de pâte. Utiliser les abaisses immédiatement.

Conseil de chef

Un mélange de beurre et de graisse végétale en parts égales dans la confection d'une pâte à tarte est idéal, car il permet d'exploiter l'atout premier de chaque ingrédient: le goût et l'aspect feuilleté.

Tarte brûlée au citron

8 portions

1	**abaisse de pâte brisée**
4	**œufs**
⅔ tasse 160 ml	**jus de citron**
1 ¼ tasse 310 ml	**crème 35 %**
1 tasse 250 ml	**sucre granulé**

1 Préchauffer le four à 400 °F (205 °C). Foncer un moule à tarte de 9 po (23 cm) de diamètre d'une abaisse de pâte brisée. Couvrir d'une pellicule de plastique, puis réserver au réfrigérateur un maximum de 30 minutes.

2 Dans un bol, mélanger les œufs, le jus de citron, la crème et le sucre. Verser le mélange dans l'abaisse, puis cuire au four 30 minutes ou jusqu'à ce que le centre de la tarte soit bien pris et que le dessus soit d'un beau brun grillé.

3 Retirer la tarte du four, puis laisser refroidir. Servir froid. Accompagner d'une boule de crème glacée à la vanille ou de crème fouettée.

Conseil de chef

Pour retirer aisément le maximum de jus d'un citron, réchauffez-le quelques secondes au micro-ondes, puis coupez-le en deux morceaux. Retirez les pépins, puis piquez une fourchette au centre de chaque moitié. Pressez les demi-citrons au-dessus d'un bol, en oscillant la fourchette pour faciliter l'extraction du jus.

Tartelettes aux framboises

12 tartelettes

	Framboises fraîches
3 c. à soupe 45 ml	**sucre granulé**
4,5 oz 125 g	**fromage à la crème**
4,5 oz 125 g	**fromage ricotta**
2	**œufs battus**
⅓ tasse 80 ml	**sucre granulé**
2 c. à soupe 30 ml	**jus de citron**

PÂTE SABLÉE AUX AMANDES

1 ¾ tasse 430 ml	**farine non blanchie**
¼ c. à thé 1 ml	**sel**
¾ tasse 180 ml	**beurre froid coupé en petits cubes**
¾ tasse 180 ml	**amandes moulues**
2	**jaunes d'œufs**
⅓ tasse 80 ml	**sucre granulé**

1 ½ c. à soupe 22,5 ml	**eau froide**
½ c. à thé 2,5 ml	**extrait d'amandes**

1 Préchauffer le four à 350 °F (180 °C). Foncer chaque cavité d'un moule à 12 tartelettes de 3 po (7,5 cm) de diamètre ou 12 moules individuels à tartelettes en aluminium de petites abaisses de pâte sablée aux amandes. Étendre une couche de framboises fraîches dans le fond de chaque tartelette, puis les saupoudrer d'un peu de sucre. Réserver au réfrigérateur.

2 Dans un bol, crémer les deux fromages. Ajouter les œufs, le sucre et le jus de citron, puis bien battre. Verser le mélange également dans les 12 moules. Cuire au four 40-50 minutes, ou jusqu'à ce que le dessus des tartelettes soit bien doré. Retirer du four, puis garnir le dessus de quelques framboises. Les presser légèrement dans la pâte. Laisser refroidir 10 minutes. Démouler les tartelettes. Les servir tièdes ou froides.

PÂTE SABLÉE AUX AMANDES

3 Dans un bol, mélanger la farine avec le sel. Ajouter les cubes de beurre. À l'aide d'un coupe-pâte ou de vos doigts, incorporer le beurre jusqu'à ce que le mélange forme des grumeaux de la grosseur d'un pois. Ajouter les amandes, puis mélanger. Réserver.

4 Dans un petit bol, battre les jaunes d'œufs, le sucre, l'eau et l'extrait d'amandes. Verser les ingrédients liquides sur les ingrédients secs, puis mélanger jusqu'à l'obtention d'une pâte molle. Pétrir la pâte jusqu'à ce qu'elle soit souple, puis en faire une boule. Recouvrir la pâte d'une pellicule de plastique. Réfrigérer 30 minutes.

5 Retirer la pâte du réfrigérateur. Abaisser la pâte sur une surface enfarinée. Ajouter au besoin un peu de farine sous la pâte et sur le rouleau pour éviter qu'elle colle. Découper 12 petits cercles de 4 po (10 cm) de diamètre à l'aide d'un emporte-pièce ou d'un verre. Utiliser les abaisses immédiatement.

Tarte moka glacée

2 tartes de 8 po (20 cm)

2 c. à soupe 30 ml	*grains de café instantané*
¼ tasse 60 ml	*eau chaude*
1 c. à soupe 15 ml	*fécule de maïs*
1 ½ tasse 375 ml	*lait*
⅔ tasse 160 ml	*sucre*
4	*jaunes d'œufs battus*
3,5 oz 100 g	*chocolat mi-sucré, haché*
1 c. à thé 5 ml	*extrait de vanille*
1 ½ tasse 375 ml	*crème 35 %*

CROÛTE AUX GAUFRETTES CHOCOLATÉES

3 tasses 750 ml	*chapelure de biscuits au chocolat*
⅔ tasse 160 ml	*beurre fondu*

1 Dans un petit bol, dissoudre les grains de café dans l'eau chaude. Laisser refroidir complètement, puis réserver. Dans un autre petit bol, diluer la fécule de maïs avec un peu de lait. Réserver.

2 Dans une casserole, chauffer le reste du lait avec le sucre à feu moyen. Ajouter le mélange de fécule de maïs. Chauffer à feu moyen, tout en mélangeant, jusqu'à ce que la sauce épaississe et bouille. Verser graduellement le lait bouillant sur les jaunes d'œufs préalablement déposés dans un bol. Tout en fouettant vigoureusement, verser le mélange dans la même casserole, puis chauffer à feu moyen jusqu'à ce que la sauce nappe le dos d'une cuillère. Brasser constamment durant l'opération. Ne pas faire bouillir.

3 Retirer la casserole du feu, puis ajouter le chocolat haché, l'extrait de vanille et le mélange de café refroidi. Mélanger jusqu'à ce que le chocolat soit fondu, puis laisser refroidir cette crème pâtissière.

4 Dans un grand bol, fouetter la crème jusqu'à ce qu'elle soit ferme. Plier délicatement la crème fouettée dans la crème pâtissière refroidie. Verser le mélange dans les moules à tarte contenant la croûte aux gaufrettes chocolatées. Congeler au moins 6 heures, puis couvrir d'une pellicule de plastique. Cette tarte se sert congelée ou légèrement ramollie 20-30 minutes au réfrigérateur. Décorer généreusement de morceaux de chocolat et de grains de café. Servir en pointes.

CROÛTE AUX GAUFRETTES CHOCOLATÉES

5 Dans un bol, bien mélanger la chapelure de biscuits au chocolat et le beurre fondu. Tapisser le mélange dans deux moules à tarte de 8 po (20 cm) de diamètre en le pressant avec les doigts. Couvrir d'une pellicule de plastique, puis réfrigérer jusqu'au moment de servir.

Conseil de chef

Afin d'obtenir un meilleur café, versez de l'eau très chaude mais non bouillante dans le filtre.

Tarte légère à la fraise

8-10 portions

	Tranches de quatre-quarts (gâteau) de ½ po (1 cm) d'épaisseur
	Sirop de fruits rouges (fraises, cassis, framboises)
2 c. à thé 10 ml	**gélatine sans saveur**
2 c. à soupe 30 ml	**eau chaude**
1 ½ tasse 375 ml	**tofu mou**
1 tasse 250 ml	**crème sure**
½ tasse 125 ml	**confiture de fraises**
2 c. à thé 10 ml	**extrait de vanille**
2 ½ tasses 625 ml	**fraises fraîches entières, équeutées**
½ tasse 125 ml	**amandes effilées, grillées**

1 Recouvrir complètement le fond d'un moule à quiche de 10 po (25 cm) de diamètre de tranches de quatre-quarts. Vous pouvez découper les tranches de façon à bien les emboîter les unes dans les autres. Mouiller généreusement le fond de gâteau avec le sirop de fruits. Réserver.

2 Dans un petit bol, faire gonfler la gélatine dans l'eau chaude 3 minutes. Mélanger la gélatine gonflée, puis la verser dans un robot culinaire. Ajouter le reste des ingrédients, sauf les fraises et les amandes, puis réduire le tout en une purée lisse. Verser le mélange dans le moule à quiche, couvrir, puis réfrigérer 4 heures.

3 Retirer la tarte du réfrigérateur. Recouvrir entièrement le dessus de la tarte de fraises, les petits bouts pointant vers le haut. Garnir d'amandes effilées grillées. Réfrigérer jusqu'au moment de servir.

Tarte aux pommes et au cheddar, croûte au beurre sucré

8 portions

9	**pommes moyennes à cuisson (Cortland)**
1 c. à thé 5 ml	**cannelle**
	Pincée de clou de girofle moulu
½ tasse 125 ml	**cassonade dorée**
2 c. à soupe 30 ml	**farine non blanchie**
	Lait

PÂTE À TARTE AU BEURRE SUCRÉ

1 ¾ tasse 430 ml	**farine non blanchie**
¼ c. à thé 1 ml	**sel**
3 c. à soupe 45 ml	**sucre granulé**
1 tasse 250 ml	**beurre dur coupé en dés**
½ tasse 125 ml	**eau glacée**

GARNITURE DE CHEDDAR

½ tasse 125 ml	**fromage cheddar râpé finement**
¼ tasse 60 ml	**beurre fondu**
½ tasse 125 ml	**farine non blanchie**
¼ tasse 60 ml	**sucre granulé**

1 Préchauffer le four à 375 °F (190 °C). Peler et parer les pommes, puis les trancher en lamelles. Dans un grand bol, mélanger les tranches de pommes, la cannelle, la pincée de clou de girofle, la cassonade et la farine. Réserver.

2 Foncer un moule à quiche ou une grande assiette à tarte avec une des abaisses de pâte à tarte au beurre sucré. Étendre la moitié du mélange de pommes sur l'abaisse de tarte. Avec vos doigts, répartir également la garniture au cheddar sur les pommes. Recouvrir du reste des pommes. Mouiller les rebords de l'abaisse avec du lait, puis recouvrir de l'autre abaisse. Sceller le tour de la tarte avec les doigts.

3 Entailler le dessus de l'abaisse à quelques endroits, puis badigeonner de lait. Cuire au four 40 minutes, ou jusqu'à ce que la croûte soit bien dorée. Retirer du four et attendre 15 minutes avant de servir.

PÂTE À TARTE AU BEURRE SUCRÉ

4 Dans un bol préalablement refroidi, mélanger la farine, le sel et le sucre. Ajouter le beurre, puis, à l'aide d'un coupe-pâte ou de vos doigts, travailler la pâte jusqu'à ce qu'elle soit granuleuse.

5 Ajouter l'eau glacée d'un seul coup, puis mélanger jusqu'à ce que la pâte forme une boule. Ne pas trop mélanger. Emballer la boule de pâte dans une pellicule de plastique, puis la réserver au réfrigérateur 1 heure.

6 Retirer la boule de pâte du réfrigérateur, puis la diviser en deux. Abaisser les boules de pâte sur une surface enfarinée en ajoutant au besoin un peu de farine sous la pâte et sur le rouleau pour éviter qu'elle colle. Utiliser les abaisses immédiatement.

GARNITURE AU CHEDDAR

7 Dans un bol, bien mélanger tous les ingrédients. Réserver.

Conseil de chef

Pour obtenir une abaisse de pâte qui deviendra, lors de la cuisson, croustillante et dorée, ajoutez 1 c. à thé (5 ml) de sucre granulé lorsque vous la préparez. Vous pouvez aussi badigeonner l'abaisse qui recouvre votre tarte d'un jaune d'œuf légèrement battu.

Pizza sucrée Chantilly aux pêches

6-8 portions

1 ½ tasse 375 ml	**crème 35 %** **(à fouetter)**
2 c. à soupe 30 ml	**sucre granulé**
1 c. à thé 5 ml	**extrait de vanille**
6	**pêches fraîches, parées et tranchées**
	Gelée de fruits au choix

PÂTE À PIZZA POUR DESSERTS

¼ tasse 60 ml	**beurre mou**
¼ tasse 60 ml	**sirop d'érable**
2	**œufs**
2 c. à thé 10 ml	**extrait d'amandes**
1 tasse 250 ml	**farine non blanchie**
2 c. à thé 10 ml	**poudre à pâte**
1 c. à soupe 15 ml	**graines de pavot**

1 Déposer l'abaisse de pâte à pizza pour desserts cuite sur une grande assiette ronde de service, puis réserver. Dans un bol, fouetter la crème jusqu'à ce qu'elle soit ferme. Ajouter le sucre et l'extrait de vanille, puis mélanger. Recouvrir la pâte à pizza de la crème fouettée, puis recouvrir esthétiquement de pêches tranchées. Badigeonner généreusement de gelée de fruits au choix, préalablement réchauffée au micro-ondes. Servir immédiatement.

PÂTE À PIZZA POUR DESSERTS

2 Préchauffer le four à 350 °F (180 °C). Dans un bol, crémer le beurre, le sirop d'érable, les œufs et l'extrait d'amandes au batteur électrique. Incorporer graduellement le reste des ingrédients tout en continuant de battre.

3 Avec le dos d'une cuillère, étendre la pâte à pizza également et de façon circulaire sur une plaque à pizza ou une lèchefrite huilée jusqu'à l'obtention d'une croûte d'environ ¼ po (½ cm) d'épaisseur. Cuire la pâte 12-15 minutes au four, ou jusqu'à ce que le dessus soit bien doré. Retirer du four, laisser refroidir, puis garnir au choix.

Conseil de chef

Pour faire une crème fouettée moins calorifique, remplacez, juste avant de servir, une partie de la crème 35 % par des blancs d'œufs montés en neige. Il est très important de les intégrer à la dernière minute, car ils ne restent pas gonflés aussi longtemps que la crème.

Tarte au beurre d'arachide et à la crème glacée

6-8 portions

2 tasses 500 ml	**crème glacée au chocolat légèrement décongelée**
4 tasses 1 L	**crème glacée à la vanille légèrement décongelée**
½ tasse 125 ml	**beurre d'arachide crémeux**
3 c. à soupe 45 ml	**arachides salées, hachées grossièrement**
	Sirop au chocolat (facultatif)

FOND DE TARTE AUX ARACHIDES

1 ½ tasse 375 ml	**biscuits Graham écrasés**
4 c. à soupe 60 ml	**cassonade**
4 c. à soupe 60 ml	**arachides hachées**
4 c. à soupe 60 ml	**beurre fondu**

1 Étendre uniformément la crème glacée au chocolat dans le fond de tarte, puis congeler 30-45 minutes.

2 Entre-temps, dans un bol, bien mélanger la crème glacée à la vanille et le beurre d'arachide. Congeler le mélange 45 minutes.

3 Retirer la tarte du congélateur. Étendre, en forme de montagne, le mélange de crème glacée et de beurre d'arachide sur le dessus de la tarte, puis garnir avec les arachides hachées. Congeler 5 heures. Retirer du congélateur et laisser reposer 5 minutes avant de servir. Accompagner d'une sauce au chocolat.

FOND DE TARTE AUX ARACHIDES

4 Préchauffer le four à 375 °F (190 °C). Dans un bol, bien mélanger tous les ingrédients du fond de tarte. Presser le mélange dans le fond et sur la paroi d'un grand moule à tarte d'environ 10 po (25 cm) de diamètre. Cuire 8 minutes. Retirer du four et laisser refroidir complètement.

Conseil de chef

Voici une recette de glaçage passe-partout au chocolat. Mettez 7 oz (200 g) de chocolat mi-sucré haché, ⅓ tasse (80 ml) de beurre et 4 c. à soupe (60 ml) de sirop de maïs dans un bain-marie. Réchauffez le mélange en brassant régulièrement jusqu'à ce qu'il soit homogène et onctueux. Retirez-le du feu. Utilisez-le immédiatement pour napper les gâteaux. Une fois refroidi, le glaçage sera lisse et lustré. Si désiré, laissez-le refroidir au réfrigérateur de 30 à 60 minutes ou jusqu'à ce qu'il soit suffisamment épais pour être tartiné en couche plus épaisse. Il peut alors servir à la fois de glaçage et de garniture entre les étages d'un gâteau. Doublez la recette si nécessaire. Pour une délicieuse sauce au chocolat qui servira d'accompagnement aux desserts ou à la crème glacée, ajoutez de la crème 35 % au mélange fondu jusqu'à l'obtention de la texture désirée, puis laissez tiédir le tout. Servez cette sauce tiède ou légèrement chaude.

Tarte au chocolat et au café

8 portions

3 c. à soupe 45 ml	**café instantané fort**
3 c. à soupe 45 ml	**eau chaude**
8 oz 227 g	**chocolat mi-sucré**
1 ⅔ tasse 410 ml	**crème 35 %**
3 c. à soupe 45 ml	**sucre granulé**
	Crème fouettée
	Quelques grains de café

FOND DE TARTE CHOCOLATÉ

2 tasses 500 ml	**biscuits Graham écrasés**
1 c. à soupe 15 ml	**cacao en poudre**
6 c. à soupe 90 ml	**beurre fondu**
3 c. à soupe 45 ml	**sucre à glacer**

1 Dans une tasse, dissoudre le café dans l'eau chaude. Réserver. Dans un bain-marie, faire fondre le chocolat à feu doux. Retirer du feu et laisser reposer.

2 Dans un bol, fouetter la crème jusqu'à ce qu'elle soit à demi ferme. Incorporer le café liquide et le sucre. Ajouter le chocolat au mélange, puis brasser jusqu'à l'obtention d'un mélange uniforme. Verser la mousse dans le moule à tarte, puis réfrigérer 1 heure avant de servir. Décorer esthétiquement de crème fouettée et de grains de café.

FOND DE TARTE CHOCOLATÉ

3 Préchauffer le four à 350 °F (180 °C). Dans un bol, bien mélanger tous les ingrédients. À l'aide d'une fourchette, presser le mélange dans le fond et sur la paroi d'un moule à tarte d'environ 9 po (23 cm). Cuire 8 minutes. Retirer du four et laisser reposer.

Conseil de chef

Si vous n'avez pas de poche à douilles pour décorer vos biscuits, gâteaux et desserts divers, remplissez un petit sac en plastique transparent et hermétique de votre garniture lisse (glaçage, crème fouettée, etc.). Retirez l'air, puis scellez-le. Coupez une petite ouverture dans un des coins afin de pouvoir faire sortir un filet uniforme de garniture.

Tartelettes aux bleuets

9 tartelettes

1 ½ tasse 375 ml	**fromage blanc** **(fromage frais)**
6 c. à soupe 90 ml	**sucre granulé**
4	**jaunes d'œufs**
1 c. à thé 5 ml	**extrait de vanille**
1	**paquet de 14 oz (400 g)** **de pâte feuilletée congelée** **du commerce, décongelée**
1 ½ tasse 375 ml	**bleuets congelés,** **à moitié dégelés**
3 c. à soupe 45 ml	**sucre granulé**
2 c. à soupe 30 ml	**fécule de maïs**

1 Préchauffer le four à 350 °F (180 °C). Dans un bol, fouetter les quatre premiers ingrédients. Réserver. Abaisser la pâte feuilletée au complet sur une surface enfarinée jusqu'à l'obtention d'un carré de 12 po (30 cm). Découper neuf cercles de 4 po (10 cm) de diamètre dans la pâte, puis les déposer dans neuf cavités d'un moule à muffins. Mettre le moule au four et cuire la pâte 5 minutes. Piquer le fond de la pâte à deux reprises durant la cuisson pour éviter qu'il gonfle.

2 Retirer le moule du four, puis déposer environ 2 c. à soupe (30 ml) du mélange de fromage blanc dans chaque cavité du moule. Dans un bol, mélanger les bleuets, le sucre et la fécule de maïs. Étendre le mélange de bleuets sur le mélange de fromage.

3 Cuire les tartelettes au four 15-20 minutes, ou jusqu'à ce que la pâte feuilletée soit bien dorée. Retirer du four, puis laisser refroidir avant de démouler. Servir tiède ou froid.

Tarte filo étagée aux trois fruits

6-8 portions

6	**grandes feuilles de pâte filo**
3-4 c. à soupe 45-60 ml	**beurre fondu**
2	**poires mûres coupées en deux, parées et tranchées**
1 tasse 250 ml	**fraises tranchées**
4	**kiwis pelés et tranchés** **Liqueur irlandaise** **(de type Bailey's)**

GARNITURE SUCRÉE AU FROMAGE À LA CRÈME

9 oz 250 g	**fromage** **à la crème, ramolli**
¼ tasse 60 ml	**crème sure**
1 c. à thé 5 ml	**extrait d'amandes**
2 c. à soupe 30 ml	**miel liquide**
2 c. à soupe 30 ml	**sucre à glacer**

1 Préchauffer le four à 400 °F (205 °C). Badigeonner un moule à tarte ou à quiche de beurre. Déposer les feuilles de pâte filo les unes par-dessus les autres dans le moule à tarte dans le but de le recouvrir entièrement. Badigeonner de beurre fondu chaque feuille de pâte avant d'ajouter la suivante. Laisser dépasser la pâte autour du moule. Replier l'excédent de pâte sur lui-même afin de lui donner un aspect volumineux, puis le badigeonner de beurre. Cuire au four 6-8 minutes, ou jusqu'à ce que la pâte soit bien dorée. Retirer du four et laisser refroidir.

2 Couvrir le fond du moule à tarte de tranches de poires. Recouvrir ensuite de la moitié de la garniture sucrée au fromage à la crème, puis l'étendre également. Couvrir de tranches de fraises, puis recouvrir de l'autre moitié de la garniture sucrée au fromage à la crème. Terminer de monter la tarte en disposant les tranches de kiwis en cercles sur le dessus. Servir immédiatement et garnir chaque portion d'un filet de crème irlandaise.

GARNITURE SUCRÉE AU FROMAGE À LA CRÈME

3 Mettre tous les ingrédients dans un bol, puis travailler le tout en vous aidant du dos d'une fourchette. Travailler et mélanger la garniture jusqu'à ce qu'elle soit lisse et onctueuse. Réserver au frais. Fouetter vigoureusement juste avant d'utiliser.

Conseil de chef

Voici quelques conseils pour l'utilisation de la pâte filo. Laissez décongeler la pâte au réfrigérateur toute une nuit. Retirez-la du réfrigérateur et laissez-la revenir à la température de la pièce avant de l'utiliser. Mouillez un linge propre, puis essorez-le le plus possible. Déroulez délicatement la pâte sur une surface propre et sèche, puis couvrez-la immédiatement avec le linge humide. Gardez la pâte couverte en tout temps jusqu'à ce que vous vous en serviez : elle ne doit pas être exposée à l'air plus d'une minute, sinon elle sécherait et deviendrait cassante et inutilisable. Retirez une feuille de pâte filo du paquet, puis déposez-la sur une surface de travail. Suivez les instructions de la recette. En général, on badigeonne immédiatement la feuille de beurre fondu, de margarine fondue ou d'huile en commençant par le pourtour pour éviter qu'il craque. En effet, c'est à cet endroit que la feuille commence d'abord par sécher. Une fois le plat terminé, badigeonnez l'extérieur avec du beurre fondu (ou tout autre liquide suggéré dans la recette).

Tarte-gâteau royal

8 portions

2 tasses 500 ml	**amandes moulues**
⅔ tasse 160 ml	**farine non blanchie**
½ tasse 125 ml	**sucre à glacer**
4	**blancs d'œufs montés en neige**
2 c. à soupe 30 ml	**jus de citron**

PÂTE SABLÉE

½ tasse 125 ml	**beurre mou**
½ tasse 125 ml	**sucre granulé**
3 c. à soupe 45 ml	**lait**
1	**gros œuf**
1¾ tasse 430 ml	**farine non blanchie**

**Conseil
de chef**

Si vous devez abaisser
une pâte mais que vous
n'avez pas de rouleau à
pâtisserie, utilisez
une grande bouteille
remplie d'eau et
saupoudrez-la de farine.

1 Préchauffer le four à 350 °F (180 °C). Sur une surface enfarinée, abaisser les ⅔ de la grosse boule de pâte sablée jusqu'à l'obtention d'une abaisse assez grande pour foncer un grand moule à tarte ou à quiche d'environ 9 po (23 cm) de diamètre. Réserver.

2 Dans un bol, bien mélanger les amandes, la farine et le sucre à glacer. Plier les blancs d'œufs dans le mélange, puis mouiller avec le jus de citron. Mélanger jusqu'à l'obtention d'une préparation lisse et homogène. L'étendre également dans le moule à tarte.

3 Abaisser le dernier tiers de la pâte sablée, puis découper une dizaine de languettes de ½ po (1,3 cm) de largeur. Déposer ces languettes en croix sur le dessus de la tarte-gâteau, puis cuire 40 minutes au four. Retirer du four, puis laisser refroidir 15 minutes. Déposer la tarte sur une assiette de service, puis servir immédiatement. Accompagner de crème glacée à la vanille.

PÂTE SABLÉE

4 Dans un bol, bien crémer le beurre avec le sucre. Ajouter le lait et l'œuf, puis bien mélanger. Ajouter la farine, puis l'intégrer avec un couteau ou un coupe-pâte jusqu'à l'obtention d'une pâte maniable et pas trop collante. Incorporer un peu plus de lait au besoin.

5 Faire une grosse boule avec la pâte sablée, puis la réfrigérer 30 minutes. Déposer la boule de pâte sur une surface enfarinée, puis l'abaisser selon les besoins.

Conseil de chef

Les épiceries vendent de la bonne pâte brisée. Cela vous évitera beaucoup de travail si vous recevez plusieurs personnes et que vous avez bien des préparatifs à faire. Certains magasins vendent même des abaisses de pâte déjà foncées dans des moules à tarte en aluminium. La présentation est moins belle... mais pourquoi pas!

Tarte au sucre

8 portions

2	**abaisses de pâte à tarte**
2 ⅔ tasses 660 ml	**cassonade bien compactée**
1 c. à soupe 15 ml	**farine non blanchie**
½ tasse 125 ml	**crème 15 %**
2 c. à soupe 30 ml	**beurre fondu**
1 tasse 250 ml	**noix de Grenoble et pacanes écrasées**

1 Préchauffer le four à 325 °F (165 °C). Foncer un moule à tarte de 8 po (20 cm) assez creux avec une des abaisses de pâte à tarte. Réserver. Dans un grand bol, bien mélanger le reste des ingrédients, sauf les noix. Verser la préparation dans le moule à tarte foncé. Garnir de noix écrasées.

2 Découper la seconde abaisse en 10 languettes d'environ 1 po (2,5 cm) de large. Déposer les languettes en cercle ou en croix sur le dessus de la tarte. Fixer les languettes sur le bord en les humectant légèrement d'eau et en les écrasant avec le dos d'une fourchette.

3 Cuire 30 minutes au four, ou jusqu'à ce qu'un couteau inséré au centre de la tarte en ressorte sec. Retirer du four et laisser refroidir avant de servir. Accompagner de fruits frais.

Conseil de chef

Pour accentuer le goût sucré de tous vos mets, ajoutez-leur une pincée de sel.

Pour rehausser la saveur du chocolat, ajoutez une petite quantité d'extrait de vanille à votre recette de chocolat après la cuisson.

Tartelettes filo au chocolat blanc crémeux et aux kiwis

12 tartelettes

6	**grandes feuilles de pâte filo**
	Beurre fondu
6 oz 170 g	**chocolat blanc, haché**
1 ½ tasse 375 ml	**crème 35 %**
6	**kiwis pelés et tranchés**
	Gelée de pommes
	Petits fruits au choix

1 Préchauffer le four à 325 °F (160 °C). Sur une surface de travail, étendre une feuille de pâte filo. La beurrer, puis la couper en huit morceaux. Superposer quatre morceaux de pâte les uns sur les autres, en décalant légèrement les pointes. Foncer une des cavités beurrées d'un moule à muffins de feuilles de pâte filo superposées. Répéter cinq fois l'opération de découpage et 11 fois l'opération de fonçage.

2 Cuire les pâtes filo au four 5 minutes, ou jusqu'à ce qu'elles soient bien dorées. Retirer le moule du four. Laisser refroidir complètement.

3 Dans un bain-marie, faire fondre le chocolat blanc. Retirer la casserole du bain-marie, puis laisser refroidir le chocolat à la température de la pièce. Dans un bol, fouetter la crème jusqu'à la formation de pics mous. Ajouter délicatement le chocolat fondu, puis continuer de battre jusqu'à ce que la crème soit ferme. Répartir également la crème fouettée au chocolat blanc dans les 12 cavités du moule à muffins. Recouvrir esthétiquement de tranches de kiwis et d'un petit fruit. Réserver.

4 Dans une petite casserole, faire fondre de la gelée de pommes à feu moyen, en mélangeant. Retirer la casserole du feu. Lustrer la surface des kiwis avec environ 1 c. à soupe (15 ml) de gelée de pommes liquide par portion. Réfrigérer les tartelettes jusqu'au moment de servir.

INDEX DES RECETTES

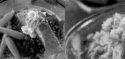

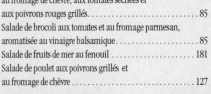

303

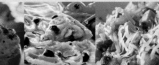